U0575820

中华传世藏书

【图文珍藏版】

# 山海经

马博◉主编

诠解

第六册

线装书局

# 第二十一章 《山海经》与中国文化

## 一、《山海经》对中国文化的多层次影响

神话是一个民族最古老的记忆,是一个民族文化长河的重要源头。

文化的内涵,学者们多以经典作家的作品为主要内容。最为典型的是先秦至两汉的儒家学派,学者们认为世界万物变化的道理在孔孟那里已经穷尽,后人的任务就当然是对孔孟学说中奥义的阐释、演绎,后世的学说也都是万变不离其宗。这种学术思想影响深远,甚至可以说,虽然有五四学者高举的科学和民主思想的旗帜在整个二十世纪飘扬,尤其是他们打倒孔家店的思想解放运动深刻影响着新文化的发展,但这种经学思想至今仍存在着。究其实质,即对学科的理论探讨,不是从事物的实际出发,而是从某种教条出发,似乎世间的一切存在都是对某种教条的验证、说明。随着改革开放的不断深入,人们的观念发生了重大变化,于是,历史进入新的世纪之后,越来越多的人把注意力转向了与经典相对应的另一个空间——民间的文化。有学者曾经系统地把文化分为三个层次,即以经典作家为主体的上层文化,以下层民众为主体的下层文化,也叫民间文化或民俗文化,还有一种以市民为主体的中层文化。这种观点是学术发展的重要成果。早在二十世纪初,就有学者对民间文化给予了关注,如五四歌谣学运动,学者们提出以歌谣作为新文艺、新

学术的材料，但在实践中，在文学的发展中，民间文化实际上是不断被压抑的。当然，经典作家的思想也是极其宝贵的，曾经代表着一个时代的高峰，这是民间文化所不能比拟的，但我们不能忘掉民间文化是整个文化的底色。必须关注到连同民间文化在内的所有的文化现象，我们才能够全面、深入地理解民族文化。

理解《山海经》对中国文化的影响，我们同样要多层次、多角度地看待其发展变化的轨迹。也就是说，《山海经》是上古神话的最为丰富的会聚，但它并不能代表我国古代神话的全部内容，而且，它对不同文化发展的影响程度也是不均衡的。在浩如烟海的文化世界中，一部《山海经》只是源头的一朵浪花、一股清流，它和先秦时期许多文化经典一样源自远古时代的社会生活，并一起汇合成文化大潮，流淌进后世千百年的岁月中。作为神话之源的《山海经》，对整个中国文化发展的影响是相当有限的；然而，这种影响却是十分重要的。

首先是《山海经》的神话内容在历史的发展中与其他典籍一同构成整个中国神话的基本系统，这最为明显地表现在先秦时期。

先秦时期保存神话内容较多的典籍相当丰富。如《诗经》"楚辞"《礼记》《尚书》《易经》《禹贡》《国语》《左传》《庄子》《韩非子》《穆天子传》《竹书纪年》等。在时代上，它们的形成及产生当然都晚于《山海经》。它们或多或少都受到《山海经》的影响，而更重要的是它们在神话保存方面对《山海经》起到了补充和丰富的作用。可以这样讲，若典籍中只有这部记载神话的《山海经》，我们对我国许多神话将难以理解。郭璞对于《山海经》的注释在文化发展上是很有价值的，而他最大的贡献就在于以他所熟识的神话来阐释、疏证《山海经》中的神话，所以，他的注释才最有价值。郭璞所借用的工具，大都是先秦时期的这类典籍。

　　总的来看，《山海经》对先秦文化的重要影响表现在哲学、文学、历史等方面。其中，对文学的影响，诸如其与《诗经》《楚辞》等作品的联系，我们将另作详述。这里，我们把《尚书》《易经》《庄子》《论语》《韩非子》等作品看作哲学类，而把《国语》《左传》《礼记》《竹书纪年》《穆天子传》等作品看作历史类。

　　《尚书》《易经》《庄子》《韩非子》等作品是《山海经》之后蔚为壮观的文化典籍，对后世的影响尤为深广，成为后人认识先秦文化的必不可少的经典。如《尚书》，它对《山海经》的继承主要表现在对神话的描述上。鲧禹治水神话在《山海经》中只是以洪水滔天为背景，由窃帝息壤而引发鲧悲剧。在《尚书》中，则具体描绘成这样一幅画面：帝尧之时，洪水滔天，下民昏垫，帝尧询于四岳，举鲧治之。鲧堙洪水，大兴徒役，作九仞之城，九载，讫无成功。舜摄政，殛鲧于羽山，以其子禹为司空，使代父业，以益、稷佐之。禹吸取鲧的教训，劳身焦思，菲衣恶食，居外十三年，乘舟、车、轿、檋，跋山涉水，自北而南完成治水大业，先后治理黄河、济水、淮河、江水而告功成。另外还有《荀子》《管子》《孟子》等作品，我们可以看作先秦时期重要的文化哲学著作。它们在思维方式上与《山海经》是一脉相承的，都以万物有灵的原始信仰作为思想基础。如《易经》，传说是伏羲或周公或文王或孔子所作，这是一种附会，但它确实保存了不少与《山海经》相关的神话内容。如其《系辞下》载："古者包牺氏之王天下也……作结绳而为网罟，以佃以渔，盖取诸离。包牺氏没，神农氏作，斫木为耜，揉木为耒，耒耜之利，以教天下，盖取诸益。日中为市，致天下之民，聚天下之货，交易而退，各得其所，盖取诸噬嗑。神农氏没，黄帝、尧、舜氏作……垂衣裳而天下治……刳木为舟，剡木为楫，舟楫之利，以济不通，致远，以利天下，盖取诸涣。服牛乘马，引重致远，以利天下，盖取诸随……断木为杵，掘地为臼,臼杵之利,万民以济……弦木为弧,剡木为矢,弧矢之利,以威天下……上古穴居而野处,后世圣人易之以宫室,上栋下宇,以待风雨……古之葬者,厚衣之以薪,葬之中野,不封不树,丧期无数,后世圣人易之以棺椁……上古结绳而治,后世圣人易之以书契……"

《易经》的主要用途在于卜,其成书时代当在周代。《易经》由卦画、卦题和卦辞三部分组成,八卦分别为天(乾)、地(坤)、雷(震)、风(巽)、水(坎)、火(离)、山(艮)、泽(兑)。这种象征性思维方式,我们可以把它同《山海经》中的各种自然崇拜联系在一起,可以看出其思维方式受《山海经》的影响。在神话时代的描述上,它基本上沿袭了《山海经》中的神话体系。如,"神农氏设,黄帝、尧、舜氏作"。这里,同样提到了舟、矢等劳动生产工具的发明,只是未像《海内经》中那样明确指出其为何人所创造。其中的葬礼,"葬之中野",使我们联想到《大荒经》等章节中所提的"赤水之东,有苍梧之野,舜与叔均所葬也""东北海之外,大荒之中,河水之间,附禺之山,帝颛顼与九嫔葬焉",以及《海外北经》等处所提到的"不敢北射,畏共工之台"等材料。神话对历史的曲折反映,无论是在战争、文化创造方面,还是在生活制度方面,都充满了灵魂不灭等观念。《易经》与《山海经》在继承的意义上明显地表现出图腾观念的淡化而更为世俗化。同是伏羲,在《山海经》中只是形影萍踪,而在《易经》中,就有了更为详细也更为世俗化的记述,如《系辞下传》:"古者包牺氏之王天下也,仰则观象于天,俯则观法于地,观鸟兽之文,与地之宜,近取诸身,远取诸物,于是始作八卦,以通神明之德,以类万物之情。"又如,《系辞》中有"雷泽归妹",雷泽早在《海内东经》中出现:"雷泽中有雷神,龙身而人头,鼓其腹。在吴西。"有学者在《山海经地理今释》中说:"雷泽即震泽。"可知雷泽作为神话概念在《系辞》中已变成地理(方向)概念,但其意义仍是与神话密切相连的。

这是一种文化趋势。

又如《论语》中孔子提出的"敬鬼神而远之"（《雍也》），"不语怪力乱神"（《述而》），"祭如在，祭神如神在"（《八佾》）等，表明了淡化神灵的文化趋势。《韩非子·外储说左下》表现孔子对神话的态度："鲁哀公问于孔子曰：'吾闻夔一足，信乎？'曰：'夔，人也，何故一足？彼其无他异，而独通于声。尧曰，夔一足矣，使为乐正。故君子曰：夔有一足。非一足也。'"

这种对神话的态度说明，在《山海经》中以夔为典型的神话在后世文化哲学发展中已渐被消解或曲解，这已成为一种普遍现象。

《山海经》对先秦文化哲学影响最深刻的要数《庄子》。有学者称庄子是"中国历史上最有特色的哲人"。庄子是中国文化自由主义的创始人，是中国民间文学的重要传承者，他的著作中，保留了许多无比生动的民间文学内容；在《庄子》中我们更为清晰地看到《山海经》神话的影踪。尤其是其中的寓言，借用神话的想象、夸张、象征、拟人等方法来述说一种道理，常常自觉或不自觉地以神话为例，显示出典型的神话哲学化的文化个性。

庄子继承发展了老子的天道观，形成著名的老庄学派，提出"自本自根，未有天地，自古以固存；神鬼神帝，生天生地"的文化哲学思想。他在文学实践中自觉借用《山海经》的语言模式，如《内篇·逍遥游》写道："穷发之北有冥海者，天池也。有鱼焉，其广数千里，未有知其修者，其名为鲲。有鸟焉，其名为鹏，背若太山，翼若垂天之云，抟扶摇羊角而上者九万里，绝云气，负青天，然后图南，且适南冥也。""藐姑射之山，有神人居焉。肌肤若冰雪，淖约若处子，不食五谷，吸风饮露，乘云气，御飞龙，而游乎四海之外。其神凝，使物不疵疠而年谷熟。"

其中的冥海鸟、鱼和姑射之山神人，在取材和思维形式上，都与《山海经》

山海经诠解

《山海经》与中国文化

有着密切联系。更典型的是庄子对神话的自由运用，形成了非常突出的哲学风格，我们可称这种理论为我国最早的神话哲学。而这些，又都与《山海经》中的神话类型有着千丝万缕的联系。如他在《内篇·大宗师》中对"道"的神话阐释："夫道，有情有信，无为无形；可传而不可受，可得而不可见；自本自根，未有天地，自古以固存。神鬼神帝，生天生帝；在太极之先而不为高；在六极之下而不为深；先天地生而不为久；长于上古而不为老。豨韦氏得之，以挈天地；伏羲氏得之，以袭气母；维斗得之，终古不忒；日月得之，终古不息；堪坏得之，以袭昆仑；冯夷得之，以游大川；肩吾得之，以处大山；黄帝得之，以登云天；颛顼得之，以处玄宫；禺强得之，立乎北极；西王母得之，坐乎少广，莫知其始，莫知其终；彭祖得之，上及有虞，下及五伯；傅说得之，以相武丁，奄有天下，乘东维，骑箕尾而比于列星。"

又如其《内篇·应帝王》写道："南海之帝为鲦，北海之帝为忽，中央之帝为混沌。鲦与忽时相与遇于混沌之地，混沌待之甚善。鲦与忽谋报混沌之德，曰：人皆有七窍以视听食息，此独无有。尝试凿之。日凿一窍，七日而混沌死。"

他所举的伏羲、日月、冯夷、肩吾、黄帝、颛顼、禺强、西王母和混沌等神，在《山海经》中都有表现。这些神话人物在他的笔下显得辉煌壮丽，绚丽多彩，气势磅礴。所以，闻一多称赞庄子"是一个抒情的天才"，"一位写生的妙手"(《闻一多全集》卷二，《古典新义·庄子》)。鲁迅也说过"其文则汪洋辟阖，仪态万方，晚周诸子之作，莫能先也"(《鲁迅全集·汉文学史纲要》)。庄子对中国神话的保存有着重要贡献，这和他在自己的作品中大量运用神话尤其是《山海经》神话是分不开的。一方面，这说明在庄子时代，《山海经》神话或流传的内容，其系统可能已十分丰富，保持着相对完整的一面；另一方面，这说明了当时的一种文化风尚，即借用古老的神话来阐述一种新颖的道理，使文化的发展充满生命活力。又如《庄子·天地》篇写道："黄帝游乎赤水之北，登乎昆仑之丘而南望，还归。遗其玄珠。使知索之而不得，使喫朱索之而不得，使喫诟索之而不得也，乃使象罔，象罔得之。黄帝曰：异哉！象罔乃可以得之乎？"

他将神话中的黄帝变作自己的文化传声筒，从而使自己的学说充满神秘的意蕴。这种文化传统在后来不断被发扬光大，尤其是在中国现代文学即新文学的建设中，鲁迅、郭沫若、茅盾等新文化运动的旗手或帅将都借用远古神话发新思，铸新辞，成为新文化发展中的楷模。文化复兴的源头，多在于神话的发掘，这与文化自信的寻求有密切关系。

先秦历史文化著作中，《国语》《左传》《竹书纪年》和《战国策》是历史的直接记述，《礼记》和《穆天子传》更多的是文化发展的记述，它们对神话的保存不像文化哲学著作那样较为随便，而是作为"史"的存在或制度的渊源根据来述说的，同样，是依据《山海经》的神话类型来表现这种史学观念的。如，对黄帝的记述，《山海经》并没有对其出身、经历做详尽介绍，而主要是描写他与其他神的交往，突出他的神坛地位。而在《国语》中，黄帝"姬姓"，明确了其"少典之子"的身份。《大戴礼记》说"黄帝曰轩辕"，"黄帝居轩辕之丘"。《战国策》中有"黄帝伐涿鹿而擒蚩尤"，《国语·晋语》中有少典娶有蟜氏生黄帝炎帝，《左传·昭公十七年》中有"黄帝氏以云纪，故云师而云名；炎帝氏以火纪，故为火师而火名"等记载。这些并不是《山海经》的原始材料，而是对《山海经》的补充说明，使黄帝形象更加丰富起来。又如颛顼，在《国语·楚语》中是这样记述的："古者民神不杂……及少皞之衰也，九黎乱德，民神杂糅，不可方物。夫人作享，家为巫史，无有要质……颛顼受之，乃命南正重，司天以属神,命火正黎,司地以属民,使复旧常,无相侵渎,是谓'绝地天通'。"

在《左传》中,祝融为颛顼之子。颛顼的神性家族更多地纳入维护宗法秩序、保护道德的世界之中,而渐脱《山海经》中的质朴的原始氏族部落神的面目。同样,帝喾在《山海经》中作为神性显示不多,在《国语·鲁语上》中却变成了"能序三辰以固民"的守护神。《国语》中关于这一段记述所展示的祭祀意义体现出神话的图腾观念对人们的信仰观念的具体影响作用。展禽在臧文仲的政治格局中掌管刑狱,出于对历史的熟悉和对国家安宁的负责,用黄帝、颛顼、喾、尧、舜、鲧、禹、契、稷等在民间信仰中的威望及历史背景,来说服臧文仲不祀那些平凡的海鸟。这从另一个方面也表现出《山海经》中的群神形象,已融进后世民间生活的内容之中。《国语》所反映的这种史实,让我们看到《山海经》对先秦文化的具体影响。应该说,这种影响是文化传承的一种必然趋势。再者如炎帝,《山海经》中提到得很少,只有炎帝之女女娃"精卫"和炎帝之孙"灵恝"等材料的述说。《战国策》中有"神农伐补遂,黄帝伐涿鹿而擒蚩尤",《国语》中有"黄帝以姬水成,炎帝以姜水成",《春秋传》中有"炎帝为火师,姜姓其后也"的记载。为何《国语》《春秋传》没有提神农而只提炎帝?有学者解释为是刘歆等人比附五行说的结果。又如共工,在《山海经》中提及的材料也不是很多,如"共工之臣曰相柳(繇)",为禹所杀等,而在《左传·昭公十七年》中更进一步明确其"以水纪,故为水师而水名"的身份。《国语·周语下》载:"共工……虞于湛乐,淫失其身,欲壅防百川,堕高堙庳,以害天下;皇天弗福,庶民弗助,祸乱并兴,共工用灭。"《周语·鲁语上》载"共工氏之伯九有也,其子曰后土,能平九土",比在《山海经》中的形象更加丰满,为何被别的部族所杀的原因也更加明晰。事实上,这是典型的历史化结果,也是伦理化的悲剧结局。神话一旦历史化,就纳入了传统的宗法制之中,即以某一种权力为中心,顺者昌,逆者亡。这种历史化的影响是非常久而广的,直到近代神话学的建立,它一直处于文化史上的主导地位。此类材料相当丰富,不仅黄帝、共工等是这样,颛顼、帝喾、尧、舜和禹也都是这样。《礼记》《穆天子传》和以史书面目出现的《竹书纪年》《国语》《左传》《战国策》,这些典籍不尽相同,同样述说历史,《礼记》等典籍更多的是记述民间信仰的内容。如《礼记》中的《月令》《乐记》等篇记述了相当多的民俗资料,尤其是《礼记·郊特牲》篇对祭祀礼仪的记述,我们可以看到与《山海经》中的祭祀内容在许多方面有相似之处,如太牢、少牢之祭。又如一些咒语,在《山海经》的《大荒北经》中有这样一段内容:"蚩尤作兵伐黄帝,黄帝乃令应龙攻之冀州之野。应龙畜水。蚩尤请风伯雨师,纵大风雨。黄帝乃下天女曰魃,雨止,遂杀蚩尤,魃不得复上,所居不雨。叔均言之帝,后置之赤水之北。叔均乃为田祖。魃时亡之。所欲逐之者,令曰:'神北行!'先除水道,决通沟渎。"

在《礼记·郊特牲》中记述了"大蜡八,伊耆氏始为蜡",又有蜡辞:"土反其宅,水归其壑,昆虫勿作,草木归其泽!""神北行"和"昆虫勿作,草木归其泽"的背景与巫术意义基本相同。

《礼记》与《山海经》的联系,在一定程度上我们也可以看作流与源的关系,在形制上,它们有很多相似之处。如,《礼记·大戴礼·帝系》篇继承了《山海经》中的黄帝神谱,且更加系统化,乃至深刻影响到后世的史传。显然,黄帝以降,众所熟知的高辛、高阳(颛顼)、句芒、舜(重华)神系,形成特殊的"家谱"。又如帝喾、后稷、尧等神人之间的关系,在《山海经》中同样是模糊的,而在《礼记·大戴礼·帝系》篇中却使之明朗化:"帝喾上妃姜嫄氏产后稷,次妃简狄氏产契,次妃陈隆氏产帝尧,次妃陬訾氏产帝挚。"

由此可见,后稷、契、尧、挚同属帝喾之子。这种谱系的传承意义在后世不断丰富,于是就有了我们看到的神话时代及其在民间活形态保存中相对完整的反映。《礼记》成为后世祭祀等文化行为的理论依据。应该说,《山海经》神话对后世文化的影响正是通过《礼记》这样的典籍而一代代传承下来的。有直接的传承,也有间接的传承,更多的是间接性的传承使《山海经》神话融入博大精深的中国文化之中。

《穆天子传》在战国初年形成,共六卷,为晋太康二年汲县人盗墓所得书(竹书)。其主要内容描述"周穆王游行四海见帝台、西王母",其中的帝台、西王母、"河伯无夷"(冰夷)、昆仑之丘等内容是直接承袭了《山海经》的神话概念。重要的是西王母形象在这里得到了变异,"虎豹为群,于鹊与处"而为人王。它受《山海经》的影响更为典型。

先秦时期是中国经典的重要形成阶段,作为神话之源的《山海经》融入这些经典,决定了中国数千年文化深受其影响。之后,进入中国历史的大统一、大变化、大发展的历史时期,《山海经》不仅影响了以《史记》为代表的史学,而且影响了魏晋南北朝时期典型的神异志怪文学,乃至深刻影响了以道教文化为典型的宗教文化。《山海经》犹如一块光芒四射的瑰宝,在中国文化的夜空显得格外明亮。更为重要的是,《山海经》的图腾崇拜、动植物崇拜、祖先崇拜、英雄崇拜、太阳崇拜等原始信仰观念,渗透在整个文化发展的各个方面。从中国文化的发展来看,《山海经》一直作为神巫之典、神异之源流传着,这是毋庸置疑的。当然,中国文化发展中所受神话、巫术等因素的影响,绝不是仅仅秉承着《山海经》一部经典的思想,但是,中国文化受神话、巫术等原始文化的影响作用是通过《山海经》为主要途径而具体实现的。这是一条重要的道路,它相当于连接两个世界的桥梁。

《山海经》对中国文化的影响的多层次意义表现在:

第一，文学的内容成为文化的重要内容，诸如《楚辞》、陶渊明和李白等人的诗篇，志怪小说和宋元话本小说，明清小说，乃至秋瑾、鲁迅等近现代革命作家以至毛泽东他们的诗篇等，可谓中国神话诗学的重要表现。这是中国文化的精华所在。

第二，以经学为代表的学问家在学术实践中，自觉地把《山海经》作为文化之源，深刻地影响到千百年间的学术文化传统。

第三，宗教文化的吸收和宣扬，使《山海经》与中国文化的联系更为密切。以道教文化为主要内容的宗教文化的形成和发展，都有《山海经》的影踪。

第四，中国民间文化是一种个性色彩异常鲜明、内容异常丰富的文化。《山海经》影响到民间文化的思维机制，最为典型的就是与《山海经》内容相关的民间信仰崇拜活动，至今还广布民间，成为民众的一些重要生活内容。其表现为这样几种内容：神话传说的民间流传；图案的形象显示成为物化的信仰；庙会和节日等民俗生活的集中体现。

其中，文学的经典文化内容和民间文化的内容是中国文化中最为突出的两翼，也是最为重要的核心内容。在这里集中展示了中华民族文化个性在千百年间所发生的变化及其实质。从这种意义上讲，我们认识《山海经》对中国文化的影响，不但要遍查古代典籍等文献，而且要进行以民间社会为主要考察对象的田野作业，同时，还要运用考古文物，在动态的、多方面多层次的范围内来认识这种内容。《山海经》的许多内容融入后世的风俗生活，成为民众的信仰。这并非偶然，选择也好，认同也好，叙述也好，都有自己的理由。敬祀鬼神的意义需要用历史文化的观念来解读，它并不仅仅是愚昧的表现。因而，这种综合性探索不但是我们认识文化发展的一面镜子，也是我们理解国情民情的一把钥匙。

## 二、《山海经》对后世中国民间文化的影响

《山海经》是神巫之书,是原始信仰的集大成者,是中国神话之源。它影响了中华民族的人文文化,更影响了后世浩如烟海的民间文化。从某种程度上讲,民间文化与《山海经》有着更为直接的继承意义上的联系。直到今天,当我们亲临民间文化的世界时,就会自然而然地看到,在我们的民间文化生活中,相当完整地保存着一部《山海经》的"原始版本",有许多民间文化现象和远古时代的《山海经》在内容上惊人地吻合。正是在这种意义上,我们许多人把今天的一些民间文化称作民族文化的活化石。

### 《山海经》与相关的神话传说

在我们的神州大地上,至今还有许多与《山海经》神话相一致的神话传说,诸如黄帝神话、大禹神话、颛顼神话、昆仑神话、西王母神话、炎帝神话、女娲神话、共工神话、蚩尤神话、夸父神话,更不用说尧、舜、喾、丹朱这些帝王,伏羲曾经看到的建木、日月所出入的扶桑,以及祝融、蓐收、禺貌、禺强、句芒等四方之神,河伯冯夷和风伯、雨师、烛龙、各山之神等自然神。在民间文化生活中,它们都有一个能自圆其说的神话阐释系统,形成了一个个神话群。它们经过广大民间文化学者和社会学、人类学等学科学者的田野作业,显示出其丰赡的具有民族文化特色的朴实面貌,从而震撼了神话学坛,尤其是国际神话学界。这些神话在我国人民生活中的活性形态的存在,用事实打破了国际上一些学者对中华民族的偏见和歧视。在过去的岁月中,英国和日本都有一些学者鄙视说中华民族没有神话,称我们的祖先没有足够的智慧去创造

像希腊神话那样瑰丽的神话文化;甚至一些中国学者,也嫌我们的祖先愚笨,断言黄河流域的先民缺乏想象力,所以没有丰富的神话流传。无论是谁曾经这样说过,就中国文化的实际而言,这都是谎言。事实证明,中国存在着大量的内容具有丰富性、系统性、典型性特征的民间神话。近一个世纪以来,我国学者经过各种努力,在包括汉族在内的各民族中,发掘出许多珍贵的神话传说,能与《山海经》等神话典籍相对照,显现出远古人民杰出的文化创造力及远古神话流传至今的具体历程。诚如苏联神话学家、汉学家李福清对我国中原神话的评价那样,他认为这些神话的被发现,"代表着国际神话学的新方向"。著名学者钟敬文也曾称中原神话的发现是"文化史上的奇迹"。这些评价是十分中肯的。中原神话只是中华民族神话的一个重要组成部分,而由此也表明我国民间文化中的活性形态的神话群与《山海经》这些先秦神话典籍具有可对照性的联系,它在世界文化史上占据着重要的地位。同时,它也体现出中华民族卓越的文化创造力。

## 与《山海经》神话相关的文化遗址

考古学对于文化遗产的发现有着十分特殊的意义,尤其是对神话的历史文化内容做证明,为文化认定提供了难得的机遇。它与文献一样重要,给人以自信,成为伟大复兴的重要资源。最为典型的是,这些源自《山海经》的神话传说不仅被民间口头传诵,而且依附于一定的"遗址"即祭祀活动中的庙宇、神台,形成诸如庙会之类的信仰活动中心。我们可以把这些庙宇、神台称为古典神话遗址,通过具体的民间信仰活动,我们可以考察到《山海经》神话对后世民间文化的广泛影响,尤其是能清晰地看到神话原型的嬗变轨迹,从而更为准确地把握住文化发展的基本规律。

　　古典神话遗址的分布，集中在陕西、山西、河南、甘肃、河北、山东、湖北、湖南、四川、浙江、安徽、江苏、广东等地。东北、西北等地区也有分布。当然，这是由于我国文化发展主要集中在长江、黄河两大流域并形成全国的文化中心而出现上述情况的。

　　民间神庙是民间神灵信仰的物化形态，它所依据的信仰基础在于相应的民间神话传说。这些神庙常常在物质形式上增强了一定的神灵信仰的辐射力，形成民间文化的中心，或者可以称为神话群的文化源点。当然，民间神庙除了以广泛的信仰崇拜作为其文化基础之外，更多的是依靠历史的继承。在千百年间的各种文化碰撞中，如大浪淘沙般，才存留下来今天的这些古典神话遗址，它们是中华民族文化的一大景观。

　　考古证明神庙的历史至少有五千年。二十世纪八十年代，我国考古学取得的一个重要成果，就是在辽宁牛河梁红山文化遗址发现有多个裸体彩绘女神泥塑的大型神庙。我们将其与《山海经》中的"祠"礼相对照，如《中次九经》所说的"熊山，席也，其祠：羞酒，太牢具，婴毛一璧。干舞，用兵以禳；祈，珪冕舞"，可以设想在远古时代，围绕着神庙所举行的是何等壮观的民间盛会。这种情形随着奴隶制国家的形成和发展，在商周时期具有了更完备的文化规模。如，《尚书·商书·太甲上》所载，商先王顾諟天之明命，以承上下神祇，而"社稷宗庙，罔不祇肃"。同其相对的是"民有寝庙"，"庶人祭于寝"（《礼记·王制》）。在商周时代的卜辞中，宗庙有宗、升、室、亚等形式，结合氏族、宗族、家族而形成了宗庙、祖庙、神庙等文化体系。这种形制影响到整个秦汉时代的文化发展中的神灵信仰。

　　在国家统一的政治推动进程中，神灵崇拜及神庙制度得到了秩序化发展。如，春秋时代的秦国，曾以西畤、鄜畤、武畤、好畤、密畤等神庙形制祭祀青帝、白帝、黄帝、赤帝等神灵。尤其是秦汉时代，由于政府干预，各种神庙的具体规模（规格）、祭祀时日等内容，都确定成制度。

这种内容成为后世许多庙会活动的直接缘起，也就是说，将《山海经》神话融进社会政治之中，庙会得到政府的有效管理而出现许多新的文化风尚。如《史记·封禅书》写道："自殽以东，名山五，大川祠二。曰太室、恒山、泰山、会稽、湘山。水曰济、曰淮……自华以西，名山七，名川四。曰华山、薄山、岳山、岐山、吴岳、鸿冢、渎山。水曰河，祠临晋……而雍有日月、参辰、南北斗、荧惑、太白、岁星、填星、二十八宿、风伯、雨师、四海、九臣、诸布、诸严、诸述之属，百有余庙……各以岁时奉祠。"

另外，我们再以《风俗通义》相佐证，更不难看到汉代社会民间文化生活、政治生活中广泛存在的信仰活动对远古文化的继承和发展。以民间神庙为基本标志，《山海经》神话在民间生活中一代代传承下来，自然形成我们今日还能看到的众多的古典神话遗址，以及环绕在这些遗址周围存在着的神话群现象。

魏晋南北朝时期在中国民间文化发展史上有着非常重要的地位，它是各种文化的一次空前剧烈、频繁、大规模的全方位碰撞与交融。一方面是道教的兴起和繁荣、佛教的传入和崛起，打破了固有的民族文化的相对稳定局面、成分相对纯朴的状况，融入了新的文化内容；另一方面是远古文化继续保持其完整面目，同时，融入了许多新的具有浓郁的时代特色的人文精神；再一方面是源自远古时代的神话思维与时代相结合，生发出更多的神灵崇拜。在这种背景下，《山海经》神话原型失去了以往的主导地位而渐被新的民间文化生活所淹没。我们可以从《水经注》所录的神庙名称来窥视上述现象。

《水经注》所录神庙名称之中，《山海经》神话中的神格所存留者仅限于尧、舜、禹、巫咸和女娲等少数几个,像帝俊、黄帝、颛顼、西王母等大神却没有被列入。当然,这里也有因技术问题而导致遗漏现象的发生,但是它从一个方面表明了新的神灵不断涌现,极有力地冲击了民间文化中的神话的纯朴性。

顺着这种趋势发展,在后来的社会生活中远古大神的神庙越来越少。尤其是元、清两代,汉族的三皇五帝作为民族象征的意义被淡化处理时,那些曾经被视为异端的大神,像蚩尤、共工、祝融等神的神庙则崛起于民间,为远古非主流神的神话的复原提供了便利。特别是宗教力量的崛起,除了道教对黄帝、西王母、大禹的利用之外,《山海经》中的古典神话基本上被赶下社会上层政治的祭坛,却为民间文化所容纳,大量保存于民间故事讲述与各种民俗活动中。尤其是各种民间工艺图案,有许多就是《山海经》的再现。这就形成了今天神话学通过田野作业而获得新资料、大飞跃的局面;在民间文化中,几乎保存了《山海经》神话的所有信息。

## 与《山海经》神话相关的中原神话群

就目前所发掘到的材料来看,古典神话遗址所反映的《山海经》神话原型内容,一般限于黄河中下游地区、长江中下游地区,其中黄河中下游地区是最为密集的区域。在这个区域中又极为密集地分布在以河南洛阳为中心的中原地带,形成了独具特色的中原神话群。

与《山海经》神话原型相关的中原神话群主要有如下几种:黄帝神话群,女娲神话群,伏羲神话群,王母神话群,颛顼神话群,尧神话群,舜神话群,大禹神话群,夸父神话群,炎帝神话群。这是中国古代神话谱系在当代社会所表现出的又一个重要特色。

其中,内容最丰富、影响最大的是黄帝神话群和大禹神话群。构成这种状况的重要因素不是别的,正是河南所处的特殊的地理位置和历史文化的特殊地位。一方面是,河南在历史上长期为政治经济文化的中心,"三代之居皆在河洛之间"(《史记·封禅书》),黄帝族、大禹族在这一地区形成强大的政治集团,所以应该存留下许多神话故事和传说中的神话遗址。另一方面是,这些神话主要保存在中原偏僻的乡村,地处大山荒野间,与大都市的车水马龙相比,这里相对稳定,较少外来文化(现代文明)的冲击,所以可能会保存下较为朴实的神话故事。而且,有许多神话故事是由民间巫婆神汉所讲述的,具有原始文明的浓郁色彩。自然,一切都是相对的。中原地区战火频繁,几经沧海桑田。魏晋南移,洪武迁入,幅员变化复杂。而神话主义表明,认物归神,无论哪里人,来到一个地方,都会默认一个地方的风物。中原神话因此得到保存和传承、传播。中原地区古典神话因此具有非凡价值和意义。当然,如果人一定要否认原始文化、原始艺术在当下的遗存,只能说是没有共同的感受,无法进行相互间的交流与对话。

### 黄帝神话群

《山海经》中的黄帝是一位显赫的部落联盟领袖。轩辕之山、轩辕之国、轩辕之台和轩辕之神与这位黄帝相联系,具有神圣而不可侵犯的特殊地位。如,《海外西经》中有"轩辕之国在此穷山之际","穷山在其北,不敢西射,畏轩辕之丘",《大荒西经》中有"射者不敢西向射,畏轩辕之台"。黄帝的生命力异常旺盛,如《大荒西经》中有轩辕之国"不寿者乃八百岁"。黄帝的子孙众多,集团力量异常庞大。如《大荒东经》中有"黄帝生禺䝞",海神是他的子孙。《大荒北经》中有"黄帝生苗龙",融吾、弄明、白犬都是他的后代。《海内经》中的昌意、韩流和骆明、白马、鲧,也都是他的子孙。许多现象表明,其影响历史文化之久远、范围之广阔。

黄帝还是不可战胜的,如在《大荒东经》中有他将夔的"皮为鼓"而"威震天下",《大荒北经》中有他战胜蚩尤的故事,都充满征服者的胜利姿态。在更多的文献典籍之中,黄帝征服了四野,合并了炎帝部族,定鼎于中原,祭祀于河洛,成为中华民族的始祖。《史记》等历史文献也都是从黄帝算起。中华民族自称炎黄子孙,亦缘于此。

在中原地区,黄帝神话群主要分布在豫西地区。

民间关于黄帝的传说主要有炎黄之战、涿鹿之战、创造发明、建立国家、与王母斗智、练兵讲武、访仙得道、炼丹、升天等,集中在河南的新郑、新密、灵宝等地。

传说依附于一定的自然景观,就成为我们所说的古典神话遗址。如,新郑被称为"轩辕故里",传说黄帝生于新郑寿丘,此地原来建有轩辕观。民间传说黄帝的父母即公孙少典和附宝,居住在具茨山姬水河边的一个山洞里。附宝在野外感白光而孕,后生下肉团,轩辕黄帝从肉团中出世。后来,人们将具茨山改名"轩辕丘",在上面修了一座祖师庙,也叫轩辕黄帝庙。附宝感光受孕处有一块石头,人称"天心石"。黄帝成年后,四处寻找猛将良相,如力牧、大鸿、风后、常先、大隗夔等,这些人的名字成为今天这一地区的地名(或山名)。如,大鸿就在新郑、禹州、新密交界处,新密则有力牧台、大隗镇。在新郑的风后岭极顶东侧,有王母洞,传说黄帝曾和王母有交往。在新郑城南关外,有一条双泊河,传说黄帝曾在这条河边试才,选出一个孩子主王位,一个辅政。

在新密同样有许多黄帝神话遗址,如云岩宫是传说中黄帝的行宫、寝宫。当地百姓讲,黄帝曾在此处担土修城,被人道破天机,留下"庙岗""大岗"两堆土,成为今天的山冈。"破鞋岗"则是传说黄帝将鞋子扔在此处变成的,也有人说是鞋子中的泥土堆成的。云岩宫景色秀美,当地有一首歌谣唱道:"南京到北京,比不过云岩宫。三百(柏)二十(石)一座庙,王母娘娘坐空中。石头缝里长柏树,老龙叫唤不绝声。"所谓的三百是三柏的谐音,二十是二石的谐音。三柏二石都是河水中的树木和石块,庙即云岩宫神庙。王母神洞在峭壁上,王母离地而居,所以叫"王母娘娘坐空中"。"老龙叫唤不绝声"是指云岩宫院内的大峡谷中有一条激流穿过,发出激越的声响,犹如龙鸣。在云岩宫附近还有许多地名传说都与黄帝的活动相关,如养马庄(养马处)、仓王庄(储粮处)、饮马河、马脊岭(遛马处)。

大鸿山上还有传说中的避暑宫、御花园、梳妆台、擂鼓台。云岩宫存有唐独孤及的《云岩宫风后八阵图记》碑文,从另一方面说明黄帝传说历史的悠远,在神话与史实之间并非全凭人们去妄言假想而成。在大隗镇有明代碑文记载,黄帝曾在此访广成子。又有奶头山,传说流出的玉奶不尽。所有这些,若我们比照《山海经·西次三经》中的"峚山"有玉,"是有玉膏,其源沸沸扬扬,黄帝是食是飨"等内容,便不会有太多奇怪的感觉。

所有的传说都是民间文化对历史文化的记忆表现形式。

在灵宝阌乡东南荆山铸鼎塬上,有传说中的黄帝陵。这里原有黄帝庙。传说黄帝当年在此铸鼎立国,此庙保存有唐虢州刺史王颜撰文的《轩辕黄帝铸鼎碑铭》。碑文序中,有"黄帝守一气衍三坟,以治人之性命,乃铸鼎兹原,鼎成上升"的内容。据载,汉武帝时,荆山铸鼎塬就有黄陵神庙,配祀香火以祭黄帝。可以设想这就是汉代的黄帝陵会。至今每年冬天,当地百姓在此祭祀黄帝,应是庙会遗俗。这一地区的神话传说中,黄帝是朴素的人间君主,骑龙升天时,被百姓拦扯住。这里的九孔莲藕遗址,相传就是黄帝所骑龙须所化生。黄帝陵在这里还叫葬靴冢,据说和陕西桥山及甘肃、河北等处的黄帝陵一样,都是黄帝的衣冠冢。当然,由于特殊的历史、地理因素,陕西黄帝陵名扬中外,人们就忽略了其他处的黄帝陵神话遗址。

在巩义一带还有黄帝得河图洛书的"遗址"。传说当年"黄帝东巡过洛河,修坛沉璧,受龙图于河,龟书于洛",在此发明历法、房屋,令仓颉造出文字,祭祀天帝。至今,洛口村北寨门还有对联"休气荣光连北阙,赤文绿字焕东周",歌唱黄帝在洛河畔祭天、沉璧的文化盛事。

与《山海经》相比,黄帝神话在中原地区有了更多的仙味。应该说,关于黄帝的神话,源自《山海经》,在后来的历史发展中,渐渐融入其他的文化因素。这正是一般古典神话嬗变的基本规律。西望陕西宝鸡一带,黄帝神话群呈现出又一种景观。黄陵县的黄帝陵成为中华民族的神圣殿堂。

就现实而言,没有宗教文化不断渗透,神话传说无法流传。

### 女娲神话群

《山海经》中的女娲神话内容记述相对简单,只有《大荒西经》中有"有国名曰淑士,颛顼之子。有神十人,名曰女娲之肠,化为神,处栗广之野,横道而处"的内容。关于她炼石补天,抟土造人的故事,见于后世文献《风俗通义》《淮南子》和《论衡》等典籍,至于她与伏羲结为夫妻的内容,则见于唐卢仝的诗歌等文献。这些内容是《山海经》女娲神话的嬗变、衍生形态的具体表现。它在中原地区的神话遗址主要分布在淮阳、西华、孟州、太行山、陕州、晋州、涉县、临潼等地。再者就是甘肃天水等地。在民间文化中,她的身份称呼是多种多样的,如"人祖奶奶""人祖姑娘""女娲娘娘""老奶奶""娲皇老母"等,体现出民间信仰的丰富性。

在一些古代文献典籍中，女娲和伏羲、神农并称为"三皇"。"皇者，天。天不言，四时行焉，万物生焉。"（《风俗通义》）这是民族女神"女皇"（《世本·姓氏》篇）的神圣角色。她在中原地区，不但是生化万物的创造大神，而且是一定地区的民间保护神，许多神话遗址相传都是她留传给人间的。如河南省西华县聂堆乡思都岗，有传说中的女娲陵、女娲神庙，这个村庄就是女娲城的一部分。当地百姓每逢初一、十五就来朝拜他们这位人祖奶奶，在腊月和正月举办庙会，唱神戏，祭祀这位"天地全神"的统领。中药黄芪，在这里传说是女娲传给民间识别运用这种药材的方法的，所以，当地称黄芪为娲芪。在一些民间节日中，还有烙面饼抛在房顶上"补天"的习俗（不仅河南有，陕西、甘肃、山西等地也有，参见一些地方志中的民俗资料）。更为典型的是民间经歌中对女娲开辟世界、创造人类和文明的礼赞，表现出虔诚的信仰。天下雨太久，有"雨不霁，祭女娲"（《论衡·顺鼓》篇）；天大旱，也要祭女娲，民间百姓在神庙前让烈日暴晒自己，以期使女娲感动而降甘露。这种信仰汉代典籍中有记载，明代如杨慎在《词品》中也有记载。西华民间传说中，女娲不但炼就了五彩石，补了苍天，而且多次托梦救人，变幻魔法退去偷袭的敌兵而使人们避免了灾难。人们传说天边的彩霞之所以那样美，是因为女娲补天用尽了五彩石，于是将自己的血肉糊在了天上，补天行动壮烈绚丽。女娲作为人间正义、道德的代表，无处不在，无时不在，伴随着人们世世代代生活在这片土地上。这也表现出中华民族普遍的信仰观念，即传统的人杰地灵观，在一个地方若生存过一位具有历史影响意义的大人物，这里的人就会感到无比自豪。当然，这也包含着人们对自己家乡的热爱，对生活的热爱，对英雄的崇尚，对美好生活前景的向往。所以，女娲信仰在广大中原农村曾表现为每一个乡村都有奶奶庙，人们坚信有了女娲这位人祖奶奶在自己的身边，就有了安全感、幸福感。

在河南省孟州一带，也有女娲山的传说。这在《太平寰宇记》《地理通释》等典籍中就有过记载，即"太行山，一名皇母山，一名女娲山"。太行山上有多处女娲祠，陕州的女娲陵、晋州的女娲庙、商丘的娘娘庙、涉县的娲皇宫和安阳的清凉山，都是女娲信仰的重要表现。尤其是涉县的娲皇宫，每年都举办大型庙会，四面八方的香客会聚此地，载歌载舞，遍设香烛，祭祀这位传说中的人祖女神。宋衷注《世本》中曾提到"天皇封弟娲于汝水之阳"。由此，我们可知，黄河中下游地区的河南中部、北部，河北的南部，山东的西部，以及陕西、甘肃等地，作为女娲的封地，其神话遗址之多是可想而知的。宋崔伯易在《感山赋》中说："客有为余言，太行之富，其山一名皇母，一名女娲。或云于此炼石补天，今其上有女娲祠。"他盛赞"仁智所依，仙圣其迹"，"服皇娲之妙道，藏补天之神石"。太行山系千里绵绵，女娲神庙兴兴灭灭，灭灭兴兴，如繁星闪烁，体现出女娲神话在这广大地区的深厚基础。人们对一片碎石寄予深情，以为是当年女娲补天所剩下的。这些信仰行为远远超出了《山海经》神话中"处栗广之野"的原型，但不可否认的是，这些神话的思维机制和《山海经》是相同的。它从另一方面说 明《山海经》神话思维对我国民间文化的广泛影响。

在更多的神话传说中，女娲和另一个大神伏羲结成夫妇，而且是兄妹婚，加入了洪水神话的内容。在豫东、豫东南、皖西、鄂北等地区的黄淮平原和大别山系，有许多洪水神话故事流传。其情节为：一个孩子外出，遇见一个神灵的化身（或为兽，或为人，或为树），告诉这个孩子天地要毁灭，要他带一些食物躲进一个地方，逃过这场大劫难。这个孩子一般是男孩，又带上姐姐或妹妹一同来到这里。灾难过后，世界又是一片洪荒，神灵要两个孩子成婚，继续繁衍人类。经过一系列的验婚,两人终于结合成夫妇,重新造就人类和文明。毁灭世界的灾难一般都是洪水。这个女孩子一般都是女娲。她的同伴是伏羲。这种神话故事若我们掩去人名和地名,就会发现和南方一些兄弟民族中的洪水神话完全相同。和阿拉伯、希腊的洪水神话也有相同之处。应该说这是整个人类共有的神话思维的表现。作为洪水神话中的女娲,和《山海经》中处于栗广之野的女娲绝不是毫不相干的。在千百年的人类社会发展中,两种内容都依据于远古时代的原始思维即神话思维,使女娲神话系统日益丰富起来。同时,在民间神话的流传中,我们也可看到不同神话系统的混生混合现象。

**伏羲神话群**

伏羲在《山海经》中出现的场次很少,而且,伏羲与太昊并没有联成为一体,其仅见于《海内经》的两段文字。一是"有九丘,以水络之……有木,青叶紫茎,玄华黄实,名曰建木,百仞无枝,上有九檽,下有九枸,其实如麻,其叶如芒。大皞爰过,黄帝所为"。二是"西南有巴国。大皞生咸鸟,咸鸟生乘厘,乘厘生后照,后照是始为巴人"。这位大皞,郭璞、吴任臣、郝懿行等学者都释为伏羲。大皞,即太昊,在秦末汉初时代的《世本》中,称太昊伏羲。《吕氏春秋·孟春纪》中说"其帝太皞",高诱注为"太皞,伏羲氏"。在今天民间神话传说中,太昊伏羲仍是一体的。如淮阳太昊陵就称为太昊伏羲陵。中原地区的伏羲神话群集中在豫东、豫东南一带,如淮阳的伏羲陵和神庙群,上蔡、新蔡、汝南、正阳等地也都曾有伏羲神庙。其中,以淮阳的伏羲神庙的影响为最大:在这片土地上形成了甘肃天水和陕西宝鸡等地所无法相比的一个规模庞大、仪式浩繁的神话群,最典型的就是每年农历二月二到三月三的淮阳太昊伏羲陵古会。此外,孟津也有伏羲神庙。我们不必再一一详述伏羲的各种神迹,诸如伏羲创制八卦、教人渔猎、教人制簧做笙、教人织衣、教人游戏等神话故事。伏羲信仰与《山海经》神话联系最为紧密的是庙会上的神兽和祭木。在这里,我们几乎可以把这些内容作为《山海经》的某种翻版。

笔者坚持民间文化所具有的原始文明保存意义"活化石"说。除了文化人类学的依据,将来的考古会证明神话作为原始文明的历史合理性存在。

文献对历史的记载与叙述不是唯一的。文化时空的连续性,用文学人类学理论来解释,或许更有说服力。庙会上的神兽被俗称为皮老虎、泥泥狗、小叫吹。如五颜六色的老虎,有的是用红布或黄布缝制的,眼睛、嘴或用布缀成轮廓,或用彩墨绘出,有的是用皮做成的,有的则是用布料和牛皮纸做成的。这些虎可用来做儿童的玩具,也可以用来观赏,而更重要的用途在于镇邪。其源头我们可以追溯到《山海经》中的一些神话内容。如,西王母形象在《西次三经》和《大荒西经》中都以"虎齿"而名,"有神人面虎身,有文有尾"。在《大荒东经》中,有许多以"虎"为图腾的部族,如说有神人名曰天吴"八首人面,虎身十尾"。《海内北经》中有"穷奇状如虎,有翼,食人从首始","林氏国有珍兽,大若虎,五采毕具,尾长于身,名曰驺吾,乘之日行千里"。在《海内西经》中,昆仑神山的守护者开明兽"身大类虎而九首"。从这里我们可以看到远古人民对虎的迅猛、威严、勇敢有力的性格尊崇。虎崇拜在事实上就是图腾崇拜。它在民间文化中的广泛出现,我们可以从《山海经》中找到本原。应该说,民间文化中以虎镇邪、驱邪的意义即源于《山海经》中的内容。

泥泥狗又俗称灵狗、陵狗,传说是人祖爷伏羲的守护者、使者。一般有虎、猴、狗、马和蛙、燕、斑鸠等形状,多黑底绘彩,既可用作玩具,又可作为"巫药"。

狗是兽的典型代表,在《说文解字》等典籍中,以"犭"即"犬"部作解释,成为人类学的重要理论依据。我国古代文字学解释方式是当代人类学不应该忽视的财富。缺乏这方面的知识能力,就会非常狭隘。泥泥狗最突出的特点就是变形。变形的方式有两种:一是独体变形;二是联体变形。独体变形如虎首狗身,或狗首虎身、狗首猴身、猴首虎身等,为兽与兽的部位综合。这使我们联想到在《山经》中普遍存在的各山之神的形状。如《南山经》中的"(招摇之山)有兽焉,其状如禺而白耳,伏行人走,其名曰狌狌,食之善走";"(基山)有鸟焉,其状如鸡而三首、六目,六足、三翼";自招摇之山以至箕尾之山,"其神状皆鸟身而龙首"。在《南次二经》中,浮玉之山山神"其状如虎而牛尾";自柜山至于漆吴之山,"其神状皆龙身而鸟首"。各山山神的变形,在原始信仰的意义上我们可以有两种解释:一是图腾的徽帜的重合现象;二是生殖崇拜的象征。特别是在一些泥泥狗的阴部,民间艺人用红、白两种最醒目的色彩绘成花卉或太阳放出光芒等形状,其意义就在于对性的夸张显示。联体变形的内容更加丰富,一般分为鸟与鸟、兽与兽两大类。鸟与鸟的相叠相交有多种,一是两只鸟的尾部相联,即一只鸟身的两头都是鸟头形,这是明显的交尾。二是在一只大鸟的身上,堆满了小鸟,民间称为"咕咕堆",也有称为"娃娃山"的。这同样是生殖意义的显示,取意于"多子"。兽与兽的联体,有同类相联与异类相联两种。同类相联的意义在于生殖崇拜,异类相联的意义也是生殖崇拜。异类相联的有八大高、四不像、猴背虎、猴骑虎。这自然使我们联想起《中山经》中的"有神焉,其状如人而二首""其神状皆人面兽身""其状人面而鸟身""其神状皆马身而龙首""其神状皆彘身人首""其神状皆鸟身而龙首"等。这里的人面和猴面并无太大的分别,可以说泥泥狗中的猴就是人,虎也是人,猴与虎相交就是人与人相交。假若我们再联系到汉画像石中的伏羲与女娲的交尾，联系到庙会的日期农历二月二到三月三，正是"仲春之月"，与古代上巳节高谋崇拜相联系，以及庙会上至今尚存的扣子孙窑的女阴崇拜、野合与拴娃娃习俗，我们就不难想象这些泥泥狗与生殖崇拜、图腾崇拜的密切联系。

一切都能在神话中找到相应的来源。这是笔者提出的神话主义中的一个主张。解释文化遗产与原始文明的联系，并不是仅仅从《山海经》出发，也不是回归《山海经》，而是从《山海经》等神话典籍中找到参照物。小叫吹类似于古代的埙这种乐器，有的是一只葫芦，有的是一只猴或虎或鸟的头，更多的是独体的鸟蛋形。其意义应该说是与《山海经》中的鸟崇拜意义相联系在一起的，鸟或者象征着男性生殖器，或者象征着女性生殖器。当然，所有的这些器物与前面所提到的虎和泥泥狗，在具体运用上全然没有淫秽色彩，这正体现出我国古代文化中生殖崇拜的自然特色。因为这些器物的使用有一种前提，或者说是一种深厚的民间信仰内容构成了生活氛围，那就是所有的神兽都是伏羲施舍给人间的。

祭木在庙会上的使用有两种：一是木质结构而糊以彩纸装饰，正中贴有伏羲神像的"彩楼"；二是全为木质结构，在一根红色木棍的上端装上一具斗形木盆的"神楼"。它们所蕴涵的意义，我们可以追溯至《山海经·海内经》的"太暤爰过，黄帝为之"的"建木"。建木的意义和扶桑是一样的，是连接着天与地的神树，日月可以栖居在这里，巫咸、巫彭他们可以带着不死之药由此升降，即我们常说的"绝地天通"。庙会上的祭木的意义就在于媚神娱神，一方面向伏羲表白自己的良苦用心、虔诚的敬拜，另一方面以祭木代替神树，为神灵上下来往于天地之间提供方便。同时，我们也可以把这种和建木一样的无枝无叶的神楼看作男性生殖器崇拜的物化表现。

正由于在淮阳太昊伏羲陵会上有如此众多的伏羲崇拜、原始信仰的文化内容，所以，伏羲陵、伏羲神庙，以及与伏羲神话相关的蓍草园、画卦台、白龟池等景观，就自然成为古典神话遗址。

在孟津老城雷河村，至今还保存着传说为伏羲"受龙马图于河"的神话遗址，有伏羲殿和"龙马负图处""龙马记"等碑文，以往曾有隆重的香火会。当然，不用说甘肃的伏羲神庙成为华夏文明国家保护工程的重要内容，其文化遗产意义不言而喻。

### 王母神话群

文字学家告诉笔者，甲骨文中对神话传说的保存，因为多种原因，只有王母的身份最明确。

《山海经》中的西王母是玉山之神、昆仑女神、王母山神，虽和黄帝、颛顼、大禹等帝王神话不一样，没有自己明确的集团成员，但她更有神威，尤其是她"蓬发戴胜""司天之厉及五残"（《西次三经》），有三青鸟为其取食（《海内北经》）。这是一个身处神山，"戴胜，虎齿，豹尾"（《大荒西经》），威风凛凛的女皇。我们可以想象，她应该是一个独处神国的帝王，是一个更原始、更自然、更神秘的氏族首领。遍查《山海经》，西王母和其他帝王神几乎没有任何往来，不像其他帝王那样去征杀四野，平息动荡，虽然身负重职，却不见任何杀机。不论她怎样"豹尾虎齿而善啸"，却并不令人害怕，相比起来，她倒显得很可爱。她不怒自威，有一种令人景仰的神圣地位。如《大荒西经》中所言，西王母所处的"昆仑之丘"，"其下有弱水之渊环之，其外有炎火之山，投物辄然"，"此山万物尽有"。在神国之中，她是威严的象征，也是富贵华丽的象征，比那些帝王神更具有神性的崇高尊严，所以，后世的许多文学作品都把她作为景仰的对象，无论是哪一位帝王，若能与王母交游、相会，就会身价百倍。如《穆天子传》中有"天子宾于西王母，乃执白圭玄璧以见西王母"，《竹书纪年》也谈及穆王面见西王母，《西游记》中的王母娘娘种下蟠桃，引发出孙悟空故事，民间传说经典作品《牛郎织女》有王母拔簪划天河留下人间千古恨的故事。关于王母的传说数不胜数，家喻户晓。

中原民间关于西王母的神话更为丰富。有许多西王母神话传说相关的遗址成为风光秀丽的旅游胜地。如新密云岩宫的峡谷峭壁上有王母洞，在日暮时分，晚霞映在谷底的河水上，经反射，再照到王母洞的岩石上，犹如仙云闪动，格外奇丽。这里的王母洞传说是自然生成的。有人讲，在风高月黑时，黄帝驾云来到这里和王母约会，共话修仙之事。据说，当春三月草长花开时，人们还能听得见洞内传出的琴声。在新郑的千户寨乡风后岭的东顶峭壁上，也有一个王母洞。洞内塑有伏羲、神农和有巢氏的神像。依洞口向外看时，上有险峰，下有深谷，给人以清凉幽静的感觉。当地有人讲，这个王母洞在桃花盛开时，有彩蝶飞来飞去，是王母娘娘向人间派出的神使。黄帝建造了这个神洞，是为了感谢王母。传说当年黄帝铸鼎中原，祭祀河洛，到处寻访治国安民之道。他跋山涉水，被一位神仙指点，在翠妩河边遇到仙鹤衔走《神芝宝图》，于是，他就奋力追赶。到风后岭时，不见了仙鹤，却遇到一位仙人——鹤发童颜的老者。老者自称是华盖童子，受王母娘娘之命，将《神芝宝图》送给黄帝来帮助他安邦定国。黄帝得到宝图后，把国家治理得非常好。显然，新密云岩宫、新郑风后岭两处的王母洞都掺入了道教的神仙思想。但我们从这里可以看到民间信仰中王母神话的衍生状态。在三门峡南岸的煤矿，关于王母的传说是另一种情况，即梳妆台上的"娘娘鞋"和煤的故事。当地老百姓讲，三门峡是一块宝地，李老君看中了此地，想在这里修个宫殿住下。王母也看中了这个地方,就和李老君争起来。李老君悄悄将金手杖埋在地下,王母娘娘则运用法术,在金手杖下埋上自己的绣花鞋。李老君受骗后,一怒之下,挑起两座煤山去了河北岸的山西。王母娘娘舍不得煤被带走,就又拉又扯,鞋子也弄脏了,也没有拦住。结果,山西的煤很好很多,而三门峡的煤只有地表上面很少的一些。王母娘娘在河边洗了脸,就有了梳妆台;她将弄脏的鞋子塞进石缝,就有了这娘娘鞋。娘娘鞋和梳妆台都是传说中王母娘娘留下的石头,这和《山海经》相去甚远,但它同样包含有《山海经》的神话思维成分。

在中原农村,从前许多地方建有规模不等的王母神庙。在每年的农历三月初三,传说中的王母娘娘生日,人们来到庙里供奉上香火。甚至有民间巫婆"坐坛",在神庙中大唱大跳,称自己是王母附体,代神立言,蛊惑人心。应该说,这是愚昧的土壤所培育的一种王母信仰。

### 颛顼神话群

在《山海经)》中,颛顼是黄帝的子孙。如《海内经》所言,"黄帝妻雷祖,生昌意。昌意降处若水,生韩流",韩流"取淖子曰阿女,生帝颛顼"。《大荒北经》称,"东北海之外,大荒之中,河水之间,附禺之山,帝颛顼与九嫔葬焉"。"丘西有沉渊,颛顼所浴"。颛顼家族同样很庞大,如叔歜国、中𬨎国,驩头、苗民、淑士国、老童、祝融、重、黎、伯服、季禺之国等,都是他的子孙。再者,颛顼是人间的帝王,又是巫。如,《大荒西经》中,有"颛顼死即复苏","风道北来,天及大水泉,蛇乃化为鱼,是为鱼妇"。

颛顼族和猪图腾联系密切。他绝地天通,使人间和天上分开。正是他集中了神巫的成分,所以,关于他的传说多是亦神亦鬼之类的民间祸害之源。如《搜神记)》所载"昔颛顼氏有三子,死而为疫鬼",即疟疾鬼、魍魉鬼、小儿鬼。中原民间打傩,常打此三鬼。中原民间还有夜晚不在户外晾小儿衣服的习俗,传说是惧怕颛顼的小女儿会将血污染在小儿衣服上而掠走小儿的灵魂。在《玄中记》和《齐东野语》中均有此类记述。至今,许多地方为了驱除颛顼小女儿化生的九头恶鸟,流传着以柏枝火熏室内、放爆竹驱鸟等习俗。颛顼的身份在《山海经》中更多的是具有神巫色彩的帝王。他的继承者是喾,曾娶姜嫄生后稷,娶简狄生契,娶陈锋氏女生尧,娶常仪生帝挚(《世本·王侯大夫谱》)。他们二人合称为二帝,在河南省内黄县梁庄乡三杨庄村西北的硝河西岸,至今仍有他们的陵墓,俗称为二帝陵。陵有神庙,据考,为唐代大和四年(830)所建。之后多次修葺。这里还曾因此而设高陵县。当地百姓称颛顼为高王爷,每年举办庙会,纪念这位远古帝王。

1986年,有关部门曾组织清除湮没过二帝陵的沙土,清出大殿、山门、厢房、宋砖砌井、陵墓围墙紫禁城,以及"颛顼陵""颛顼帝陵"等石碑,使民间传说具有更耐人寻味的神秘性。这使我们联想到《大荒北经》中的附禺山。杨庄村风沙居多,处于黄河故道,其环境与"河水之间,附禺之山"基本相同。应该说这并非全出于偶然。

神话主义表明,一定的神祇只有被不断附加上民众的信仰与表达,其故事内核才能越来越坚强。当地百姓讲,颛顼之所以葬在这里,是因为一个黄水怪的故事。传说当年黄水怪经常来这一带危害百姓,颛顼受民之托,在女娲的帮助下得到天王宝剑,赶走了黄水怪。颛顼又用天王剑砍了一座附禺山,划了一条硝河,让这里的百姓过上了山清水秀、草茂粮丰的幸福日子。后来,黄水怪又作怪,一口气喝干硝河水,一尾巴打碎附禺山,这里又变成了贫瘠的荒原。颛顼年纪大了,就问卜,想知道自己怎样死,死在何处。有人对他讲,他死的地方为一寇姓之地。经过很长一段时间的搏杀,颛顼杀死了黄水怪,自己也筋疲力尽了,一问人这是什么地方,人们说是寇家的土地,于是,他就笑着死在这片土地上。这是这里地势形成的传说。颛顼葬在这里的附禺山即民间传说的鲋鱼山,他常化作神鱼出来巡视人间,抚慰善良,惩除邪恶。他退去洪水救得百姓脱险,由此更受民间拥戴,这恰好和"颛顼死即复苏"、蛇化鱼妇的灵魂再生神话相吻合。又有传说颛顼教化百姓,教会民间百姓制衣、垦荒种谷、编订历法、养殖猪羊牛马,似乎是又一位人祖。这都反映出民间百姓美好的向往,也体现出民间文化对远古文化、对《山海经》神话的遥相呼应。

### 尧神话群

其实,尧神话群的核心区域在山西,而黄河把河南和山西联系在一起,中原神话对尧的叙述与其他地区没有什么两样。再者就是太行山,把尧舜神话播向黄河两岸。一切都属于历史,而历史造就文化。《山海经》中的尧是位天帝,涉及他的内容更多的不是他个人的活动,而是他的葬所。如《海外南经》说他葬于"狄山"之"阳",《海内北经》说他的灵台在"昆仑北",《大荒南经》说他"葬于岳山",《海外东经》则说他葬于"嗟丘"之东。后世的典籍中称他是位好君主,善良,俭朴,谦逊,敢于承担责任,是难得的"仁君"(《述异记》)。在他的传说中充满神奇色彩。如,传说"赤龙与庆都合,有娠而生尧"(《绎史》引《春秋合诚图》),"尧为仁君,一日十瑞"(《述异记》),"尧时有草夹阶而生"成为较早的历法(《论衡》《帝王世纪》),"尧在位七十年"有神鸟纳福驱邪(《拾遗记》)等。流行较广的传说是他诚恳地四处访贤。在河南登封箕山,传说还有他访问过的贤人许由的墓,山下有牵牛墟,颍水边还有犊泉、犊蹄印。尧帮助山民找水,于是,在太行山有尧王池、尧河、捏掌村,成为民间神话传说的"圣迹"。尧后来将王位传给贤能的舜，除去了居心不良的丹朱（单珠）。在河南范县濮城东黄河北岸有单珠堌堆和单珠墓。这些远古神话传说，其内容丰富了《山海经》中尧的神话形象。

### 舜神话群

舜神话的核心地望是多重的，山西、河南、山东等地都有对应的文化遗址即神话遗存地。舜在《山海经》中的出现，情况和尧差不多。《海内南经》和《大荒南经》都说他"葬于苍梧"，《海内经》说他葬于九嶷山。他的灵台和尧、喾、丹朱并位于昆仑。与尧所不同的是，舜的家族更为庞大。如，在《大荒东经》中有"帝舜生戏。戏生摇民"，在《大荒南经》中有"帝舜生无淫"。在《山海经》中，帝舜的具体身份同样没有明确交代，只是依据先秦其他典籍，我们可以了解到他有两个妻子，即娥皇、女英。而《大荒南经》中，又有"帝俊妻娥皇，生此三身之国，姚姓，黍食，使四鸟"的记载。若帝俊即帝舜，那么帝舜家族就异常庞大了。但就目前而言，我们还不能断言帝俊就是帝舜。河南濮阳等地的遄丘庙会，成为舜神话群的重要集散地，这同样不是偶然的。用现代地域对照古地名，解释神话就非常困难。

中原民间舜神话传说集中述说三个方面的内容：一是孝敬父母，二是宽待他人，三是驯象耕田。孝敬父母的故事流传最广，其基本情节是：舜的父亲后又娶了妻子，共同虐待舜。先是让舜把炒熟的麻籽种上，继而让舜到井下淘井把舜掩埋在井里，又让舜到房顶上修房时将房点燃；但是，这些都没有害死舜，舜也不计前嫌，仍宽厚对待父母兄弟。这是民间孝道化的故事附会，是民间百姓在舜的身上所给予的理想化、道德化的美化。因而，舜被列入传统的《孝子图》，千古传颂。孝敬父母，宽待他人，既有孝的意义，又有仁的意义。

宽待他人的故事做了更多生活化的处理,如尧王夸奖舜所驾驭的耕牛好,舜就说不要随便夸奖,而要顾及其他的牛。尧看舜很贤能,将自己的两个女儿即娥皇、女英都嫁给舜,舜待她们都很好,二妃从未有争风吃醋的俗举。舜驯象耕田的故事流传也很广,多少年来争执不下的问题是"历山"究竟在何处。山东的济南千佛山、菏泽(雷泽),山西的垣曲舜王坪、永济东南历山,浙江和湖南、河北等省,都有传说中舜驯象耕田的历山,以及舜井、舜祠等。应该说,这是民间神话对农耕文明开创的阐释。驯象在中原一些地方传说象为猪所生,猪与象同生。这给我们提供了关于原始信仰中猪图腾研究的新课题。舜耕在中原,中原图腾为象,象与猪同生,包括颛顼族也有猪的图腾,这些内容都表明,中原农耕神话中所包含的猪图腾是一个不可忽视的文化现象。或者说,猪图腾与龙图腾、熊图腾等原始文化是否有联系呢? 而且,在颛顼神话中有明显猪图腾的色彩,那么,颛顼与舜神话是否也有着密切的联系呢?

舜神庙在中原地区较为典型的是偃师邙山岭上的舜王庙,每年都有庙会。四面八方的百姓赶来,祭祀舜王。周围地区还有舜王治水、舜王赶鱼、舜王退敌和娥皇、女英骑牛骑骡而骡不生驹的传说故事。这类神话原型应引起我们的多重含义的文化思索。

### 大禹神话群

大禹是我国民间文化中流传最广的大神,其主要身份是治水英雄,被后世尊崇为人间帝王、天国神使,还有宗教领袖、科学大神、战争之神。他的影响几乎是其他神无法相比的。

如果我们绘制出一幅中国古代神话地图,就会发现,没有哪一个神祇像大禹那样分布如此密集。而夏王朝的历史性存在,正被考古学等学科所证明。在《山海经》中，概括起来讲，禹的神话形象还是一位相当朴素的治水英雄，其事迹主要有"杀相柳"(《海外北经》)、令竖亥测算东西两极距离(《海外东经》)、"攻共工国山"(《大荒西经》)、"攻云雨"(《大荒南经》)、"积石"(《大荒北经》)、"生均国"(《大荒北经》)、"埋洪水"(《大荒北经》)、为群帝造神台(《大荒北经》)、"布土以定九州"(《海内经》)。其生存背景是鲧治水事业失败为天帝所杀，显示出悲壮的文化氛围。

在后世的文化典籍中，如《史记》在《夏本纪》《五帝本纪》中，称"惟禹之功惟大，披九山，通九泽，决九河，定九州"，"成美尧之事者"。在一些神怪小说中，禹的形象更是洋溢着不凡的仙气，其事迹演绎成许许多多的离奇故事。禹的"足迹"分布最为广泛，大江南北、黄河上下、江河济淮之间无不留下有关禹的神话遗址。诸如河精授禹以"河图"，逐防风氏，捉拿无支祁，克三苗，导积石，劈开龙门山，化熊打通轩辕山，喝令涂山氏还子，三过家门而不入，锁蛟，大会群神于会稽山等，均成为千古绝唱。总观神州大地，禹神话遗址的分布呈西北向东南线条分布状，即从东南的会稽山到西北的积石山，间以中原地区的河洛为中心，形成一条线。其中，河洛地区的禹神话信息量最为密集，神话遗址也最多。这一方面和"昔三代居于河洛之间"分不开，另一方面和历史上的治水事业集中在黄河中下游分不开。当然，四川、湖北、湖南等地也有数量相当可观的禹神话遗址。

河洛的地望在今天看来基本上是以嵩岳为中心的，除河南地域之外，还包括山西、陕西、山东、河北和甘肃等省的一部分，这是著名学者戴逸等人所提出来的。若这样说，那么河洛就是历史上的大中原，以黄河的中游为主包括下游一部分地区。从史实和考古发掘来看，虽然中华民族是多源头的，但这片土地也确实是中华民族的主要发源地，这是无可争议的。也就是说，在河洛地区形成禹神话遗址的大面积分布，绝不是偶然的。它是以雄厚坚实的历史积淀深刻地影响着民间信仰这一主体内容的。神话遗址中很多民间文化内容虽然有许多夸张、虚妄、神秘的成分，但绝不全是杜撰，其基本背景就在于原始信仰等具体的社会内容对民族心灵的多维辐射的投影。

学者们考证大禹是一条虫，遭到批评，这是因为各有各的依据。虫，也是一种图腾，其人类学意义非常典型，包含着民众坚定的信仰，即尊神，对虫系的敬仰。河洛的中心在嵩岳。这和大禹建都阳城的历史传说有着密切联系，而其中最突出的神话遗址就是启母石、启母阙、启母庙等处。关于启母传说，不见于《山海经》，详见于《淮南子》："启母，涂山氏之女。禹治鸿水，通轩辕山，化为熊。谓涂山氏曰：欲饷，闻鼓声乃来。禹跳石，误中鼓，涂山氏往，见禹方作熊，惭而去。至嵩高山下，化为石，方生启。禹曰：归我子！石破北方而启生。"

这段叙述和今天许多地方的民间传说是一致的。当地百姓对此解释道：嵩山脚下所立启母石，就是传说中的禹得涂山氏裂腹生子处。启母石附近有启母阙，是传说中大禹的家门，上绘有农耕、狩猎的浮雕，是当时社会生活的记载。传说当年禹治水时，嵩山之南，东自禹州，西至龙门，颍水两岸，一派汪洋。禹为了泄洪，在登封西北萼岭口（轩辕山）凿山治水，想把嵩山南面的洪水引入北面的洛河，归于黄河。在凿萼岭口时，他化作了巨熊以推倒山岩，涂山氏送饭至此见到丈夫化身，不由气急交加，在启母石这里化成石人。禹看到巨石，想起妻子怀胎尚未分娩，大喊："还我儿子！"此时"轰"的一声，石破，进出一子即为启。禹得子叫"启"，就是取从石头中得来之意。

启母石还引发了许多传说，如穆王观夏后启之于太室等，清代景冬阳在《说嵩》中对此有详述。今启母阙和太室山、少室山两处的石阙并称"中岳汉三阙"。启母石、启母阙相距约半里，启母庙在二者之间，但此庙今已不存。

启母阙浮雕画的内容，我们可看作《山海经》神话内容的再现，主要有这样几类：第一，大禹治水，重点突出禹化熊等事迹和三过家门而不入的忘我精神；第二，动物图腾，诸如龙、虎、鹿、天马、大象等；第三，狩猎生活，诸如放虎逐鹿、骑马等；第四，各种仙术，诸如幻术、杂技、玉兔造药等内容；第五，孝道故事，如郭巨埋儿等；第六，星辰崇拜，如太阳等。这里所汇聚的民间文化内容，是有着典型历史文化价值意义的，与其周围地区神圣氛围相呼应。

这些浮雕画所表现的内容远远超越了《山海经》的时代，明显具有汉代封建统治的思想。但正因为有了这些画面的内容，才进一步促使禹治水等神话传说一代又一代作为口碑继承下来。我们同样可以把这些石阙画看作远古文化的痕迹，从某一方面看到《山海经》对后世文化的影响。

在嵩山周围，西北至陕甘，东南至江浙，西南至巴蜀，而禹都阳城，阳城在嵩山，到处广泛分布着有关大禹治水的神话遗迹。如太室祠、少室庙（少姨庙），传说是涂山娇、涂山姚姐妹俩相随大禹来到嵩山，当涂山娇变成石头时，禹抱起从石头中得来的启去找涂山姚，涂山姚就嫁给了禹。后人把涂山娇住的崇山叫作太室山，把涂山姚住的季山叫作少室山。这颇有娥皇、女英嫁给大舜的意味。若我们引申开来，却能发现群婚制的野合或对偶婚形态的痕迹，这种太室和少室的划分方法是后人受伦理道德观念的影响对前人野合等生活内容的合理化解释。在神话流变史上，后人按照自己的生活方式去理解远古神话，这是一种普遍现象。

嵩山北面的五指岭，传说是大禹的五指所化。当地人讲，禹凿龙门，涂山氏带着儿子启去迎接禹回家。此时，禹化作巨熊，正用左手推倒拦住水流的山头以便让龙门水东流，这五指被涂山氏看见，并喊出声，所以，禹恢复原形时,左手就化作了石头而不能复原了。这里的禹指化为石和涂山氏化为石,都体现出在《山海经》中作为重要内容的巫术文化的特殊意义。这种现象在我国民间文化中相当普遍,如著名的望夫石,也是对远古巫术自然继承的映现。

嵩山周围地区的禹庙相当多,甚至一些村庄就以禹王庙作为名字,更不用说在日常生活中对禹的敬祀,举行庙会以及各种歌谣的演唱了。其中,嵩山东南方向的近邻禹州,取此地名就是为了纪念禹的治水神功。在这里流传着丰富的禹神话,诸如著名的锁蛟井、诸侯山、坐窝、汗沟等传说中的禹神话遗迹,饱含着民间百姓对大禹的景仰之情。最为著名的是锁蛟井。

锁蛟井在禹州城内禹王庙前古钧台街。此井用砖圈成,井口有大石圈,井的外侧立了一根石柱,系着一条大铁链子,连接着井下,这根铁链子即传说中的锁蛟绳。蛟的形状传说不一,有人说像一头野猪,有人说像一头牛,有人说像一只野猫。锁蛟并不独禹州有,但这里的锁蛟井却更具特色。即井上方建有高大的亭榭,亭榭外壁上绘着几十幅大禹治水的图画,诸如斗蛟、泄洪、三过家门而不入、劈开龙门山等,异常生动,惟妙惟肖,意味深长。面对这些神话内容,人们浮想联翩,犹如到了远古时代正亲睹大禹治水的动人场景。

禹王锁蛟的传说流传甚广,河南的禹州、桐柏及四川、浙江、江苏、山东、山西、陕西等地的传说情节大致相同,同时,它又与各地的具体风物相结合。二十世纪三十年代,我国著名神话学家黄芝岗在他的《中国的水神》中做过详细描述。故事的背景一般在大禹治水过程的中间阶段,主要人物即禹和蛟。蛟是被水冲到某地的孤儿,被一对老夫妇收养为义子。蛟到河水(或江水)中玩耍,而且异常任性,不受父母管制。大禹微服访蛟,发现了它的行踪,就扮作一个要饭的老人,在蛟的家中等候。原来禹多次捉拿蛟,蛟都逃脱了,并扮作孤儿来到这里藏身。禹的真相被蛟发现后,蛟急忙逃窜。后来,蛟疲于奔命,在一条小河旁稍作休息,吃下一碗面条(或米饭),而这碗中的食物就是大禹用铁锁链设计伪装成的,一下子锁住了蛟的心脏。禹把蛟压在井中,不准它出来。蛟不服,问何时能出来。禹说:铁树(或石头)开花时才能出来。后来有人来这里玩,无意间把带有红色装饰品的帽子挂在井旁石柱上,结果,蛟就腾身将水涌出井口,它以为是铁树(或石头)开了花。当人取走那顶帽子时,蛟又回到了井中。

锁蛟的情节虽然不见于《山海经》,但蛟作为一种凶猛的水怪,在《山海经》产生的时代,民间信仰中肯定会有这种动物图腾观念的。也就是说,蛟的出现是《山海经》神话的"遗留物",即远古文化的痕迹。后面的铁树(或石头)开花的语言契约,显然又是对原始巫术的意义的延伸、继承。整个故事都可看作大禹神话的世俗化的典型体现。世俗化的实质就是神话思维在原始社会之后,当社会生产相对发达时,它所继续发生的影响作用。

禹州,以禹命名,这是最典型的大禹神话遗址。禹州东北的诸侯山,传说大禹曾在这里率领各路诸侯,挖开此山(原名蜘蛛山)与灵山之间的山冈,使水流畅通。所以,此山得名为诸侯山。诸侯山的山顶有一块巨石,上面有一处呈凹形,传说大禹在上面坐过,所以叫"坐窝"。坐窝向南的山下有一条沟,相传是大禹挖山时流了许多汗冲成这种形状的,所以叫"汗沟"。

此外,禹州百姓敬仰大禹,把大禹当成地方保护神,流传着许多禹王爷显灵,捉妖拿怪的故事。这和伏羲、黄帝等远古帝王在民间的显灵的文化意义是一样的,都表达出千百年来流传不息的祖先崇拜、道德崇拜思想。

洛阳龙门,传说是禹劈开山石,使河水通畅的地方(《左传》中有"大禹疏龙门,伊水出其间"),至今这里仍有禹王池遗址。在龙门庙会时,有人敬祀大禹,在这里洗神羊,掷钱币。《拾遗记》中曾载有大禹凿龙门时,在山洞中遇到猪和狗变成的黑衣仙人带领他去见伏羲,得到伏羲给他的能量天地的玉简。今天,这个故事仍在流传。这个山洞传说就在禹王池下面,但被石头泥沙所覆盖着。凭着这一尺二寸长的玉简,大禹平水患,除妖怪,劈开龙门。在传说中,大禹用玉简杀死蛤蟆精,留下龙门山脚下的蛤蟆泉。还有人说,龙门以上是很大的湖,大禹听从一个放羊娃的"龙门开"歌谣,劈开龙门山,形成龙门口,泄去洪水,造福于民。

关于龙门的传说不仅洛阳有,山西的河津和陕西的韩城之间,也有龙门阙。我们不必强求认定哪一个地方才是真正的禹所开的龙门,这像远古神话中的"禹导河积石""禹攻云雨"一样,都体现出人民朴素的感情,既是表达对自己的家乡的热爱,又是对圣贤、英雄的高尚品格的讴歌。

黄河三门峡的禹神话遗迹为三个豁口——三门。这种传说的历史甚为久远。如《水经》所载:"河水东过底柱间。"郦道元注:"昔禹治洪水,山陵当路者凿之,故破山以通河。河水分流,包山而过。山在水中若柱然,故谓之底柱,亦谓之三门。"三门峡的三门即神门、人门、鬼门,在传说中为禹用巨斧劈开而成,可想见这种神话的壮丽宏伟。这里的山石草木都有大禹的神迹,形成又一个庞大的禹神话群。如娘娘山,也叫梳妆台,在有的传说中是王母娘娘留下的,有的传说则与禹治水连在一起。在传说中,禹化作黑猪拱开河道,结果,他的妻子看见之后大声喊叫,破了他的法术,大禹很生气,打掉了妻子的头,妻子就化成石柱立在那里成为娘娘山。在米汤沟,传说是禹的妻子送来米汤,看见禹的化身受惊之后摔碎米罐留下了这些像米汤一样的沟水。河水中的砥柱峰,传说是大禹留下的镇河宝剑。三门峡的三个石柱,传说是当年大禹造桥时,法术被妻子惊破,桥腿才朝上的。

其他传说还有大禹跃马过黄河时留下了"马蹄窝",站立在山石上劈山时留下了"神脚掌",等等。这里值得我们注意的是,禹神话传说中增强了法术即巫文化的意义,有了猪图腾的内容,以及杀妻的情节,其中所蕴涵的意义更为复杂。同时,我们也可以看见其在继承《山海经》神话的原始思维中所表现的泛神信仰,与后世宗教思想、伦理观念、宗法意识的结合。

西行至灵宝,北行至太行、王屋,南行至桐柏,东行至开封,东北行至浚县大伾山、浮丘山,中原大地只要是有水的地方,我们几乎都可以找到禹的神庙。尤其是桐柏,这里的锁蛟井是用汉白玉砌成的,蛟变成了无支祁。这里的禹王庙处于淮源,石柱山的"禹舟铁环"和三家河的有关传说更显出民间想象的奇特。在开封的禹王台,大禹的形象有了更浓郁的帝王色彩,这和千年古都的文化氛围形成了一个整体。更不用说许多城市为了弘扬民族文化,塑起了大禹治水的雕像,形成现代文明与古代神话融为一体的景观,显现出禹神话的现代风采。特别是在一些民间庙会上,至今还有传说是源自禹的巫步,它象征大禹跋涉奔波的艰辛,这是更典型的野性艺术。若我们追溯其源头,可直指《山海经》中的巫彭和巫咸他们的"不绩而服"等行为。在很多地方,道教力量极力渲染大禹奉天命及其与鱼精水怪的交往,这些内容深刻地影响着一些民间文化的具体生成。这正是和《山海经》作为神巫文化的集大成者对后世文化的性质所形成的影响分不开的。

### 夸父神话群

夸父神话群在河南灵宝最典型,成为这里的山神,被民众世代歌唱。夸父在《山海经》中是追日的英雄。因为追日,所以可以看作太阳图腾;这是中国古典神话传说中异常珍贵的太阳英雄神话。

其主要事迹如《海外北经》所载："夸父与日逐走，入日。渴，欲得饮，饮于河渭，河渭不足，北饮大泽。未至，道渴而死。弃其杖，化为邓林。"

这是夸父神话的原型内容之一，一为追日，二为弃杖为林。追日的目的、缘由之所在，我们都难以从字面上得到答案。仅仅是为了好奇，或者是追求探索太阳运行规律，这些猜想都不能令人信服。或许，这就是神话思维的表现。我们可以将此解释为太阳崇拜在原始神话中的具体表现，但又未免过于空泛。只有在联系之中，我们才能理解问题的实质内容，或者更接近事实。

首先是我们可以看到夸父族以蛇为图腾的神话内容。《山海经·大荒北经》载："大荒之中，有山名曰成都载天。有人珥两黄蛇，把两黄蛇，名曰夸父。后土生信，信生夸父。夸父不量力，欲追日景，逮之于禺谷。将饮河而不足也，将走大泽，未至，死于此。应龙已杀蚩尤，又杀夸父，乃去南方处之，故南方多雨。"

这则材料，我们可以看作是《海外北经》的补充、丰富。"后土"，郝懿行释为"共工氏之子句龙也"（《山海经笺疏》）。关于共工生后土，《国语·鲁语》释为："共工氏之霸九有也，其子曰后土，能平九土。"《海内经》又有"炎帝之妻……生炎居……生祝融……生共工……共工生后土……"句，可知夸父是炎帝族的一支。应龙既杀蚩尤、又杀夸父的内容还见于《大荒东经》。这都说明夸父和蚩尤都是炎帝集团的力量，在和黄帝集团发生战争时失败，为了求得生存才奔向北方大泽方向的。《大荒东经》中有"应龙处南极"，南方旱的原因在于应龙。那么，黄帝的统治区域在中原，为何夸父逃离他方之后，又要奔向黄帝的辖区呢？我们可以设想，此时的中原可能由于黄帝征伐四野而处于空虚，且夸父的家乡也可能先前就在中原。《中山经》有夸父之山及"其北有林焉，名曰桃林"的记载。因为从图腾神话来看，《海外经》中，南方祝融和东方句芒都乘龙,一个"兽身人面",一个"鸟身人面",而只有北方禺强"人面鸟身,珥两青蛇,践两青蛇",西方蓐收"左耳有蛇,乘两龙",夸父族的家乡更多地被说成是靠近北方和西方。很有可能夸父族到南方参加炎黄战争,失败之后逃回家乡。《海外北经》中所提到的"博父国",有学者认为就是夸父国,"其为人大,右手操青蛇,左手操黄蛇。邓林在其东,二树木",更进一步说明夸父族以蛇为图腾。夸父向西北方奔去,更大的可能是由于战争失败,为了生存才离开南方的。正是在民族迁徙的艰难跋涉之中,才有如此惨烈的"道渴而死"的情况发生。我们把此神话看作氏族迁徙的悲壮史诗,是不为过的。

夸父是巨人族,从人类学意义上来讲,也应该是北方或西方的氏族。夸父之山传说在南方也流传,如湖南沅陵县的夸父山传说,但从内容上看明显属于行进途中经过之地而非居民之邦。《山海经》中所提到的"夸父之山",郝懿行注为"一名秦山,与太华相连,在今河南灵宝县","其北有林焉,名曰桃林",这与今天的灵宝的历史、文化、地理等内容是基本吻合的。在中原地区灵宝一带所流传的夸父神话传说及其遗址,与其他神话相比,与《山海经》联系得更为紧密。

据考,灵宝包括旧时阌乡,在历史上曾称作桃林,唐代才改为灵宝,《地理通释》《阌乡县志》等典籍和方志都载有这里古代多桃林的内容。从今天的地势上看,夸父山和《山海经》中所载"夸父之山"大致相同。夸父山在灵宝的阳平乡东南处,其形状为仰卧在灵湖峪和池峪之间,有头、肩、腹、腿等部位。北临黄河、渭水。山北有夸父营,相传这里的居民是夸父的后裔,至今有将夸父祀为山神,八大社山民轮流主持迎夸父、送夸父的习俗。夸父营和夸父峪是两回事,夸父峪在夸父山北一处长二十里许、宽十里许的山地,有八个村庄。历史上,夸父营、夸父峪、狼寨屯曾发生地界纠纷,后于道光年间,由县邑令出面裁决而立下了《夸父峪碑记》，碑中载下"东海之滨，有夸父其人者，疾行善走，知太阳之出，不知其入，爰策杖追日，至此山下，渴而死，山因以名焉"一段话。这里的山民曾建有夸父神庙，把夸父作为自己的祖先敬祀，作为山神、地方保护神来信奉，并且把桃树画在夸父神庙会的彩旗上面作为自己宗族的重要标志。在祀神的花馍上他们也做桃来教育子孙、寄托自己的意志，形成形象化的教材。诚如《夸父峪碑记》所载："此山之神，镇佑一方，民咸受其福，理合血食，兹故土八社士庶人等，每岁享祀，周而复始，昭其崇也。"神庙会一代代传承着，引来三省（河南、山西、陕西）相邻的村民观看如此热烈的盛会。这山，这神庙，就是最生动的神话，最有意义的神话遗址。从这里，我们可以看到源自《山海经》的那些熠熠闪烁的文化的光辉。

### 炎帝神话群

炎帝其实就是民间崇拜的火神，是中国的太阳神，也是中国的农神、药神，他更是万民敬仰的祖先神。炎帝集团在《山海经》中是备受压抑的部落联盟，诸如共工、蚩尤、夸父、祝融等，都是这个联盟的重要成员。但是，我们从另一个方面可以看到，炎帝集团在同黄帝集团进行激烈搏杀时，那非凡的斗争勇气是异常可贵的。像禹杀相柳，相柳的血竟有那么深，这事实上传达了一个远古战争信息，即相柳的战士们前仆后继，宁死不屈，具有特别坚强的意志；又像蚩尤伐黄帝，黄帝费了那么大的气力才结束战争，是以应龙和女魃的不复上的悲剧作为代价的。蚩尤和相柳都属于炎帝集团的力量，他们的意志代表着炎帝集团的精神。

炎帝是一位被掩盖去许多事迹的军事领袖，是农耕文明的重要代表。见于《山海经》的炎帝神话内容更多的是他的妻子、儿女、子孙的情况，如《北次

三经》中的"精卫",《大荒西经》中的"灵恝",《海内经》中的"伯陵"和"赤水之子听訞"等,只有《中山经》,虽然有"神耕父"出现,却是一个"见则其国为败"的倒霉的凶神。真正使炎帝形象得到恢复的是《山海经》之后的《史记》《淮南子》和《搜神记》等典籍。如《史记·补三皇本纪》说:"炎帝神农氏,姜姓。母曰女登,有娲氏之女,为少典妃,感神龙而生炎帝,人首牛身。长于姜水,因以为姓。火德王,故曰炎帝,以火名官。斫木为耜,揉木为耒。耒耨之用,以教万人。始教耕,故号神农氏。于是作蜡祭,以赭鞭鞭草木,始尝百草,始有医药。又作五弦之瑟,教人日中为市,交易而退,各得其所。"

神农的形象在这里才清晰起来。首先是他和黄帝一样为少典之子,龙的后代,以牛为图腾。他是农耕文明的文化大神,前面所引《山海经》曾提到他的子孙为钟为乐(如《海内经》有伯陵与阿女生"鼓、延、殳","始为侯","始为钟,为乐风"),但没有地位,只有《史记》才记载他进行了各种创造活动,成为"神农"、医药之神、音乐之神和商贸之神。在《水经注》中,他的身份更了不起,甚至可奉为井神。炎帝的形象真正影响后世民间文化的,我们可以说,并不是因为《山海经》中所记载的内容。应该说,这是《山海经》的成书过程中扬黄抑炎而形成的冤案,它被司马迁和干宝他们翻了过来。除了作为农神的炎帝,还有作为医药之神、音乐之神和商贸之神的炎帝,而流传至今的主要角色,则是衣神和医药之神。《淮南子》说炎帝"尝百草之滋味,一日而遇七十毒",《搜神记》说他"以赭鞭鞭百草,尽知其平毒寒温之性,臭味所主,以播百谷,故天下号神农也",我们既可把它们看作是对《山海经》炎帝神话的文化修正,又可看作炎帝神话形象的复原、补充、丰富。

全国所分布的神农神话并不少,如浙江、江苏、四川、湖南、湖北、山东、河北、山西、陕西和北京等地都有。作为神话遗址,分布表现最典型的就是各地的神农庙、神农坛和五谷台。其中,湖北随州的神农架、湖南的炎帝岭影响最大。其次就是遍布中原的神农神话遗址及其所包含的神话传说(特别是其中流传的神农为药王菩萨的意义更为特殊)。

中原地区首屈一指的神农神话遗址当推黄河游览区(郑州)的炎黄二帝像。这是为全国所瞩目,为全世界炎黄子孙所关注的炎黄文化工程。我们称其为神话遗址,主要是指此工程凝结着中华民族的文化传统精神,它以神话历史为基本内容,体现民族大团结的思想和对美好前途的赞美之情。之外,较为典型的就是淮阳的五谷台、商丘的神农墓、温县的神农涧、太行山上的神农庙等。

淮阳的五谷台,是为了纪念传说中的神农炎帝而立的。传说神农在这里教会人们种植五谷,使人们告别了茹毛饮血的历史时代。又有传说神农在这里教会百姓收割、收藏粮食,而且让粮食生虫,不独为人所拥有,使五谷养活世上所有的生命。神农受到民间百姓爱戴,在每年的农历二月二至三月三的太昊陵会上,许多善男信女都要去拜神农,一来请求保佑家中无灾无病,二来请求保佑粮食丰收。说到底,还是把神农作为农神和医药之神来祭祀的。

温县神农涧,涧有两丈多深,十丈多宽,两岸生长着许多名贵药草。人们传说,当年神农路过这里,遇见许多百姓病亡,带人翻山越岭,四处寻找药草,帮助百姓治好了病。为了改变这里阴气太浓,易使人患病的地理环境,也为了方便百姓取药,于是,神农就拔剑而起,看准地势,划开地表,种下百样药草,这里就有了这条神农涧。

和其他地方一样,在中原民间,炎帝神农神话形成两种影响层面:一层是上层文化,其意义在于弘扬炎黄团结的精神,把炎帝当作民族的祖先神;另一层是下层文化,其意义在于把神农作为保护神,无论是农神还是医药神,都为了求得对生命的保护。当然,有时这两种层面的文化又相互交融,共同影响着民族文化的发展。但我们不能不承认,上层文化越来越成为主流,而下层文化正被上层文化所改造、同化。也就是说,民间文化正被飞速发展的现代科学文化所冲击,其神秘意义正渐渐淡化。

神话遗址中巫的文化成分和意义正越来越淡,以远古文化为内容的人文自然景观,被纳入旅游文化的建设之中。当现代科学文化成为神话遗址的一部分内容时,一些神话故事就被现代科技演绎成新的图像景观,或神庙中的神胎被现代雕塑技术处理过,神话却依然存在着。但不可避免的是,《山海经》中沿袭了数千年的神巫之气,会越来越多地被现代科学文化所过滤,会被注入现代的审美观而具有一种自觉的现代文化内容。当然,目前在这一方面也出现了一些误区,即大量的人造景点的涌现,尤其是设计者严重缺乏原始文化等古代文化知识,造成了一些不伦不类的文化垃圾。

在某种意义上来讲,不读《山海经》就不能全面理解中国神话及其与中国文化的联系,这绝不是空话。只有在与社会历史相结合的文化比较分析中,我们才能更深切地理解中国文化的意义。

## 《山海经》神话与图腾艺术

《山海经》神话与中国民间文化的联系,除了上述的神话遗址或神话遗迹之外,还表现在民族文化的图腾艺术与民间巫术上。神话融入生活,才能传承得更为久远,更为生动。

一切都从神话出发,都具有神话的文化属性,这样才具有文化艺术的魅力显示。图腾属于古老的民间文化,在《山海经》中得到广泛表现,流传到了今天,它更多的内容被化解到生活的世俗信仰之中。所谓世俗信仰,即是与宗教行为相对的,存留在普通民众的生活之中而表现出的信仰观念。诸如祭祀神灵的民间仪礼、仪式、服饰、生活环境和生产、生活用具的装饰,一举一动,一草一木,都充满了图腾意识。当然也包括语言文化中对图腾内容的自觉运用作为审美机制的图腾艺术的具体表现。图腾的化解,其从神话到世俗的嬗变,是世界各民族的共有现象。正是这些图腾艺术的具体表现,才构成各民族的文化个性的具体内容。在现代国际争端中,许多内容除了表面上的政治、经济因素之外,重要的还是文化的冲突与碰撞。民族之间的相互尊重,相互理解,一个相当重要的问题就是如何从图腾的表现及其认识上入手。图腾在远古文化中是不同的氏族的徽帜,在今天表现为一些崇尚或禁忌行为,它一方面是文化个性、审美风尚、生活态度取向的具体内容,另一方面是一个民族远古文化的回响、残存。无论现代化对民族生活有多么强烈的冲击,图腾都不会完全消失。在美国、日本、德国和法国,以及新加坡、马来西亚、澳大利亚的现代化建设中,都表现了这些内容。尤其是西亚一些古代文明国家的消失历史,使我们看到,民族可能因为多种原因会消失,但民族文化的内容包括图腾绝不会随之完全消失。在某种程度上讲,对图腾的认识,就是对一个民族的文化和历史的认识。

在《山海经》中,图腾的表现主要是各种动物,如鸟、兽、鱼、虫等生命个体,也有一些植物、山、水、日、月具有图腾的意义,尤其是扶桑、昆仑山,我们都可看作图腾的表现。同时,我们也可以看到,图腾常常既表现出个体的独立性,也表现出相互交融性,诸如"×首×身"的句式。图腾的影响范围、表现范围,有大有小,具有地区性、氏族性的多种差异。图腾内容的差异,实质就是文化性质的差异。它反映出不同氏族、地区的生存环境、生活内容与文化的具体联系。

龙图腾成为《山海经》最具影响力而且最丰富的图腾内容。今天我们常讲中华民族是龙的传人，从远古文化中我们能更深刻地理解这一内容及其意义。龙的图腾，使中华民族具有很强的凝聚力、向心力和团结、创造精神。

龙在《山海经》中的表现，大多不是单纯存在。如《南山经》中的"凡雒山之首，自招摇之山，以至箕尾之山，凡十山，二千九百五十里。其神状皆鸟身而龙首"，"自柜山至于漆吴之山，凡十七山，七千二百里。其神状皆鸟身而龙首"，"自天虞之山以至南禺之山，凡一十四山，六千五百三十里。其神皆龙身而人面"，《东山经》中的"自楸蠡之山以至于竹山，凡十二山，三千六百里。其神状皆人身龙首"，《中山经》中的"（光山）神计蒙处之，其状人身而龙首，恒游于漳渊，出入必有飘风暴雨"，"自女几山至于贾超之山，凡十六山，三千五百里。其神状皆马身而龙首"，"自首山至于丙山，凡九山二百六十七里。其神状皆龙身而人面"，"凡洞庭山之首，自篇遇之山至于荣余之山，凡十五山，二千八百里。其神状皆鸟身而龙首"等。神话中的一切都可视作艺术，所以，各山神的龙身或龙首，就是一种图腾艺术的合体。

在《海外经》各经中，龙图腾表现为"南方祝融，兽身人面，乘两龙"，"大乐之野，夏后启于此舞九代，乘两龙，云盖三层"，"西方蓐收，左耳有蛇，乘两龙"，"东方句芒，鸟身人面，乘两龙"。

《海内经》各篇中，龙图腾表现为"窫窳居弱水中，在狌狌知人名之西，其状如貙，龙首，食人"，"雷泽中有雷神，龙身而人头"。

《大荒经》各篇中，龙的图腾有"应龙"本身，再提到夏后启"珥两青蛇，乘两龙"，以及"烛龙"等。他们佩龙、乘龙，或龙首，或作为龙的一种，在图腾意义上都是把龙作为自己氏族部落的徽帜，以区别于其他氏族部落。

黄帝集团统一了各氏族之后，龙的图腾也得到了统一，自此，龙就在更广泛的意义上成为华夏子孙的图腾。这种图腾体现在上层政治文化中,出现了黄帝出入乘龙的神话内容。历朝的封建皇帝也自称为龙,衣服被称为龙袍而别于其他人,更不用说有神龙感应而使某女性怀孕得子为皇帝的附会舆论。体现在民间文化中,龙是神灵的象征、皇权的象征、尊贵的象征,图腾的意义才真正在世俗生活中消解。

龙神信仰是中华民族龙图腾世俗化的具体表现。就现实而言,确实有许多图腾遗俗,但是,没有任何一个图腾现象能够像龙在民间文化生活中有那么广泛的影响。民间百姓既畏龙惧龙,又敬龙爱龙、向往龙、以龙为贵。同时,把龙分为几等,有善有恶,以龙比照世间的人等,龙信仰成为民间百姓生活的一部分,衣、食、住、行,各方面都有龙的身影。应该说,所有的龙传说都是以龙的信仰为根据的。

首先,民间文化中的风水观念,表现出对龙的尊崇。这就是生活的艺术。风水的解释根据仍然在于相应的传说。人们向往富贵,希望生在龙地,葬在龙穴,养出龙子龙孙。民间百姓把自己周围的生存环境看作龙虎气象的体现,讲究龙骨、龙须、龙首、龙尾、龙脉的地形及其运用。于是演绎出了许多龙的传说,诸如各地的金龙、银龙、玉龙、石龙、土龙、黑龙、白龙、恶龙和蛟龙的故事,并附会在一定的自然物上,像黑龙潭、白龙潭、九龙山、五龙口、龙水等具体的地名。更不用说在各地的古典建筑中所体现的龙神信仰,如开封有龙亭,繁塔传说与黑尾巴老李的故事。许多地方的河流,在传说中就是龙的化身。如,河南项城有一条小汾河,起源于嵩岳地区,与颍河会聚于淮河。项城父老解释小汾河之所以有很多湾,说是由于老龙东去,不忘娘亲,一步一回首,形成了这九九八十一条河湾。在我国广大乡村,从前许多村镇都建有龙王神庙,一方面是为了镇水患,坚定人们治水的信念;另一方面是为了求雨解旱，把龙作为家乡的保护神，使家乡保持安宁、康福、和谐。从而，龙图腾不但融入了民间传说故事、歌谣之中，而且融于民间游戏、舞蹈，成为民间艺术的重要内容。人们不但把龙作为居住环境的一部分，而且把龙作为自身的一部分。如，民间盖房时，常把檩、梁称作龙，举行典礼时要为它拴上红布条，贴上红纸，以求坚实吉利。房舍布局上讲究左青龙，右白虎，即庭堂为坐北朝南，东侧房为龙，西侧房为虎，龙可高于虎，而虎不能高于龙，形成一种民间规则。逢初一、十五，民间举行跳龙舞、点龙灯、赛龙舟活动，献媚于龙王。而在天旱时，民间又有晒土龙、打龙王的游戏。事实上这是一种巫术与图腾信仰的结合。人们与龙共舞，与龙共居，与龙共存。

　　其次，在俗语中，龙的信仰表现更多。诸如"龙生龙，凤生凤，老鼠生儿会打洞"，讲龙族与人出身的联系；"种下龙种，生下跳蚤"，讲的是龙为代表的希望与失望；"大水冲了龙王庙"，意为一家人不相识，自相欺侮。龙的图腾意义化解为人的生存方式、生存环境的具体内容。又如民间百姓敬龙、祀龙，不乏梦想成为龙，摆脱贫穷和低贱。在吃饭、穿衣上，都体现出这种意义。如，人们认为龙为灵物，在祝寿等喜庆时日吃龙须面，也吃鲤鱼宴，以为鲤鱼是龙的化身，吃了鲤鱼，可以变得尊贵、健康、美丽、聪明。在雷雨天气，一棵古树被雷电击中后，民间百姓认为是龙王抓妖怪。那些被击落的树枝或被击焦的树皮，就成了灵药，传说食后能治百病。农历二月二，龙抬头——这是非常古老的民间节日。在这一天，中原民间百姓崇尚吃油炸的花豆、油煎的烙饼，把春节后剩下的最后一块花馍吃掉。吃花豆意味着为当年的黑尾巴老李那个传说的土龙王东去而送行，吃花馍则意味着有龙在身而百鬼皆退，百病自消。花馍是春节的供品，祭祀神灵和祖先的祭物，在一块直径一尺许的面饼上，四周做成两条尾成一体的龙，并用枣或其他物品做成龙眼，用面做成龙须、龙角、龙鳞和龙爪,栩栩如生。花馍以龙为饰,这是民间百姓朴素的理想愿望的具体表现,更重要的是对龙的信仰、敬仰,体现出图腾和图腾艺术的内容。从民间庭院中在雕梁画栋中饰以龙,垒成的院墙饰以龙,到民间儿童服饰上绘以龙,以及民间儿童的姓名中取龙字,如,有大龙、小龙、龙生、海龙、天龙、玉龙、龙娃等,我们可以想见,龙的图腾意义与世俗生活的密切结合。这是中国民间文化相当普遍的一种存在形式,是中国文化的一种缩影。这一切,都能够从《山海经》中找到根据或影踪。

再次,还有民间丧葬文化中龙图腾的意义的体现。这就是生命的艺术。我们在《山海经》中可看到"乘两龙",以及飞仙乘龙的许多传说故事。与此相应的是,丧葬文化中整个程序都有类似的内容。如,葬穴要点明,就是俗称的"点龙穴";死者的花裙图案上,男的绘上龙,女的绘上凤;棺椁启动时,所用的"龙驾"当然是龙的形状,即用红、黄、绿等彩布做成龙衣覆盖住棺椁,棺椁前方是高大的龙首,昂扬雄视前方。在吊唁的民间文书上,也常有"××乘龙而去"的字样。应该说,这种文化的渊源就在以《山海经》为典型的图腾崇拜。

《山海经》的图腾及其图腾艺术内容异常丰富,龙图腾仅仅是其中很小的一部分。其他图腾,诸如常在各经中出现的使四鸟或四兽"虎豹熊罴"。特别是蛇的出现尤其多,在《山经》《大荒经》《海经》和《海内经》中,几乎无处不在。在后世的民间文化中,蛇崇拜仍然是非常重要的内容。我们甚至可以这样讲,龙图腾的影响范围主要在上层文化中,而蛇图腾的影响范围则主要在民间下层文化中。民间乡野中蛇所出没的环境,民间百姓称之为和龙一样的神居,称蛇为小龙。最典型的就是乡村神戏演出时,戏班主要虔诚地敬蛇,请蛇点戏(参见黄芝岗《中国的水神》)。很多地方称蛇为"大王爷",大王庙就是蛇神庙。更不用说流传千百年的《白蛇传》和民间蛇郎故事等,其生成背景我们一方面可追溯到以《山海经》为代表的原始神话思维,另一方面则可追溯到以《山海经》为典型的蛇图腾。蛇的身份在医药文化中常常作为仙而出入变幻,在农耕文化中常常是财神的象征,在渔文化中蛇是渔民的保护神,在宗教文化中蛇常常作为神使存在。《山海经》图腾还有凤凰、鹊、牛、马、羊、猪、鱼、犬、狐、鹤、鸡、毕方、狌狌、鸳鸯、猿、鼠、鹿、鹑、龟、虫和蜂等动物。这在民间生活的衣食住行诸方面都有不同程度的表现,体现出图腾文化的遗留意义。其他像玉、扶木、建木、铜、柏、草、磐石、火、鼓、韭、葱、桃、李、葵、棕枥、金、芍药、桑、蒲、樗、河、海、风、云等自然物,我们也可看到它们在《山海经》中所体现出的图腾意义。这些图腾文化的内容融入后世的民间文化生活中,从而产生许多具有特殊意义的崇尚或禁忌习俗,使普通的树木花草、山石水火都具有鲜明的尊卑、吉祥凶恶的含义,影响着人们的思想、行为。这是我国文化中不可忽视的一部分。它们与《山海经》图腾的具体联系更为复杂。

## 《山海经》神话与巫文化

《山海经》中的巫术常常是和图腾艺术等文化理念联系在一起而构成神话的基本内容的。如《海外西经》所提到的“巫咸国”,在登葆山上有“群巫”上下,神巫们“右手操青蛇,左手操赤蛇’,“夹窫窳之尸”,“操不死之药以距之”。神巫的基本职能即在于“上下”于天地之间,为神代言。又如,《大荒北经》中有“有共工之台,射者不敢北乡”和“魃不得复上,所居不雨”,这种“不敢”禁忌,“不得”悲剧,都是典型的巫术意义体现。再如,《五臧山经》中各篇结尾部分所列的“祠”礼,即巫术仪式和“珪”“糈”“婴”“瘗”“烛”以及太牢、少牢等内容。这些巫术表现为神巫人三者之间的联系,主要是作为一种神巫思维而融入后世巫文化之中。

在某种程度上说,艺术的起源其实就是巫,即信仰催生的诗意行为,其根源同样与神话主义相关。巫表现在后世的社会生活中,一是巫的行为、职业作为一种个体存在,影响着周围的社会生活;二是巫的思想、观念漫布在民间文化和更广泛的社会生活中。前一部分以"操不死之药"为典型,后一部分以"射者不敢北乡(向)"为典型。

民间巫师在一些偏僻的乡村还相当流行,他们的主要任务是"驱鬼"。"驱鬼"的形式有两种,一是用所谓的神药或配合假想的擒拿鬼怪的动作为病人驱除给自己身上带来病痛的"鬼怪";二是语言巫术,即一些歌诀对病魔或不祥之物的诅咒。此外,还有一种媚神的舞蹈,或伴有歌乐,主要表现在庙会上,以及"拴娃娃""扣子孙窑"等行为和心理上,体现为巫术文化对《山海经》神巫思维的具体继承。造神药者有时和传统的中医疗法连在一起。如,中原地区还有拔火罐治病的习俗,即用面皮敷在病人的痛处(一般为穴位),然后在特制的陶罐中放上点燃的火球(团),使空气产生压缩的力量,挤迫病毒排出。有人使用这种方式时,还念叨着求神灵保佑的词语。应该承认,这种方式还是有效的,只不过具有蒙昧的思想色彩。这使我们联想起中草药的炮制、服用,与《山海经》中关于一些兽或鸟"食之不×"的记载。"食之不×"句式中,常充满按照某种动物习性或特征补充或祛除某种人体功能的道理。民间有吃什么补什么的食物疗法,我们也可看作一种巫术表现。用一句形象的话来概括这种巫术,就是用魔鬼的外衣来包裹科学。所以,著名的文化人类学、民俗学家弗雷泽为巫术辩解,并将自己的著作取名为《魔鬼的律师》。正是这位学者,在他的《金枝》中提出了接触巫术和相似巫术的概念,论述了巫术的双重意义,即它既作为科学的载体,也作为愚昧的载体,影响着人们的生活。这种"食"的疗法或"驱鬼"疗法,就是典型的接触巫术。语言巫术是典型的相似巫术。这些歌诀的内容一般为驱鬼，可以用在治病的场所，也可以用在祝愿的场所。当然，这是很不科学的，治病绝对不能依靠"驱鬼"。如，在许多地方流传着治小儿夜哭的"贴帖"，即在红纸上写上几句话，贴在路口，若行人按照帖上的话做了，小儿夜哭就会治好。歌诀为："天黄黄，地黄黄，我家有个夜哭郎，行路君子念三遍，一觉睡到大天光。"

还有非常流行的治疟疾的歌诀。这是相传源自先秦时代的巫术疗法，即疟疾患者在太阳未出来时，将一只煮熟的鸡蛋剥去外壳后写上歌诀，站在自家门口，面朝东，边吃边念歌诀，念上五遍就可将疟疾鬼赶走。歌诀是这样写的："我从东方来，路遇一池水，水中一条龙，九头十八尾，问尔食的甚？吾食疟疾鬼。"

在河南林州红旗渠的故乡，我们曾搜集到一首咒噩梦的歌诀。即人在夜晚做了噩梦，神志受到伤害，就以为是噩梦神在作祟，在太阳未出来时，在心中默念三遍歌诀，一天之中就平安无事了。歌诀为："此梦不祥，贴在东墙，太阳一出，照个净光。"

民间的招魂曲实际上也是这类巫术。巫术的思想基础在于泛神论，即一切事物的发展变化都是由一种特殊的灵魂所控制的，人们借助于一定的行为和语言，可以改变这种不利的控制。歌诀是一种表达方式，还有一种非歌诀的祝愿、祈祷语与一定仪式相结合的方式，即相当于《山海经》中的"祠"。只不过这里是一种依据现代生活方式而制作的祭品，且多为纸、木质制品。诸如祭祀神灵和亡灵的物品，有"冥币"（俗称"阴票子"）、纸船、纸糊的飞机、电视，木质的串满纸钱的"摇钱树"，纸叠的元宝、聚宝盆，等等。人们相信，这些物品在焚烧成灰后，在另一个世界中就会变成和当世的真物品一样，为死者所享有和运用。这种灵魂不灭的信仰观念与巫咸、巫彭上天下地的思维机制是相通的。

没有艺术能量的巫术是无力的，而巫术的内容与神话和神话中的信仰常常是一个整体。巫术的相似意义不独能使人得到心灵的慰藉，而且更重要的价值在于它影响了许多民间文化艺术而使其妙趣横生。诸如秧歌、高跷、旱船、狮子、龙舟、肘阁、焰火、盘鼓、腰鼓、十八音、钹、锣、琴和一些地方戏，都曾带有浓郁的巫术色彩或本身就是巫术的一部分，它们在民间艺人的改造下，逐渐变为健康、文明的艺术。如浙江绍剧跳加官中的蚩尤舞，就是在演员的乳房上绘成眼，脐上绘成口，这就是取材于《山海经》中的刑天与帝争神的民间艺术。它原来的意义在于驱鬼祭台，在今天则成为一种民间戏曲艺术的典型。也就是说，以巫术的相似意义为背景，产生了唱神戏、跳傩、打傩的民间艺术，在时代精神的融入、改造中，这些艺术焕发出新的文化生机。庙会歌舞也是同样。时代在发展，艺术也在不断发展，《山海经》对后世民间文化的影响的意义也在不断改变着。即巫的形象与形式正越来越多地被现代文化所改造和利用，变成大众文化的一部分。

《山海经》是中国民间文学史上十分独特的文化现象。

从现实走进典籍，从典籍走进生活，走进文化，可以看到，未必一切都来自《山海经》，却有许多文化生活与《山海经》的文化世界息息相关。我们许多学者不无偏执地反对当代流传的神话传说的"活化石"这种比喻，那么又该如何解释这种生生不息的关联呢？

《山海经》对中国文化特别是中国民间文化产生极其深远而广泛的影响，在不同的时代具有不同的特色，在不同的地区具有不同的叙述内容。考察这种影响，若仅仅从文献上着眼是十分狭隘的，若仅仅采用考古和其他田野作业的方法，也同样是难免偏颇的。我们还是坚持文献、考古、田野作业的多重证据法,去透视《山海经》在民间文化中的继承内容,从而去把握我们中华民族的文化性格的生成和发展变化规律。我国民间文化浩如烟海,这里,我们的考察只能是从一滴水去看太阳的光辉,窥一斑而去知全豹。

# 第二十二章 《山海经》异兽考

**狌狌 清·《吴友如画宝》**

据说它们百余头为一群,在山谷之中出没。十分好酒,人们只要在山路上摆上酒,再放一些连起来的草鞋,就能把它们引出来,一边相互招引喝酒,一边将草鞋穿在脚上,而且还能喊出放酒人祖先的名字。等到酒醉后,被连在一起的草鞋套牢,就会被人们逮住。

**白猿 明·蒋应镐图本**

| 异兽 | 形态 | 今名 | 异兆及功效 |
|---|---|---|---|
| 狌狌 | 形状像猿猴,长有一双白色耳朵,能匍匐爬行,出能直立行走。 | 猩猩 | 吃了它的肉可以使人走得飞快。 |
| 白猿 | 样子像猴,手臂粗大有力,腿长,动作敏捷,擅长攀援,其喊叫的声音听起来很哀怨。 | 猿猴 | |

**旋龟　清·毕沅图本**

传说大禹治水时，有两大神兽——应龙与旋（玄）龟予以协助。应龙在前划地，开凿水道，将洪水引入大海。而旋龟背驮息壤，跟在大禹身后。龟背上的息壤被大禹分成小块小块地投向大地，迅速生长，很快就将洪水填平了。

**怪蛇　明·蒋应镐图本**

**蝮虫　明·蒋应镐图本**

**鹿蜀　明·蒋应镐图本**

| 异兽 | 形态 | 异兆及功效 |
|---|---|---|
| 蝮虫 | 蝮虫是蛇的一种，身长三寸，它的头只有人的大拇指大小。 | |
| 鹿蜀 | 形状像马，白头红尾，通身有老虎斑纹，鸣叫声像是有人在唱歌。 | 佩戴它的皮毛，就可以子孙满堂。 |
| 旋龟 | 外形像普通的乌龟，却长着鸟头蛇尾。叫声像敲打破木头的声音。 | 佩戴旋龟甲能使人的耳朵不聋，而且它还可以用来治疗脚茧。 |

鹕鸺 明·蒋应镐图本

鹕鸺由于三个头的意见不一致,而常常打架,以至于把自己打得遍体鳞伤。相传,人若吃了类似鹕鸺这种多眼睛的禽鸟的肉,就可以将它身上的神灵之气吸收到自己身上来,所以就不必闭上眼睛睡觉了。

鲑 明·胡文焕图本

獜貐 明·蒋应镐图本

| 异兽 | 形态 | 异兆及功效 |
|------|------|-----------|
| 鲑 | 形状像牛,栖息在山坡上,长着蛇一样的尾巴并且肋下生翅,吼叫的声音像犁牛。 | 吃了它的肉就能使人不患痈肿疾病。 |
| 类 | 形状像野猫却长着向下垂到眉毛的长头发。 | 雌雄同体,人吃了它的肉,就不会产妒忌心。 |
| 獜貐 | 形状像羊,长着九条尾巴,四只耳朵,眼睛却长在背上。 | 人披上它的毛皮就会勇气倍增,无所畏惧。 |
| 鹕鸺 | 长相似鸡,却有三爪头,六只眼睛,六只眼睛、六只脚、三个翅膀。 | 人吃了它,会不知疲劳地工,而很少休息。 |

九尾狐　明·蒋应镐图本

在中国古代,九尾狐是祥瑞和子孙昌盛的征兆。传说禹治水直到三十岁时,还没有娶妻。有一次他走过涂山,见到一只九尾白狐,当时,在涂山当地流传一首民谣,大意是说:谁见了九尾白狐,谁就可以为王;谁见了涂山的女儿,谁就可以使家道兴旺。后来,禹便娶涂山女子娇为妻。结果禹果然为王,而且多子多孙,统治中国。

灌灌　明·蒋应镐图本

赤鱬　明·蒋应镐图本

| 异兽 | 形态 | 异兆及功效 |
|---|---|---|
| 九尾狐 | 形状像狐狸,却条着九条尾巴,吼叫的声音如同婴儿在啼哭,它很凶猛,能吞食人。 | 吃了它的肉就能使人不中妖邪毒气。 |
| 灌灌 | 样子像斑鸠,啼叫的声音如同人在互相斥骂。 | 把它的羽毛插在身上就不会被迷惑。 |
| 赤鱬 | 形形状像普通的鱼却有一副人的面孔,声音如同鸳鸯鸟在叫。 | 吃了它的肉,能使人不长疥疮。 |

**长右　明·蒋英镐图本**

　　长右可能是传说中被禹制服的巫支祁一类的猴形水怪。传说禹治理洪水时，曾三次到过桐柏山，那里总是电闪雷鸣，狂风怒号，导致治水工程没有进展。于是号召众神将水怪擒获。禹命人将其镇压在今天江苏淮阴的龟山脚下。从此，禹的治水工作才得以顺利进行，淮水从此也平安流入大海。

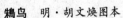

**鹤鸟　明·胡文焕图本**

**狸力　明·蒋应镐图本**　　　　**猾裹　明·胡文焕图本**

| 异兽 | 形态 | 异兆及功效 |
|---|---|---|
| 鹤鸟 | 形状像鹞鹰却长着人手一样的爪子，啼叫的声音如同痹鸣。 | 它出现在哪里，哪里就会有众多的文士被流放。 |
| 狸力 | 形状像普通的小猪，却长着一双鸡爪，叫声如狗叫。 | 哪里出现狸力，哪里就会有繁多的水土工程。 |
| 长右 | 形状像猿猴却长着四只耳朵，其叫声如同人在呻吟。 | 看见长右，并听到它的啼叫，当地就会出现百年不遇的洪水。 |
| 猾裹 | 形状像人却全身长满猪样的鬣毛，冬季蛰伏在洞穴中，叫声如同砍木头时发出的响声。 | 哪里出现猾裹，哪里就会有繁重的徭役。 |

**彘** 明·蒋应镐图本

彘的形状像老虎却长着牛的尾巴，它发出的叫声很奇特，就像狗叫一样，是能吃人的一种动物。彘常常是瞪大双眼，一副要吃人的样子。据说，彘与长右一样，也是发大水的象征。

**𩶅鱼** 清·《禽虫典》

| 异兽 | 形态 | 异兆及功效 |
|---|---|---|
| 彘 | 形状像老虎却长着牛的尾巴，发出的叫声如同狗叫。 | 能吃人。 |
| 𩶅鱼 | 头长而身体狭薄，腹背如刀刃，嘴边有两条硬胡须，鳃下有长长的硬毛像麦芒一样，肚子底下还有硬角。 | 吃了这种鱼可以放狐臭。 |

羬　明·胡文焕图本

据说其形状很像普通的羊，但奇怪的是没有嘴巴，即使不吃不喝也能自如地生活，其表情永远是那种高傲，不可一世的样子，因为它不吃东西也不会死。

| 异兽 | 形态 | 异兆及功效 |
|---|---|---|
| 羬 | 形状像普通的羊，却没有嘴巴。 | 不吃不喝也能生活得很自如。 |

**蛊雕**　明·胡文焕图本

蛊雕，长着雕嘴，独角，叫声如同婴儿啼哭，十分凶猛，能吃人，时常
彰显出食人猛兽的威风，据说其大嘴一次可吞一人。

**龙身鸟首神**　明·蒋应镐图本

**蛊雕**　明·蒋应镐图本

| 异兽 | 形态 | 异兆及功效 |
|---|---|---|
| 蛊雕 | 形状像普通的雕鹰，头上却长角，叫声如同婴儿啼哭。 | 能吃人 |

犀　明·蒋应镐图本

　　据说有一种叫通天犀的灵兽，它吃草时只吃有毒的
草，或者专挑有刺的树木吃，目的是以身试药，练就本领，
然后为人解毒，极其富有自我牺牲精神。因此，犀被认为
是灵异之兽，是勇者的化身。

瞿如　明·蒋应镐图本

虎蛟　明·蒋应镐图本

| 异兽 | 形态 | 异兆及功效 |
|---|---|---|
| 虎蛟 | 身子像普通的鱼，有一条蛇一样的尾巴，叫声很像鸳鸯。 | 吃了它的肉就能使人不生痈肿疾病，还可以治愈痔疮。 |
| 凤皇 | 形状像普通的鸡，全身上下长满五彩羽毛，它头上的花纹是"德"字的形状，翅膀上的花纹是"义"字的形状，背部的花纹是"礼"字的形状，胸部的花纹是"仁"字形状，腹部的花纹是"信"字的形状。 | 吃喝很自然从容，常常是边唱边舞，它一出现天下就会太平。 |
| 瞿如 | 形状像鸡，长着白色的脑袋，三只脚和人一样的脸。 | 鸣叫起来就像在呼唤自己的名字。 |

**鱄鱼** 清·《禽虫典》

　　据说鱄鱼的形状像鲫鱼,周身上下却长着猪毛,发出的声音如同小猪叫一样,同时也有另外一种说法,认为鱄鱼的样子很像蛇,却长着猪的尾巴,而且味道鲜美。

**鱄鱼** 明·蒋应镐图本

| 异兽 | 形态 | 异兆及功效 |
|---|---|---|
| 鱄鱼 | 形状像鲫鱼,长着猪毛,叫声如同小猪的叫声一般。 | 它一出现就会天下旱。 |

**颙　明·胡文焕图本**

传说在明万历二十年,颙鸟曾在豫章城宁寺聚集,然而,燕雀似乎都不太欢迎它,纷纷鼓噪起来,结果就在当年的五月至七月,豫章郡酷暑异常,夏天未降滴雨,禾苗都枯死了。

**颙　明·蒋应镐绘图本**

| 异兽 | 形态 | 异兆及功效 |
|---|---|---|
| 颙 | 长着一副人脸和四只眼睛而且有耳朵,发出的叫声就像在呼唤自己的名字。 | 它一出现就会天下大旱。 |

龙身人首神　明·蒋应镐图本

鸩雏　清·《禽虫典》

| 异兽 | 形态 | 异兆及功效 |
|---|---|---|
| 龙身人首神 | 长着龙的身体，人的面目。 | |

肥遗　明·蒋应镐图本

　　肥遗是干旱的象征。传说商汤曾经在阳山下看到过它，结果商朝干旱了七年。古人常说"商汤贤德，亦不免七年之旱"就缘于此。据说现今华山还有肥遗穴，当地人叫老君脐，明末大旱时肥遗曾在那里现身。

羬羊　明·蒋应镐图本

鴢渠　明·蒋应镐图本

| 异兽 | 形态 | 异兆及功效 |
|---|---|---|
| 羬羊 | 形状像普通的羊却长着马的尾巴。 | 它的油脂可以用来治疗干裂的皮肤。 |
| 鴢渠 | 形状像一般的野鸡，但却长着黑色的身子和经色的爪子。 | 它可以用来治疗皮肤干皱。 |
| 肥遗 | 长着六只脚和四只翅膀的蛇。 | 它一出现就会干旱。 |

赤鷩　清·汪绂图本

　　据说它们因为漂亮，所以其性格非常自恋。往往因自恋自己的艳丽羽毛，而整天在岸边看自己在水中的倒影，结果羽毛的光芒把它自己射得头晕目眩，最后不知不觉地跌入水中而溺死。

鸥　明·蒋应镐图本

葱聋　明·蒋应镐图本

　　葱聋的样子像羊，"羊"在古代有吉祥之意，因此，很多想象中的祥瑞之兽都或多或少地采用了羊的形象。

| 异兽 | 形态 | 今名 | 异兆及功效 |
|---|---|---|---|
| 赤鷩 | 很像山鸡，但要比山鸡小，羽毛非常鲜艳，冠背金黄色，头绿色，胸腹和尾部赤经色。 | 锦鸡 | 如果饲养它，就可以辟火。 |
| 鸥 | 外形像一般的翠鸟，却长着红色的嘴巴。 | | 如果饲养它，就可以辟火。 |
| 葱聋 | 外形像普通的羊，却长有红色的鬣毛。 | | |

**肥遗** 明·蒋应镐图本

　　此处的肥遗同前文的肥遗却有天壤之别,前文中的是长有脚的毒蛇,而此处所指却是一种禽鸟,其外形如同鹌鹑,身上却长着黄色的羽毛,红色的嘴巴。据说吃了它的肉,还能治愈麻风病。

**鲜鱼** 明·胡文焕图本

　　这是一种长得很像鳖一样的鱼,样子看起来稍有些怪异,却很可爱,最为奇特的是其叫声,如同羊叫一般。

| 异兽 | 形态 | 异兆及功效 |
|------|------|-----------|
| 鲜鱼 | 形状像一般的鳖。 | 发出的声音如同羊叫。 |
| 肥遗 | 形状像一般的鹌鹑,但却是黄身子,红嘴巴。 | 人吃了它的肉就能治愈疯癫病,还能杀死体内寄生虫。 |

人鱼

　　这里的人鱼就是鲵鱼. 它外形似鲇鱼却长有四个脚,叫声如同小孩啼哭,所以俗称它为娃娃鱼。鲵用脚走路,所以古人觉得很神奇,甚至说它们会上树,传说在大旱的时候,鲵便含水上山,用草叶盖住自己的身体,将自己隐藏起来,然后张开口,等天上的鸟来它口中饮水时,就乘机将鸟吸入腹中吃掉。

豪彘　明·蒋应镐图本

　　传说寒冷时,豪彘便拼命地拥挤着,相互取暖,然而身上的刺使得大家受到伤害,痛得嚎叫,不得不互相闪开,就这样分分合合,到最后也不得消停。

| 异兽 | 形态 | 异兆及功效 |
|---|---|---|
| 豪彘 | 形状像小猪却长着白色的毛,毛如簪子粗细,其尖端呈黑色。 | |

橐𩿟　明·蒋应镐图本

《河图》中说，独足鸟是一种祥瑞之鸟，看见它的人则勇猛强悍，传说南朝陈快要灭亡的时候，就有一群独足鸟聚集在殿庭里，纷纷用嘴喙画地写出救国之策的文字。那些独足鸟就是橐𩿟。

猛豹　明·蒋应镐图本

𤠣　明·蒋应镐图本

尸鸠　明·蒋应镐图本

| 异兽 | 形态 | 异兆及功效 |
|---|---|---|
| 𤠣 | 形状像猿猴而双臂很长。 | 擅长投掷。 |
| 橐𩿟 | 形状像一般的猫头鹰，长着人的面孔，却只有一只脚。 | 冬天出现而夏天蛰伏，夏天打雷都不能把它震醒。 |

熊 清·汪绂图本

　　传说鲧治水失败后，被赤帝祝融所杀，死后便化身为熊，它在陆地上时叫熊，而在水里就叫"能"了。传说黄帝战炎帝时，就曾经让有熊氏驱赶熊罴冲锋陷阵。

兕 明·胡文焕图本

罴 清·汪绂图本

白翰 清·汪绂图本

| 异兽 | 形态 | 异兆及功效 |
| --- | --- | --- |
| 白翰 | 头顶长着白色的羽毛。 | |
| 熊 | 体态很小。 | 据说可以水陆两栖。 |

谿边　清·《禽虫典》

据传说,人坐卧时,如果铺垫谿边兽的皮,就不会中妖邪毒气。但因为人无法真用它来驱邪。所以,便宰杀与谿边长得很像的白犬,用它的血涂在门上,以便达到与垫谿边皮一样的驱邪作用。

数斯　明·胡文焕图本

玃如　明·蒋应镐图本　栎　明·胡文焕图本

| 异兽 | 形态 | 今名 | 异兆及功效 |
|---|---|---|---|
| 谿边 | 开状像狗。 | 树狗 | 如果铺垫谿边的皮,就不会中妖邪毒气。 |
| 栎 | 长得像鹌鹑,黑色花纹,红色颈毛。 | 红腹鹰 | 可以治愈痔疮。 |
| 玃如 | 外形像鹿却长着白色的尾巴、马蹄、人手,有四只角。 | 大母猴或四角羚 | 擅长攀爬。 |
| 数斯 | 形状像鹞鹰却长着人一样的脚。 | | 能治愈脖子上的赘瘤。 |

**鹦鹉** 明·蒋应镐图本

鹦鹉的形状像一般的猫头鹰,却长着青色的羽毛和红色的嘴,嘴里面还有像人一样的舌头,能学人说话。

**鹠** 明·蒋应镐图本

**犁牛** 明·蒋应镐图本

| 异兽 | 形态 | 今名 | 异兆及功效 |
|---|---|---|---|
| 犁牛 | 形状像普通的牛,但其皮毛是黝黑色的,眼睛比一般的牛眼要大。 | | |
| 鹦鹉 | 形状像猫头鹰,却长着青色的羽毛和红色的嘴,嘴里面还有像人一样的舌头。 | 鹦鹉 | 能学人说话。 |
| 鹠 | 形状像喜鹊,却长着红黑色羽毛和两个脑袋、四只脚。 | | 可以辟火。 |

鸾鸟　明·蒋应镐图本

　　鸾鸟是传说中和凤凰同类的神鸟,它也分雌雄,雄的叫鸾,雌的叫和,它的叫声有五个音阶,十分动听。传说西域的宾王养了一只鸾,三年不曾鸣叫。后来用镜子照它,鸾看到自己在镜中的影子便悲伤地鸣叫起来,然后冲上云霄,再也不见踪迹。

凫徯　明·蒋应镐图本

| 异兽 | 形态 | 异兆及功效 |
|---|---|---|
| 鸾鸟 | 形状像野鸡却长着色彩斑斓的羽毛。 | 它一出现,就天下太平。 |
| 凫徯 | 形状像普通的雄鸡却长着人一样的脸面,它的叫声就像在呼唤自己的名字。 | 它一出现,就会有战争。 |

朱厌　明·胡文焕图本

朱厌，古代凶兽，身形像猿猴，白头红脚。传说
这种野兽一出现，天下就会发生大战争。

朱厌　明·蒋应镐图本

| 异兽 | 形态 | 今名 | 异兆及功效 |
| --- | --- | --- | --- |
| 朱厌 | 形状像普通的猿猴，但头是白色的，脚是红色的。 | 白眉长臂猿 | 它一出现就会硝烟四起，天下大乱。 |

举父 明·蒋应镐图本

举父这一名字的来历，还有另外一种说法，它
有抚摸自己头的习惯，能举起石头掷人，所以名为
举父。

蛮蛮 清·《尔雅音图》

比翼鸟 明·蒋应镐图本

| 异兽 | 形态 | 异兆及功效 |
|---|---|---|
| 蛮蛮 | 形状像野鸭子，一只翅膀和一只眼睛。 | 它一出现，就会发生水灾。 |
| 举父 | 形状像猿猴，胳膊上有斑纹，长着豹子一样的尾巴。 | 擅长投掷。 |

文鳐鱼　明·蒋应镐图本

　　传说歙州赤岭下有条很大的溪流,当地的人要在那里造一条横溪,文鳐鱼不得不下半夜从此岭飞过。那里的人于是张网进行捕捉,文鳐鱼飞过时,一部分穿过了网,还有很多没穿过网,就变成了石头。直到今天,每每下雨,那些石头就会变成红色,赤岭因此得名。

鼓　明·蒋应镐图本

钦䲹　明·蒋应镐图本

| 异兽 | 形态 | 异兆及功效 |
|---|---|---|
| 钦䲹 | 形状像雕鹰,长有黑色斑纹和白色脑袋,红色嘴巴和龙虎一样的爪子,音如晨鹄鸣叫。 | 它一出现就会有大的战争。 |
| 䴈鸟 | 形状像鹞鹰,长着红色的脚和直直的嘴,身上是黄色的斑纹而头却是白色的,音如鸿鹄鸣叫。 | 它在哪里出现,哪里就会有旱灾。 |
| 文鳐鱼 | 形状像鲤鱼,长着鱼身和鸟翅,浑身布满苍色的斑纹,却长着白色的脑袋和红色的嘴巴,音如鸾鸡啼叫。 | 常在西海行走,东海畅游,夜间飞行。人吃了它的肉之后就可可治好癫狂病,它一出现天下就会五谷丰登。 |

英招　明·蒋应镐图本

天神　明·蒋应镐图本

英招长着马身人首,浑身虎斑,背有双翅,能腾空飞行,周游四海。据说它参加过几百次伐邪神恶神的战争,是保护世代和平的保护神之一。同时,还负责看管长着六个头的树鸟,以及蛟龙、豹子,还有连名字都不太清楚的各种动植物。

在槐江山的悬崖下面,有一条清冷彻骨的泉水,叫淫水。看守这条淫水的,就是这个天神。

| 异兽 | 形态 | 异兆及功效 |
|---|---|---|
| 英招 | 长着马身和人面,身上的斑纹同老虎类似,还长着翅膀。 | 它巡行四海而传布天帝的旨命,声音如同辘轳抽水。 |
| 天神 | 形状像牛,却长着八只脚,两个脑袋,后面还拖着一条马尾,叫声如同人在吹奏乐器时薄膜发出的声音。 | 它出现在哪里,哪里就有战争。 |

陆吾　明·胡文焕图本

陆吾　明·蒋应镐图本

土蝼　明·蒋应镐图本

钦原　明·蒋应镐图本

| 异兽 | 形态 | 异兆及功效 |
|---|---|---|
| 土蝼 | 形状像羊，长有四只角。 | 能吃人。 |
| 钦原 | 形关像蜜蜂，大小似鸳鸯。 | 有剧毒，鸟兽或者树森被蜇，必死无疑。 |

**西王母　明·蒋应镐图本**

周穆王西游时，这位东方的天子行到玉山，曾受到西王母的热烈欢迎和盛情款待。周穆王心存感激，向西王母施以大礼。当晚，西王母在瑶池为天子作歌，祝福他长寿，并希望他下次再来。周穆王也即席对歌，承诺顶多三五载，将再来看望故人。

**长乘　明·蒋应镐图本**

**狡　明·蒋应镐图本**

**胜遇　明·蒋应镐图本**

**鰩鱼　明·蒋应镐图本**

| 异兽 | 形态 | 异兆及功效 |
|------|------|-----------|
| 鰩鱼 | 形状像蛇却长着四只脚。 | 能吃其他的鱼。 |
| 长乘 | 外形像人，长着豹尾。 | |
| 西王母 | 形貌与人很像，却长着豹尾和虎牙，而且喜好啸叫，蓬松的头发上戴着玉胜。 | 掌管灾厉和刑杀。 |
| 狡 | 形状像狗，身上长着豹子的斑纹，头上还长着一对牛角。 | 它出现在哪个国家，哪个国家就会五谷丰登。 |
| 胜遇 | 形状像野鸡，通身长着红色的羽毛。 | 它出现在哪个国家，哪个国家就有水灾。 |

**白帝少昊** 清·汪绂图本

　　少昊是西方的天帝,传说他曾在东海之外的大壑,建立了一个国家,叫少昊之国。少昊之国是一个鸟的王国,其百官由百鸟担任,而少昊挚(鸷)便是百鸟之王。后来,他做了西方天帝,和他的儿子金神蓐收共同管理着西方一万两千里的地方。

**狰** 明·蒋应镐图本

**毕方** 明·胡文焕图本

| 异兽 | 形态 | 异兆及功效 |
|------|------|-----------|
| 狰 | 形状像赤豹,长着五条尾巴和一只角,吼声如同敲击石头的响声。 | |
| 毕方 | 形状像仙鹤,只有一只脚,青色羽毛,上面有红色斑纹,白色嘴。 | 它在哪个地方出现,哪个地方就会出现怪火。 |

天狗　明·蒋应镐图本

　　传说白鹿原上曾有天狗降临，只要有贼，天狗便狂吠而保护整个村子。天狗有食蛇的本领，它也被看做是可以抵御凶灾的奇兽。

獙㺔　明·蒋应镐图本

鸱　明·蒋应镐图本

| 异兽 | 形态 | 异兆及功效 |
| --- | --- | --- |
| 天狗 | 形状像狸猫、白脑袋的野兽，叫天狗，常发出"喵喵"的叫声。 | 人饲养它便可以抵御凶害之事的侵袭。 |
| 獙㺔 | 形状像牛，身子是白色的，头上长着四只角，身上的硬毛硬毛又长又密，好像披着蓑衣。 | 能吃人。 |
| 鸱 | 一个脑袋、三个身子，外形与鹦鸟很相似。 | |

**白鹿** 清·汪绂图本

　　白鹿是一种瑞兽,据说普通的鹿生长千年毛皮就会变成苍色,再生长五百年其毛皮才能变白,足见白鹿之珍贵,古人认为只有天子体察民情,政治清明的时候,白鹿才会出现。

**当扈** 明·胡文焕图本

**当扈** 明·蒋应镐图本

| 异兽 | 形态 | 异兆及功效 |
|---|---|---|
| 当扈 | 形状像普通的野鸡,但脖子上长着髯毛,用髯毛当翅膀高飞。 | 吃了它的肉就能使人不眨眼睛。 |

**鸮　清·《禽虫典》**

　　鸮鸟也就是猫头鹰,它的喙和爪都弯曲呈钩状,并且十分锐利,它的两只眼睛不像一般的鸟生在头部的两侧,而是生在脸部正前方。它夜间和黄昏出来活动,主要捕食鼠类,也食小鸟和昆虫,属农林益鸟。

**白狼　清·汪绂图本**

**神媿　明·蒋应镐图本**

**白虎　清·汪绂图本**

**驳** 明·蒋应镐图本

　　传说齐桓公骑马出行,迎面来了一只老虎,老虎不但没有扑过来,反而卧在原地不敢动,齐桓公很奇怪,便问管仲,管仲回答说"你骑的是驳,它是能吃虎豹的,所以老虎很害怕,不敢上前。"

**冉遗** 明·胡文焕图本

蛮蛮　明·蒋应镐图本　　　冉遗　明·蒋应镐图本

| 异兽 | 形态 | 今名 | 异兆及功效 |
| --- | --- | --- | --- |
| 蛮蛮 | 形状像老鼠,长着甲鱼脑袋。 | 水獭 | 叫声如狗叫。 |
| 冉遗 | 长着鱼身蛇头,还有六只脚,眼睛像马的耳朵。 | | 吃了冉遗的肉,睡觉不做噩梦,也可以御凶辟邪。 |
| 駮 | 像马,白身和黑尾,头顶有一只角,牙齿和爪子就和老虎的一样锋利,发的声音如同击鼓的响声。 | | 能以老虎和豹子为食,饲养它可以避免兵刃之灾。 |

**穷奇** 明·蒋应镐图本
　　相传天帝少昊有一个不肖之子,他诋毁忠良,包庇奸人,所作所为跟穷奇兽类似,人们十分痛恨他,就称他为穷奇。穷奇又是大傩十二神中食蛊的逐疫之神,众妖邪见了它,无不仓皇逃走。

嬴鱼　清·《禽虫典》

鰠鱼　明·蒋应镐图本　　　　鴛鴽鱼　明·蒋应镐图本　　　鸟鼠同穴　明·蒋应镐图本

| 异兽 | 形态 | 异兆及功效 |
|---|---|---|
| 穷奇 | 形状像一般的牛,但全身长着刺猬毛,发出的声音如同狗叫。 | 能吃人。 |
| 鰠鱼 | 形状就像一般的鳣鱼。 | 它在哪里出现,哪里就会有兵灾发生。 |
| 鴛鴽鱼 | 像一个反转过来的烹器,在鸟状脑袋的下面,长着鱼翼和鱼尾,叫声如敲击磬石发出的响声。 | 它体内能够孕生珍珠美玉。 |

人面鸮　明·蒋应镐图本

孰湖　明·蒋应镐图本

| 异兽 | 形态 | 异兆及功效 |
|------|------|-----------|
| 人面鸮 | 形状像猫头鹰,却长着人的面孔和猴的身子,还拖着一条狗尾巴,它啼叫起来就像是在呼唤自己的名字。 | 它在哪里出现,哪里就会有大旱灾。 |
| 孰湖 | 身体像马,却有鸟的翅膀、人的面孔和蛇的尾巴。 | 很喜欢把人抱着举起来。 |

水马　明·胡文焕图本

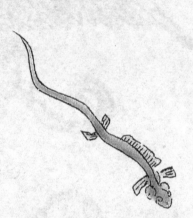

滑鱼　明·蒋应镐图本

| 异兽 | 形态 | 今名 | 异兆及功效 |
|------|------|------|-----------|
| 滑鱼 | 外形像一般的鳝鱼,红色的脊背,发出的声音就像人在支支吾吾地说话。 | 鳝鱼、黄鳝 | 人吃了这种滑鱼,能治好赘疣病。 |
| 水马 | 外形与一般的马相似,但前腿上长有花纹,拖着一条牛尾巴,它叱咤的声音就像人在呼喊。 | 河马 | |

何罗鱼　明·蒋应镐图本

鸭鸱　明·蒋应镐图本

传说十首一身的姑获鸟就是由这一首十身的何罗鱼变化而来的。

耀疏　明·蒋应镐图本　　　鱃鱼　明·蒋应镐图本　　　孟槐　明·蒋应镐图本

| 异兽 | 形态 | 异兆及功效 |
|---|---|---|
| 耀疏 | 形状像马,头顶长着一只如同粗硬磨刀石的角。 | 饲养它可以辟火。 |
| 鸭鸱 | 其体形与乌鸦相似,长着带有红色斑纹的五彩羽毛。 | 这种鸟雌雄同体,吃了它的肉就能不患痈疽病。 |
| 鱃鱼 | 形状像鸡却长着经色羽毛、三条尾巴、六只脚、四个脑袋,叫声像喜鹊鸣叫。 | 吃了它的肉就能使人乐而忘忧。 |
| 何罗鱼 | 长着一个脑袋,却有十个身子,发出的声音好似狗叫。 | 吃了它的肉就可治愈痈肿病。 |
| 孟槐 | 形状像豪猪,毛是红色的,叫声如同辘轳抽水的响声。 | 饲养它可以辟除凶邪之气。 |

**鳛鳛鱼**　明·蒋应镐图本

形状像喜鹊却长有十只翅膀,鳞甲全长在翅膀的前端,它发出的声音就好像喜鹊在鸣叫,它可以辟火。

**橐驼**　明·蒋应镐图本

**寓**　明·蒋应镐图本

| 异兽 | 形态 | 今名 | 异兆及功效 |
|---|---|---|---|
| 鳛鳛鱼 | 其形状像喜鹊却长有十只翅膀,鳞甲全长在翅膀的前端,它发出的声音就好像喜鹊在鸣叫。 | | 它可以辟火,人如果吃了它的肉就能治好黄疸病。 |
| 寓鸟 | 形状与老鼠相似,长着鸟一样的翅膀,发出的声音就像羊叫。 | 蝙蝠 | 人饲养它可以辟除邪气,不受兵戈之苦。 |

**耳鼠** 明·蒋应镐图本

耳鼠，即䶉鼠，是一种亦兽亦禽、又可抵御百毒的奇兽。集鼠兔麋三者于一身，能在树、陆中间滑翔，故又称为飞生鸟。

**孟极** 明·蒋应镐图本

**幽鴳** 明·蒋应镐图本

| 异兽 | 形态 | 异兆及功效 |
|---|---|---|
| 耳鼠 | 体形像一般的老鼠，却长着兔子的脑袋和麋鹿的耳朵，发出的声音如同狗叫，用尾巴飞行。 | 人吃了它的肉就可治愈大肚子病，不做噩梦，还可以辟除百毒。 |
| 孟极 | 像豹子，额头有斑纹，身上的毛皮是白色的。 | 它善于伏身隐藏。 |
| 幽鴳 | 形状像猕猴，全身有斑纹，喜欢嬉笑。 | 见人就卧倒装睡。 |

**白鹧　明·蒋应镐图本**

白鹧形状像普通的野鸡,头上有花纹,白色翅膀,脚是黄色的,人吃了它的肉就能治愈咽喉疼痛,还可以治愈痴呆症,癫狂病。

**足訾　明·蒋应镐图本**

**䴅　明·蒋应镐图本**

**诸犍　明·蒋应镐图本**

| 异兽 | 形态 | 今名 | 异兆及功效 |
|---|---|---|---|
| 足訾 | 体形像猿猴却身披鼠毛,长着牛尾、马蹄,前腿上有花纹。 | | 一看见人就呼叫。 |
| 䴅 | 它们喜欢成群栖息、结队飞行,其尾巴与雌野鸡相似。 | | 人吃了它的肉就能治好疯痹病。 |
| 诸犍 | 形状像豹子,身后拖着一条长长的尾巴,还长着人的脑袋和牛的耳朵,却只有一只眼睛。 | | 喜欢大声吼叫。行走时它就用嘴衔着尾巴,休息时就将尾巴盘蜷起来。 |
| 白鹧 | 形状像普通的野鸡,头上有花纹,白色翅膀,脚是黄色的。 | 雪雉 | 人吃了它的肉就能治愈咽喉疼痛,还可以治愈痴呆症、癫狂病。 |

**牦牛　明·蒋应镐图本**

据说,古代军队行军打仗,先锋部队或指挥阵营的旗杆上就会绑上旄牛的长毛,以做先锋和指挥之用,成语"名列前茅"就出自于此。

**竦斯　明·蒋应镐图本**

**那父　明·蒋应镐图本**

| 异兽 | 形态 | 异兆及功效 |
|---|---|---|
| 那父 | 形状像普通的牛,拖着一条白色的尾巴。 | 声音就如同人在高声呼唤。 |
| 竦斯 | 形状像一般的雌野鸡,却知着人的面孔,它叫起来就像是在呼唤自己的名字。 | 一看见人就跳跃起来。 |
| 牦牛 | 形状像一般的牛,但四肢关节上都长着长长的毛。 | |

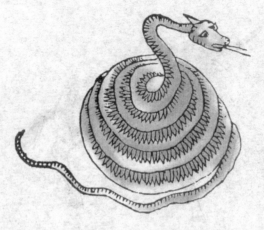

长蛇　明·蒋应镐图本

传说这种长蛇食量惊人,甚至能吞下整头鹿。传说当年天帝派后羿到下界去诛除那些祸害人民的恶禽猛兽,长蛇就在被诛除之列。被后羿杀死在洞庭,墓就在巴陵的巴丘一带。

窫窳　明·蒋应镐图本

赤鲑　清·《禽虫典》

| 异兽 | 形态 | 异兆及功效 |
|---|---|---|
| 长蛇 | 身长达几十丈,身上还长着像猪鬃一样的钢毛,发出的声音就像是有人在敲击木梆子。 | |
| 窫窳 | 形状像普通的牛,却长着红色的身子、人的面孔、马的蹄子,发出的声音如同婴儿啼哭。 | 能吃人。 |
| 鲥鲥鱼 | | 人吃了它的肉就会中毒而死。 |

诸怀　明·蒋应镐图本

鮨鱼　明·蒋应镐图本

鰧鱼　明·蒋应镐图本

山㺟　明·蒋应镐图本

| 异兽 | 形态 | 异兆及功效 |
|---|---|---|
| 鰧鱼 | 形状像鲤鱼却长着鸡爪子,是一种半鱼半鸟的怪物。 | 人吃了它的肉就能治愈赘瘤病。 |
| 山㺟 | 形状像狗却长着一张人脸,它走起路来就像刮风。 | 擅长投掷,一看见人就会哈哈大笑,只要它一出现,天下就会乱起大风。 |
| 诸怀 | 形状像牛,但有四只角,头上还长着人的眼睛、猪的耳朵,发出的声音如同鸿雁鸣叫。 | 它能吃人。 |
| 鮨鱼 | 长着鱼的身子却有一只狗头,吼叫的声音像婴儿啼哭。 | 人吃了它的肉就能治愈疯狂病。 |

狚　明·蒋应镐图本

龙龟　明·蒋应镐图本

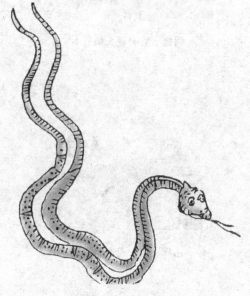

肥遗　明·蒋应镐图本

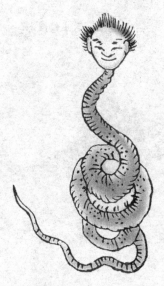

人面蛇身神　明·蒋应镐图本

| 异兽 | 形态 | 异兆及功效 |
|---|---|---|
| 肥遗 | 一个头两个身子的蛇。 | 它在哪里出现，哪里就会大旱。 |
| 狚 | 形状像豹，脑袋上有斑纹。 | |
| 龙龟 | 龙种龟身。 | |

间马　清·汪绂图本

| 异兽 | 形态 | 异兆及功效 |
|------|------|-----------|
| 鮆鱼 | 形状像小鱼却长着鳖色的鳞片,发出的声音就如同人的叱责声。 | 吃了它的肉,人就不会有狐臭。 |

**驳马**　明·蒋应镐图本

　　驳马是一种神兽,有角的就叫驳,没有角的则称为
騜。据记载在东晋年间,曾经有人在九真郡(就是现在
的越南)捕获过一匹驳马。

| 异兽 | 形态 | 异兆及功效 |
|------|------|-----------|
| 驳马 | 有牛一样的尾巴和白色的身子,头上还长着一只角,发出的声音如同人在呼喊。 | |

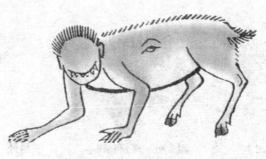

**狍鸮　明·蒋应镐图本**

　　狍鸮就是饕餮,传说黄帝大战蚩尤,蚩尤被斩,其首落地化为饕餮。这种怪兽十分贪吃,把能吃的都吃掉之后,竟然把自己的身体也吃了,最后只剩下一个头部。在商周的青铜鼎上面就铸上了它的形象,但因为身体已经被它自己吃掉了,所以只有头部。

**鹭鶡　明·蒋应镐图本**

独狢　明·蒋应镐图本　　　䍺　明·蒋应镐图本　　　居暨　明·蒋应镐图本

| 异兽 | 形态 | 异兆及功效 |
|---|---|---|
| 狍鸮 | 身子像羊,人脸,眼睛长在腋下,牙齿同老虎的相似,爪子如同人脚,声音似婴儿啼哭。 | 能吃人。 |
| 独狢 | 长得像老虎,白色的身子,狗头、马尾,毛像猪鬃。 | |
| 鸒鹋 | 形状像乌鸦,长着一张人脸。 | 夜里飞行,白天休息。吃了它的肉可以治愈热病和头风。 |
| 居暨 | 形状像老鼠,浑身长着红色的和刺猬一样的毛刺。 | 叫声如同小猪叫。 |
| 䍺 | 长着四只翅膀,一只眼睛,一条狗尾。叫声与喜鹊相似。 | 人吃了它的肉,就可以止住肚子痛,还可以治好腹泻。 |

**人鱼** 明·蒋应镐图本

　　实际上就是现在的大鲵,也就是俗称的娃娃鱼,是一种两栖类动物,西山第一列山系的竹山上面的人鱼也就是这种鱼。人鱼最大的特征就是鱼以足行,并由此衍生出美人鱼之类的神奇故事来。

**驿** 明·蒋应镐图本

**鸐** 明·蒋应镐图本

| 异兽 | 形态 | 今名 | 异兆及功效 |
|------|------|------|-----------|
| 驿 | 形状像普通的羚羊,头上有四只角,还长着马一样的尾巴和鸡一样的爪子,发出的叫声就如同在呼唤自己的名字。 | 马鹿 | 善于旋转起舞。 |
| 鸐 | 形状和普通喜鹊相似,却长着白身子、红尾巴,腹部还长着六只脚,它的叫声就像是在呼唤自己的名字。 | | 这种鸟十分警觉。 |
| 人鱼 | 形状像一般的鯑鱼,长有四只脚,发出的声音像婴儿啼哭。 | 大鲵 | 吃了它的肉,人就不会患上疯癫病。 |

**天马** 明·蒋应镐图本

汉武帝曾得到一匹非常好的乌孙马,名叫"天马"。它体格强壮,日行千里,赶得上大宛的汗血宝马了。后来,汉武帝将那匹乌孙马改名为"西极",称大宛马为"天马"。

**飞鼠** 明·蒋应镐图本

据说明天启三年十月时,凤县出现很多大鼠,它们长着肉翅而没有脚,黄黑色毛,尾巴毛皮丰满好像貂,能够飞着吃粮食,当地人怀疑就是这类飞鼠。

**鹠鹠** 明·蒋应镐图本

| 异兽 | 形态 | 今名 | 异兆及功效 |
|---|---|---|---|
| 天马 | 像普通的白狗却长黑色的脑袋,叫声犹如呼唤自己的名字。 | 马鹿 | 一看见人就腾空飞起。 |
| 鹠鹠 | 像普通的乌鸦,却长着白色的脑袋和青色的身子,黄色的爪,叫声犹如呼唤自己的名字。 | 斑鸠 | 吃了它的肉,人就不会觉得饥饿,还可以医治老年健忘症。 |
| 飞鼠 | 形状像兔子,却长着老鼠的头。 | | 能够借助背上的毛飞行。 |

**领胡** 明·蒋应镐图本

据说这种牛能日行三百里,后世在很多地方都出现过。

**象蛇** 明·蒋应镐图本

**鮕父鱼** 明·蒋应镐图本

| 异兽 | 形态 | 今名 | 异兆及功效 |
|------|------|------|-----------|
| 领胡 | 形状像牛,红色的尾巴,脖子上有肉瘤,形状像斗,吼声如同呼唤自己的名字。 | | 人吃了它的肉就能治愈癫狂症。 |
| 象蛇 | 像雌性野鸡的鸟,羽毛上有五彩斑调的花纹,叫声是自身名称的读音。 | 马鸡 | 它一身兼有雄雌两种性器官。 |
| 鮕父鱼 | 形状像鲫鱼,长着鱼头猪身。 | | 人吃了它的肉就可以治愈呕吐。 |

**酸与** 明·蒋应镐图本

酸与是一种凶鸟，它在哪个地方出现，哪里就会发生可怕的事情。据说吃了它的肉可以使人不醉。

**酸与** 清·汪绂图本

| 异兽 | 形态 | 异兆及功效 |
|---|---|---|
| 酸与 | 形状像蛇，长有两对翅膀、六只眼睛、三只脚，叫做酸与，它啼叫起来就像是在呼唤自己的名字。 | 它在哪里出现，哪里就会发生可怕的事情。 |

黄鸟　清·汪绂图本

　　传说梁武帝萧衍的皇后郗氏生性嫉妒，尤其对梁武帝的其他嫔妃嫉妒不已，梁武帝知道后曾让她信佛，还请高僧为她讲经，但她依然嫉妒如故。后来梁武帝又以黄鸟作膳来给郗氏吃，就是希望黄鸟能治愈她的嫉妒心，其结果当然是于事无补。后来郗氏三十岁就死了，死后化为蛇，还托梦梁武帝，向他忏悔。

鹕鹕　清·《禽虫典》

| 异兽 | 形态 | 今名 | 异兆及功效 |
|---|---|---|---|
| 鹕鹕 | 形体很像乌鸦，却有白色斑纹。 | 鸸鸪 | 吃了它的肉就能使人的眼睛明亮。 |
| 黄鸟 | 外形像猫头鹰，却长着白色的脑袋。 | | 叫声好像在呼唤自己的名字，吃了它的肉，就不会产生嫉妒心。 |

**清卫　明·蒋应镐图本**

　　传说现在的山东半岛和辽东半岛，就是精卫填成的。后来民间传说，这种鸟就住在海边，和海燕结成配偶，生下的孩子，雌的像精卫，雄的像海燕。古人认为它是一种有志气的禽鸟，并把它当做追求理想和毅力的化身。

**白蛇　清·汪绂图本**

| 异兽 | 形态 | 异兆及功效 |
|---|---|---|
| 精卫 | 形状像普通的乌鸦，头部的羽毛上有花纹，白色的嘴巴，红色的爪子。 | 它发出的叫声就是自己的名字。 |

黾　清·汪绂图本

黾类似于蟾蜍。相传月宫中有三条腿的蟾蜍,因此后人把月宫也叫蟾宫。民间流传刘海戏金蟾的神话故事;相传憨厚善良的刘海在仙人的指点下,获得一枚金光夺目的金钱,后来刘海就用这枚金钱戏出了井里的金蟾,从而得到了幸福。

鳠　清·汪绂图本

| 异兽 | 形态 | 异兆及功效 |
|---|---|---|
| 鳠鱼 | 体态较细,灰褐色,头扁平,背鳍、胸鳍相对有一硬刺,后缘有锯齿。 | |
| 黾 | 蛙的一种,类似于蟾蜍。 | |

辣辣　明·蒋应镐图本

　　传说是一种吉祥之兽，它出现的话当年就会获得丰收。但也有人说它是
兆凶之兽，一出现皇宫中便会发生祸乱。

辣辣　明·胡文焕图本

| 异兽 | 形态 | 异兆及功效 |
|---|---|---|
| 辣辣 | 长着一只角、一只眼睛，而且眼睛在耳朵的背后。 | 发出的叫声便是自身的名称。 |

**猲　明·蒋应镐图本**

乾山上生有一种野兽,外形酷似普通的牛,让人奇怪的是却长着三只脚,其叫声如同在呼唤自己的名字。

| 异兽 | 形态 | 异兆及功效 |
|---|---|---|
| 师鱼 | | 人吃了它的肉就会中毒而死。 |
| 猲 | 外形像普通的牛,却只长着三只脚。 | 它的吼叫声就如同呼唤自己的名字。 |

罨　明·蒋应镐图本

| 异兽 | 形态 | 异兆及功效 |
|---|---|---|
| 罨 | 形状像麋鹿,而肛门却长在尾巴上面。 | |

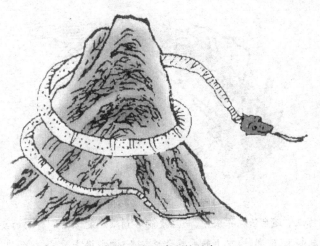

大蛇　明·蒋应镐图本

　　幽都山中有种大蛇，红色的脑袋，白色的身子，身长可盘绕幽都山两周，声音如同牛叫，它在哪里出现，哪里就会大旱。

廿神　明·蒋应镐图本

十四神　明·蒋应镐图本

十神　明·蒋应镐图本

| 异兽 | 形态 | 异兆及功效 |
|---|---|---|
| 大蛇 | 红色的脑袋，白色的身子，身长可盘绕幽都山两周，声音如同牛叫。 | 它在哪里出现，哪里就会大旱。 |

**鳙鳙鱼** 明·蒋应镐图本

传说它还生活在东海中,而且皮能够预测潮起潮落。将它的皮剥下后悬挂起来,涨潮时,皮上的毛就会竖起来;潮水退去时,毛就会伏下去。鳙鳙鱼还特别好睡觉。

**箴鱼** 清·《禽虫典》

**蚩鼠** 明·蒋应镐图本

**从从** 明·蒋应镐图本

| 异兽 | 形态 | 异兆及功效 |
|---|---|---|
| 鳙鳙鱼 | 它的形状像犁牛。 | 发出的声音如同猪叫。 |
| 从从 | 形状像狗,却长着六只脚。 | 它发出的叫声就像在呼唤自己的名字。 |
| 蚩鼠 | 形状像鸡,却长着像老鼠一样的尾巴。 | 它在哪里出现.哪里就会有大旱灾。 |
| 箴鱼 | 形状像鱼,却有像针一样的喙。 | 人吃了它的肉就不会染上瘟疫。 |

**鳡鱼** 清·汪绂图本

鳡鱼,又叫竿鱼,是一种黄色鲇鱼,吻长口大,
生性凶猛,专以其他小鱼为食。

| 异兽 | 形态 | 异兆及功效 |
|------|------|-----------|
| 堪予鱼 | 形状像猿猴,却长着一身猪毛,发出的声音如同人在呼叫。 | 一旦现身,天下就会发洪水。 |

**人身龙着神** 明·蒋应镐图本

祭祀山神:从带毛的禽畜中选用一只狗作为祭品,同时,选用一条鱼的血来涂抹祭器。

**鯈蝠** 明·蒋应镐图本

相传,因为鯈蝠出入水中时身体闪闪发光,于是古人将它和火联系到了一起,说它的出现还是火灾的征兆,将它视为一种不祥的动物。

**狪狪** 明·蒋应镐图本

| 异兽 | 形态 | 异兆及功效 |
|---|---|---|
| 鯈蝠 | 形状与黄蛇相似,长着鱼一样的鳍。 | 出入时能发光,它出现在哪里,哪里就遭遇旱灾。 |
| 狪狪 | 形状与猪相似,体内孕育珍珠。 | 叫声如呼喊自己的名字。 |

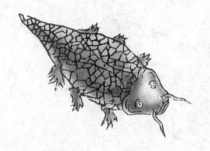

**珠鳖鱼** 明·蒋应镐图本

**䬣䬣** 明·蒋应镐图本

| 异兽 | 形态 | 今名 | 异兆及功效 |
|------|------|------|-----------|
| 䬣䬣 | 外开像牛,却有老虎一样的斑纹,叫起来的声音如同人在呻吟,又像是在呼唤自己的名字。 | 鬣羚 | 它一出现,就会发生水灾。 |
| 珠鳖鱼 | 外形像一片肺叶,长有四只眼睛,六只脚,能吐出珍珠。 | 中华鳖 | 其肉味酸中带甜,人吃了它的肉就不会染上瘟疫。 |

**犰狳** 明·蒋应镐图本

　　现在也有犰狳，是美洲特产的穴居动物，它腿很短，耳朵竖着，脚上有五个爪子，全身覆盖着坚硬的鳞甲，其肉质鲜美，可以食用。

**朱獳** 明·蒋应镐图本

**鵹鹕** 明·蒋应镐图本

| 异兽 | 形态 | 今名 | 异兆及功效 |
|---|---|---|---|
| 犰狳 | 形状像兔子，长着鸟的喙嘴、鹞鹰的眼睛和蛇的尾巴。发出的叫声就像在呼唤自己的名字。 |  | 它一看见人就躺下装死；它一出现，就会虫蝗遍野、田园荒芜。 |
| 朱獳 | 形状像狐狸，长着鱼鳍，发出的叫声就如同在呼唤自己的名字。 | 赤狐 | 它出现的地方，就会发生大恐慌。 |
| 鵹鹕 | 体形像鸳鸯，长着人脚，发出的鸣叫声有如呼唤自己的名字。 | 鹈鹕 | 它出现的地方，就会有很多水土工程的劳役。 |

獙獙　明·蒋应镐图本

古代传说中的一种怪兽,形状似狐狸而有翅膀,声音似大雁。

| 异兽 | 形态 | 异兆及功效 |
|---|---|---|
| 獙獙 | 形状像狐狸,背上长着一对翅膀,它发出的声音如同大雁啼叫。 | 它一出现,天下就会发生大旱灾。 |

蠪蛭 明·蒋应镐图本

越是偏远的原始山林中，越是有许多性情凶猛的异兽。凫丽山中九头九尾的蠪蛭就是以人为食。据说在古时，敲击铜发出的轰然巨响，可吓阻凶兽，使之远离人类的居住场所。因此，为吓走凶兽，人们就铸造大型的铜器，并在器身用云雷作为纹饰。

絜钩 明·蒋应镐图本

兽身人面神 明·蒋应镐图本

狓狓 明·蒋应镐图本

| 异兽 | 形态 | 今名 | 异兆及功效 |
|---|---|---|---|
| 蠪蛭 | 外形像狐狸，却有九条尾巴、九个脑袋，脚上还长着虎爪一样的爪子，吼声就像婴儿啼哭。 | | 能吃人。 |
| 狓狓 | 外开像马，却长着羊眼、牛尾，头上还顶着四个角，声音如同狗叫。 | 鹅喉羚 | 它出现的地方就会有很多奸猾的小人。 |
| 絜钩 | 形状像野鸭子，却长着老鼠一样的尾巴，擅长攀登树木。 | 啄木鸟 | 它在哪个国家出现，哪个国家就会瘟疫横行。 |

**婴胡** 明·蒋应镐图本

　　清朝人郝懿行就曾经见过婴胡,据他记述,他在嘉庆五年奉朝廷之命册封琉球回国,途中在马齿山停泊,当地人就向他进献了两头鹿,毛色浅而且眼睛很小,像鱼眼,当地人说是海鱼所化,但郝懿行认为它就是婴胡。

**虎** 明·蒋应镐图本

**鮞** 清·汪绂图本

**鱓** 清·汪绂图本

| 异兽 | 形态 | 今名 | 异兆及功效 |
|------|------|------|------------|
| 婴胡 | 样子像麋鹿,却长着一对鱼眼。 | 白唇鹿 | 它发出的叫声就像是呼唤自己的名字。 |

**蠵龟　清·《禽虫典》**

蠵龟也叫赤蠵龟,据古人说是一种大龟,甲有纹彩。古人将龟按其功能,栖息地不同而分为十种:神龟,灵龟、摄龟、宝龟、文龟、筮龟、山龟、泽龟、水龟、火龟、而深泽的龟就是一种灵龟,善于鸣叫,其龟甲可以用来占卜,又因为其龟甲像玳瑁而有光彩,所以也常常用来装饰器物。

**鲐鲐鱼　明·蒋应镐图本**

**人身羊角神　明·蒋应镐图本**

**精精　明·蒋应镐图本**

| 异兽 | 形态 | 异兆及功效 |
|---|---|---|
| 鲐鲐鱼 | 形状像鲤鱼,却长着六只脚和鸟尾巴。 | 其叫声就像在呼唤自己的名字。 |
| 精精 | 外形像牛,却长着一条马尾巴。 | 吼声就像在呼唤自己的名字。 |

**鴜雀　明·蒋应镐图本**

传说明朝崇祯年间，凤阳地方出现很多恶鸟，兔头鸡身鼠足，大概就是鴜雀。当时人们说它肉味鲜美，但骨头有剧毒，人吃了能被毒死。它同獝一样，也经常祸害人类。

**獝狙　明·蒋应镐图本**

**鳛鱼　明·蒋应镐图本**

| 异兽 | 形态 | 今名 | 异兆及功效 |
|---|---|---|---|
| 獝狙 | 像狼，长着红色脑袋，老鼠眼睛，声音如同猪叫。 | 豺狗 | 能吃人。 |
| 鴜雀 | 像鸡，白色的脑袋，老鼠一样的脚和老虎一样的爪子。 | 胡兀鹫 | 能吃人。 |
| 鳛鱼 | 形状像鲤鱼而头长得很大。 | 泥鳅 | 吃了它的肉，就不会生瘊子。 |
| 茈鱼 | 形状像鲫鱼，一个脑袋却长了十个身子，散发出与蘼芜草相似的香气。 | 黄羊 | 人吃了它就不会放屁。 |

**当康** 明·蒋应镐图本

　　传说当天下要获得丰收的时候，它就从山中出来啼叫，告诉人们丰收将至。所以它虽样子不太好看，却是一种瑞兽。据《神异经》中记载，南方有种奇兽，样子像鹿，却长着猪头和长长的獠牙，能够满足人们祈求五谷丰登的愿望，可能就是这种当康兽。

**鳛骨鱼** 明·蒋应镐图本　　　　　　　　　**薄鱼** 明·蒋应镐图本

| 异兽 | 形态 | 异兆及功效 |
|---|---|---|
| 薄鱼 | 形状像一般的鱼却只长了一只眼睛，声音如同人在呕吐。 | 一旦出现，天下就会发生大旱灾。 |
| 当康 | 外形像猪，却长着大獠牙，叫声就像在呼唤自己的名字。 | 一旦出现，天下就会发生大旱灾。 |
| 鳛鱼 | 形状与一般的鱼相似，却长着一对鸟翅，而它发出的声音如同鸳鸯鸣叫。 | 出入水中时身上会闪闪发光，一旦出现，天下就会发生大旱灾。 |

蜚　明·蒋应镐图本

　　相传,蜚是灾难之源,就好比死神,是一种可怕的灾兽。据说春秋时,蜚曾出现过一次;当时江河枯竭,草木枯萎,人畜瘟疫流传,天地灰暗无生气。

合窳　明·蒋应镐图本

蜚　清·《禽虫典》

| 异兽 | 形态 | 异兆及功效 |
|---|---|---|
| 合窳 | 外形像猪,却长着一副人的面孔,黄色的身子后面长着红色尾巴,它发出的吼叫声就如同婴儿啼哭。 | 能吃人,也以虫、蛇之类的动物为食,它一出现,天下就会洪水泛滥。 |
| 蜚 | 形状像普通的牛,脑袋却是白色的,只长了一只眼睛,身后还有条蛇一样的尾巴。 | 它行经有水的地方就会干涸,行经有草的地方草就会枯死,而且一出现,天下就会瘟疫横行。 |

巤 明·蒋应镐图本

据说,吃了它的肉就能治好人脖子上的赘瘤,还可以治好眼病。

巤 清·《禽虫典》

豪鱼 明·蒋应镐图本

| 异兽 | 形态 | 今名 | 异兆及功效 |
|---|---|---|---|
| 巤 | 外形像猷鼠,但额头上有花纹。 | 马来熊 | 吃了它的肉就能治好人脖子上的赘瘤。 |
| 豪鱼 | 形状像一般的鲔鱼,但长着红色的嘴喙,尾巴上还长有红色的羽毛。 | 鲟鱼 | 人吃了它的肉就能治愈白癣之类的痼疾。 |

飞鱼　明·蒋应镐图本

相传,人吃了这种飞鱼的肉就能治愈痔疮和痢疾。还有人认为这种鱼能够飞入云层中,还能在惊涛骇浪中游泳,它的翼像蝉一样清透明亮,它们出入时喜好群飞。

胐胐　明·蒋应镐图本

| 异兽 | 形态 | 今名 | 异兆及功效 |
|---|---|---|---|
| 飞鱼 | 形状像一般的鲫鱼,喜欢跃出水面。 | | 人吃了这种飞鱼的肉就能治愈痔疮和痢疾。 |
| 胐胐 | 形状像普通的野猫,却长着一条长长的白色尾巴,身上长有鬃毛。 | 白鼬 | 人饲养它,就可以消除忧愁。 |

鹖　清·《禽虫典》

　　鹖鸟体形与野鸡类似,比野鸡稍大一些,羽毛青色,长有毛角,天性凶猛好斗,于是人们把它看做勇猛的象征。传说黄帝与炎帝在阪泉大战时,黄帝军队举着画有雕、鹰之类猛禽的旗帜,其中就有画鹖鸟的,取的就是它勇猛不畏死的品质。

鸣蛇　清·《禽虫典》

| 异兽 | 形态 | 异兆及功效 |
| --- | --- | --- |
| 鸣蛇 | 样子像普通的蛇,却长着两对翅膀,叫声如同敲磬一样响亮。 | 它在哪里出现,哪里就会发生旱灾。 |
| 鹖 | 比野鸡稍大一些,羽毛青色,长有毛角,天性凶猛好斗。 | 人饲养它,就可以消除忧愁。 |

化蛇　明·蒋应镐图本

　　鸣蛇和化蛇都是蛇类，还比邻而居，形象却大不一样，性情更是完全相反，鸣蛇兆旱，化蛇兆水。

犘蚳　明·蒋应镐图本

| 异兽 | 形态 | 异兆及功效 |
|---|---|---|
| 化蛇 | 像豺一样的身子，背上也长有禽鸟的翅膀，却只能像蛇一样蜿蜒爬行，发出的声音就如同人在呵斥。 | 它出现在哪里，哪里就会发水灾。 |
| 犘蚳 | 样子和一般的猪相似，但头上却长着角，它吼叫起来就如同人在号啕大哭。 | 吃了它的肉，人就不会做噩梦。 |

**马腹**　明·蒋应镐图本

　　传说马腹又叫水虎，栖息在水中，身上还有与鲤鱼类似的鳞甲，它常常将爪子浮在水面吸引人，如果有人去戏弄它的爪子，它便将人拉下水杀死。民间称马腹为马虎，因其异常凶狠的性情，古人常用其吓唬淘气的孩子说："马虎来了！"顽皮的孩子便立即不敢做声。

**人面鸟身神**　清·汪绂图本

| 异兽 | 形态 | 今名 | 异兆及功效 |
|---|---|---|---|
| 马腹 | 形状奇特，有人的面孔，老虎的身子，吼叫的声音就如同婴儿啼哭。 | 虎鼬 | 能吃人 |

夫诸　明·蒋应镐图本

形状像白鹿,头上长着四只角,叫做夫诸,它在哪里出现,哪里就会发生水灾。

熏池　清·汪绂图本

武罗　明·蒋应镐图本

鹕　明·蒋应镐图本

| 异兽 | 形态 | 今名 | 异兆及功效 |
|------|------|------|-----------|
| 夫诸 | 形状像白鹿,头上长着四只角。 | | 它在哪里出现,哪里就会发生水灾。 |
| 鹕 | 其外形像野鸭,青色身子,浅红色眼睛和深红色尾巴。 | 鱼鹰 | 吃了它的肉就能使人子孙兴旺。 |

**泰逢　明·蒋应镐图本**

　　传说晋平公在浍水曾遇见过泰逢,狸身而虎
尾,晋平公还以为他是个怪物。遇到过泰逢的还
有另外一个夏朝的昏君孔甲,他在打猎时,泰逢出
现,并运用法力刮起一阵狂风,顿时天地晦冥,结
果使孔甲迷了路。惩罚昏君,泰逢不愧是一个吉
神。

**飞鱼　明·蒋应镐图本**

| 异兽 | 形态 | 今名 | 异兆及功效 |
|---|---|---|---|
| 飞鱼 | 形状像猪,军身红色斑纹。 | 黄河鲤鱼 | 吃了它的肉就能使人不怕打雷,还可避免兵刃之灾。 |

犀渠　明·蒋应镐图本

　　犀渠的形状像牛，发出的吼叫声就像婴儿在啼哭一样，而且很凶猛，能够吃人。

麑　清·《禽虫典》

獜　明·蒋应镐图本

麑　明·蒋应镐图本

| 异兽 | 形态 | 今名 | 异兆及功效 |
|---|---|---|---|
| 麑 | 外形像貉，但脸上却长着人的眼睛。 | 貘鹿 | |
| 犀渠 | 形状像牛，全身青黑色，而发出的吼叫声却如同婴儿啼哭。 | 犀牛 | 能吃人。 |
| 獜 | 形状像发努之犬，身披鳞甲，毛从鳞甲的缝隙中间长出来，又长又硬，就好像猪鬣一样。 | 獜 | |

**鴢鸟　明·蒋应镐图本**

各版本中的所绘之图各不相同，汪绂图本中的鸟为一只三目大鸟，似乎正要停落或低头俯冲。《禽虫典》中，三目鸟双腿后缩，边疾速飞翔边昂头张嘴鸣叫。

| 异兽 | 形态 | 异兆及功效 |
|---|---|---|
| 鴢鸟 | 形状像猫头鹰，长了三只眼睛，还有耳朵，啼叫声就如同鹿在鸣叫。 | 人吃了它的肉就能治愈湿气病。 |

鸧鹗　明·蒋应镐图本

《禽虫典》本的鸧鹗为一只美丽的长尾大鸟，正站在树枝上探头下望。汪本中，也是一只美丽的长尾大鸟，张着嘴似在大声鸣叫。据说，吃了鸧鹗的肉还可以辟妖。

骄虫　明·蒋应镐图本

| 异兽 | 形态 | 异兆及功效 |
|---|---|---|
| 鸧鹗 | 形状像野鸡，长着一条长长的尾巴，身上羽毛颜色鲜艳，通体赤经好似一团丹火，嘴喙青色。 | 啼叫的声音像在呼唤自己的名字，人吃了它的肉就不会做噩梦。 |

**旋龟** 明·蒋应镐图本

　　《山海经》中的旋龟有二：一是《南山经》中阳山的旋龟，其为鸟首，音若判木。二是此处密山之旋龟，其为鸟首鳖尾，叫起来好像敲击木棒的声音。

**脩辟鱼** 清·汪绂图本

| 异兽 | 形态 | 异兆及功效 |
|---|---|---|
| 旋龟 | 长有鸟头、鳖一样的尾巴，声音如敲打木棒。 | |
| 脩辟鱼 | 形状像青蛙，白色的嘴巴，叫声如鹃鹰鸣叫。 | 人吃了这种鱼，就能治愈白癣之类的痼疾。 |

**人鱼**

　　这里的人鱼就是鲵鱼，它外形似鲇鱼却长有四只脚，叫声如同小孩啼哭，所以俗称它为娃娃鱼。鲵用脚走路，所以古人觉得很神奇，甚至说它会上树，传说在大旱的时候，鲵便含水上山，用草叶盖住自己的身体，将自己隐藏起来，然后张开口，等天上的鸟来它口中饮水时，就乘机将鸟吸入腹中吃掉。

**羬羊**　明·蒋应镐图本

| 异兽 | 形态 | 异兆及功效 |
|---|---|---|
| 人鱼 | 外形似鲇鱼却长有四只脚。 | 叫声如同小孩啼哭。 |

山海经诠解

《山海经》异兽考

天愚 清·汪绂图本

山膏 清·《禽虫典》

文文 清·《禽虫典》

| 异兽 | 形态 | 今名 | 异兆及功效 |
|---|---|---|---|
| 山膏 | 形状像小猪,浑身毛皮红如丹火。 | 猩猩 | 喜欢骂人。 |
| 文文 | 外形像蜜蜂,有条分叉的尾巴,舌头反长着。 | | 喜欢呼叫。 |

三足龟　清·《尔雅音图》

　　不同版本中的三足龟,形状大同小异。《尔雅音图》中,两只三足龟在水边嬉戏,其中一只形貌符合经文所记,而另一只除龟甲外,周身还披有鳞甲,且三足似龙爪。吴本的三足龟前两足短小,后一足异常粗大。

三足龟　明·蒋应镐图本

鯩鱼　明·蒋应镐图本

䲢鱼　明·蒋应镐图本

| 异兽 | 形态 | 异兆及功效 |
|------|------|-----------|
| 三足龟 | 只有三只脚。 | 人吃了它的肉,就不会生大的疾病,还能消除痈肿。 |
| 鯩鱼 | 浑身长满黑色斑纹,体形和鲫鱼相似。 | 人吃了它的肉,就不会犯困。 |
| 䲢鱼 | 形状像鳜鱼,浑身长满青色斑纹,红色尾巴。 | 人吃了它的肉就不会患上痈肿疾病,还可以治好瘘疮。 |

**鲭鱼**　清·汪绂图本

形态颇为奇怪,形似猕猴,白足趾长;人若吃了它的肉

将不受蛊惑,还可以免遭兵刃之灾。

| 异兽 | 形态 | 异兆及功效 |
|------|------|-----------|
| 鲭鱼 | 身形却像猕猴,长有像公鸡一样的爪子,白色的足趾相对而长。 | 人吃了它的肉,就人会疑神疑鬼,还能避免兵刃这灾。 |

**鲛鱼** 明·蒋应镐图本

据说鲛鱼又叫沙(鲨)鱼,鱼皮上有珍珠似的斑纹,而且十分坚硬,尾部有毒,能蜇人,其皮可以用来装饰刀剑。传说鲛鱼腹部长有两个洞,其中贮水养子,一个腹部能容下两条小鲛鱼,小鲛鱼早上从母亲嘴里游出,傍晚又回到母亲腹中休息。

**羬围** 明·蒋应镐图本

**羬牛** 清·汪绂图本

**文鱼** 清·汪绂图本

**豹** 清·汪绂图本

| 异兽 | 形态 | 异兆及功效 |
|------|------|-----------|
| 羬牛 | 长得像牦牛 | 人吃了它的肉,就不会生大的疾病,还能消除痈肿。 |
| 鲛鱼 | 鱼皮上有珍珠般的斑纹,十分坚硬。 | 尾部有毒,能蜇人,鱼皮可以用于装饰刀剑。 |
| 羬围 | 人面兽身,身后有神光环绕,赤身裸体,姿态各异。 | 人吃了它的肉就不会患上痈肿疾病,还可以治好瘘疮。 |

鸩　明·蒋应镐图本

传说鸩鸟是一种吃蛇的毒鸟，因而它体内也积聚了大量的毒素，甚至连它接触过的东西也不例外。传说鸩鸟喝过水的水池都有毒，其他的动物去喝就必死无疑，人要是不小心吃了它的肉也会被毒死。

麀　清·《禽虫典》　　　麂　清·汪绂图本　　　计蒙　明·蒋应镐图本

| 异兽 | 形态 | 异兆及功效 |
|---|---|---|
| 鸩 | 大小像雕，羽毛为紫绿色，颈部很长，红喙。 | 传说中有毒的鸟。 |
| 计蒙 | 龙首人身，昂头拱手。 | 光山山神，出入处伴着狂风暴雨。 |

**涉蟲**　明·蒋应镐图本

　　神仙涉蟲就住岐山里，其形貌是人的身子，方形面孔，三只脚。

鼍　清·《禽虫典》

传说帝颛顼曾经命鼍演奏音乐,鼍便反转过自己身子,用尾巴敲击肚皮,发出"嘤嘤"的声音。也有人认为鼍能横向飞翔,却不能直接向上腾起;能吞云吐雾,却不能兴风下雨,尾巴一甩就能将河岸崩落,以其他的鱼为食,喜欢晒太阳睡觉。

夔牛　清·汪绂图本

传说夔牛比一般的牛要大很多,重可达数千斤。在钟鼎彝器等青铜器上经常会铸有夔纹。据说是黄帝依照九天玄女的指示将夔杀死,以其皮制成战鼓。

| 异兽 | 形态 | 异兆及功效 |
| --- | --- | --- |
| 鼍 | 形如蜥蜴,长达两丈。 | 传说中的神鱼。 |
| 夔牛 | 体形庞大,堪比大象,重达千斤。 | 光山山神,出入处伴着狂风雨。 |

**怪蛇　清·汪绂图本**

传说这里的怪蛇体长可达数丈,尾巴分叉,食量很大,力气更是惊人,常常埋伏在水中,用尾巴钩取岸上的人、牛、马生吞,所以又叫它钩蛇、马绊蛇。

**窃脂　明·胡文焕图本**

**狚狼　明·蒋应镐图本**

| 异兽 | 形态 | 今名 | 异兆及功效 |
|------|------|------|-----------|
| 窃脂 | 形貌与猫头鹰相似,身上的羽毛却是红色的,长着一个白色的脑袋。 | 小青雀 | 人饲养它可以辟火。 |
| 怪蛇 | 怪蛇体长可达数丈,尾巴分叉。 | | 能吃人。 |
| 狚狼 | 形状和狐狸相似,却长着白色的尾巴,头上还有一对长耳朵。 | | 它在哪个国家出现,哪个国家就会发生战乱。 |

蜼　清·《尔雅音图》

　　据说是一种长尾猿，其身体像猕猴，鼻孔外露上翻，尾巴很长，可达四五尺，它能预报雨水，将要下雨的时候就倒挂在树上，用尾巴或两根手指塞住鼻孔，以免雨水流入，传说古时江东地区的人养过这种长尾猿猴，训练它接物取物，身手甚是矫健。

蜼　明·蒋应镐图本

| 异兽 | 形态 | 异兆及功效 |
| --- | --- | --- |
| 蜼 | 像猕猴，鼻孔外露上翻，尾巴很长。 | 能预报下雨。 |

跂踵　清·《禽虫典》

　　远古人类对鸟的崇拜,体现为将鸟想象成形貌怪异的凶鸟,如生活在复州山的独足怪鸟跂踵;一方面表现在赋予鸟某种神性,如象征太阳神崇拜的鸟形器。

跂踵　明·蒋英镐图本

| 异兽 | 形态 | 异兆及功效 |
| --- | --- | --- |
| 跂踵 | 形状和一般的猫头鹰相似,只长了一只爪子,还长有一条猪尾巴。 | 它在哪个国家出现,哪个国家就会发生瘟疫。 |

**鸜鹆　明·蒋应镐图本**

　　据说,鸜鹆就是八哥,浑身黑色,但翅膀上有一些白色羽毛,展开双翼后就像一个"八"字。据说这种鸟喜欢在水中洗浴,冬天遇到下雪时则喜欢群飞。八哥的舌头很发达,修剪它的舌头能让它效仿人说话。

**龙身人面神　清·汪绂图本**

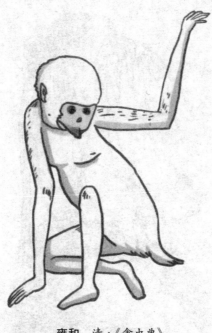

雍和　清·《禽虫典》

　　雍和是一种形似猿猴的灾兽,红眼红嘴,毛呈黄色;它出现的地方,就会发生很恐怖的事件。

耕父　清·汪绂图本

鸩　明·蒋应镐图本

| 异兽 | 形态 | 异兆及功效 |
|---|---|---|
| 雍和 | 形状像猿猴,红眼睛和红嘴巴,黄身子。 | 它在哪个国家出现,哪个国家就会发生恐怖事件。 |
| 鸩 | 形状像野鸡,常以蛰虫为食。 | |

婴勺　清·《禽虫典》

　　婴勺,其外形像喜鹊,却长着红眼睛和红嘴巴,白色的身子,尾巴与酒勺相似,或许,其名正是由此而来,它啼叫的声音就像在呼唤自己的名字。

青耕　明·胡文焕图本

猙　明·蒋应镐图本

| 异兽 | 形态 | 异兆及功效 |
|---|---|---|
| 婴勺 | 外形像喜鹊,红眼睛和红嘴巴、白色的身子,尾巴与酒勺相似。 | 啼叫的声音像在呼唤自己的名字。 |
| 青耕 | 形状像喜鹊,青色身子、白色嘴喙、白色眼睛及白色尾巴。 | 人饲养它可以辟除瘟疫,叫声像在呼唤自己的名字。 |
| 猙 | 形状像狗,老虎一样的爪子,身上布满鳞甲。 | 它擅长跳跃腾扑,人如果吃了它的肉就能预防疯癫病。 |

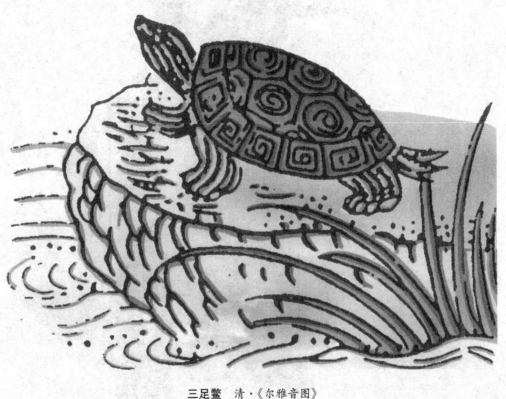

三足鳖　清·《尔雅音图》

　　传说三足鳖的名字叫能,也是大禹的父亲鲧所化。据说人吃了三足鳖就会被毒死,但是这种尾部分叉的三足鳖却是一种良药,吃了可以预防疑心病。

| 异兽 | 形态 | 异兆及功效 |
|------|------|-----------|
| 三足鳖 | 尾巴分叉。 | 吃了它的肉,人就不会患上疑心病。 |

颉　清·汪绂图本

　　据说颉是一种栖息在水中,皮毛青色而形态像狗的动物,就是今天所说的水獭。它嗜好捕鱼,即使饱腹之后,它还会无休无止地捕杀鱼类,以此为乐。水獭十分聪明伶俐,又酷爱捕鱼,经过一段时间的训练,就可以成为一个为渔民效劳的捕鱼能手。

狼　清·《禽虫典》

| 异兽 | 形态 | 异兆及功效 |
|---|---|---|
| 狼 | 形状和一般的刺猬类似,全身毛皮赤红,犹如一团丹火。 | 它在哪个国家出现,哪个国家就会有大瘟疫。 |

**狙如　明·蒋应镐图本**

狙如,其形状与鼩鼠类似,长着白色的耳朵和白色的嘴巴,名字叫狙如,它是一种灾兽,它在哪个国家出现,哪个国家就会兵祸连连。

| 异兽 | 形态 | 今名 | 异兆及功效 |
|------|------|------|-----------|
| 狙如 | 形状与鼩鼠类似,长着白色耳朵和白色嘴巴。 | 伶鼬 | 它在哪个国家出现,哪个国家就会兵祸连连。 |

**狰即　明·蒋应镐图本**

狰即形状像体形高大，皮毛浓密、悍猛
力大的西膜之犬，但却长着红色的嘴巴、红
色的眼睛，身后还有一条白色的尾巴，它也
是一种灾兽，一旦出现，就会发生大火灾，也
有说法认为会有兵乱。

| 异兽 | 形态 | 异兆及功效 |
|------|------|------------|
| 狰即 | 形状像西膜之犬，长着红色的嘴巴、红色的眼睛，白色的尾巴。 | 它一出现，就会发生大火灾。 |

**鸮鵨** 明·胡文焕图本

鸮鵨的形状和一般的乌鸦类似,但却长着红色的爪子,名称是鸮鵨,它是一种吉鸟,人饲养它可以辟火。胡本的鸮鵨为一只大鸟,白色羽毛,而头颈毛色较深,双足有力。

**梁渠** 清·《禽虫典》

| 异兽 | 形态 | 今名 | 异兆及功效 |
|------|------|------|-----------|
| 梁渠 | 形状像野猫,白色的脑袋和老虎的锋利爪子。 | 花面狸 | 它出现在哪个国家,哪个国家就会有兵戈之乱。 |
| 鸮鵨 | 形状像乌鸦,长着红色的爪子。 | | 人饲养它可以辟火。 |

**闻膦** 清·《禽虫典》

　　闻膦的模样和普通的猪相似，但身上的毛皮是黄色的，还长着白色的脑袋和白色的尾巴，名字叫闻膦，它也是一种灾兽，是大风的征兆，一旦出现就会带来狂风。

**彘身人首神** 清·汪绂图本

| 异兽 | 形态 | 异兆及功效 |
|---|---|---|
| 闻膦 | 外形像猪，黄色皮毛，白色脑袋和白色尾巴。 | 它一出现就会带来狂风。 |

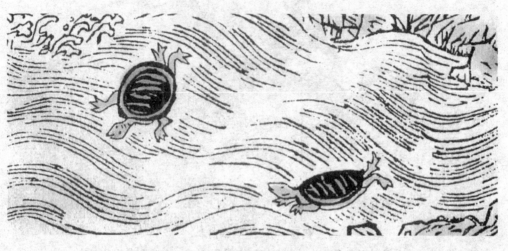

蛫　明·蒋应镐图本

　　蛫是一种吉兽，其形状像乌龟，身体呈现白色，头尾红色。然而，在汪绂的图本中，蛫的形相却像老鼠。在古书记载中，还有称蛫像螃蟹，有六只脚，总之，众说纷纭。

| 异兽 | 形态 | 今名 | 异兆及功效 |
|---|---|---|---|
| 蛫 | 形状像乌龟，白色身子，红色脑袋。 | 缺齿鼹 | 人饲养它，就不会遭受火灾。 |

禺彊 明·蒋应镐图本

　　北方之神禺彊还是北海海神、北风风神,掌管冬季。传说他有两种形象,当他是风神的时候,就是鸟的身子,脚踩两条青蛇,生出寒冷的风;是北海海神的时候则是鱼的身子,但也有手有足,驾驭两条龙。

罗罗 明·蒋应镐图本　　　　　驹騄 明·蒋应镐图本　　　　　駮 明·蒋应镐图本

| 兽名 | 形态及声音 | 产地 | 今名 |
|---|---|---|---|
| 驹騄 | 状如马 | 北海 | 普式野马 |
| 駮 | 状如白马,锯牙,食虎豹 | 北海 | |
| 蛩蛩 | 状如马 | 北海 | |
| 罗罗 | 状如虎 | 北海 | 黑虎 |

狌狌　明·蒋应镐图本

　　狌狌是一种奇兽,形状像长毛猿,长有一对白耳,直立行走,它通晓过去却无法知道未来,传说吃它的肉,可以健步如飞。

犀牛　明·蒋应镐图本

兕　明·蒋应镐图本

| 异兽 | 形态 | 异兆及特异功能 |
|---|---|---|
| 兕 | 似牛,身青黑色,长有一角。 | |
| 犀牛 | 似牛,全身黑色。 | |

**旄马　明·胡文焕图本**

旄马形状与普通的马相似，四条腿上有很长的毛，传说周穆王
西狩的时候，曾经以旄马、豪牛、龙狗和豪羊为牲祭祀文山。

**巴蛇吞象　明·蒋应镐图本**　　　**氐人国　明·蒋应镐图本**　　　**窫窳　明·蒋应镐图本**

| 异兽 | 形态 | 异兆及特异功能 |
|---|---|---|
| 窫窳 | 长着龙头，形状像貙。 | 能吃人。 |
| 巴蛇 | 蛇皮的颜色华丽，由青色、黄色、红色、黑色混杂。 | 能吞下大象，吞下后三年才吐出大象的骨头。 |
| 旄马 | 与马相似，腿上长着长毛。 | 能吃人。 |

**开明兽　明·蒋应镐图本**

　　开明兽面向东方，守护着"百神所在"的宫城。这座山山势险峻，很少有人能攀上这座山。英雄射手后羿曾经登过这座山，为的是向西王母求得长生不老药，嫦娥便是偷吃了这种药才奔向月宫去的。

| 异兽 | 形态 | 异兆及特异功能 |
| --- | --- | --- |
| 开明兽 | 身体像虎，长着九颗人面头颅。 | 昆仑山黄帝帝都的守卫者。 |

**凤皇　明·蒋应镐图本**

　　相传凤皇以美玉为食，琅玕树是专门为凤皇而生的，为的是给它提供食物。三头人离珠，是琅玕树的守护者，每当凤皇飞来，他便采下琅玕，递给凤皇吃。

三头人与琅玕树　明·蒋应镐图本

树鸟　明·蒋应镐图本

开明兽　清·江绂图本

六首蛟　明·蒋应镐图本

| 异兽 | 形态 | 异兆及功效 |
|---|---|---|
| 凤皇 | 头上顶着蛇,脚下踩着蛇,胸前还挂着一条红蛇。 | 祥瑞之神鸟。 |
| 三头人 | 长着三颗头颅。 | 采集琅玕,为凤皇提供食物。 |
| 树鸟 | 六个脑袋的鸟。 | |
| 六首蛟 | 身体与尾巴像蛇,长着四只脚,六个脑袋。 | |

**穷奇** 明·蒋应镐图本

　　有神话传说记载，穷奇颠倒黑白，助纣为虐，专门吃忠信正直的君子，而见到那些恶逆凶残之人，竟然还要捕捉野兽向他们进献，以讨好他们，那副嘴脸就像人群中的小人走狗，人们十分痛恨它。

**鬼国** 清·《边裔典》

**大蜂** 明·蒋应镐图本

**蛫犬** 明·蒋应镐图本

| 异兽 | 形态 | 异兆及特异功能 |
|---|---|---|
| 蛫犬 | 像狗一样，全身是青色。 | 能吃人，从人头开始吃。 |
| 穷奇 | 像老虎，但生有翅膀。 | 吃披着头发的人，从人头开始吃。 |
| 大蜂 | 形状像螽斯。 | |

**驺吾** 明·蒋应镐图本

驺吾是一种仁德忠义之兽,外猛而威内。据说它从不践踏正在生长的青草,而且只吃自然老死的动物的肉,非常仁义,同时驺吾还是一种祥瑞之兽,当君王圣明仁义的时候,驺吾就会出现。

**阘非** 明·蒋应镐图本

**袜** 明·蒋应镐图本　　**环狗** 明·蒋应镐图本　　**戎** 明·蒋应镐图本　　**据比尸** 明·蒋应镐图本

| 异兽 | 形态 | 异兆及特异功能 |
|------|------|----------------|
| 阘非 | 长的面孔,野兽的身体,全身青色。 | |
| 据比尸 | 折断了脖子,披散着头发,少一只手。 | |
| 环狗 | 长着人身兽头。一说像狗,全身黄色。 | |
| 袜 | 长着人的身子,黑色脑袋,眼睛竖立。 | |
| 驺吾 | 大小如老虎,身上有五色斑纹,尾巴长过身子。 | 骑上它可以日行千里。 |

四蛇　明·蒋应镐图本

　　四蛇是诸神与神山的守卫者,又是灵魂世界的指引者,蛇属水 与帝颛顼北方水神的神格相合,因此又是颛顼的动物伙伴。在战国时期的青铜器的纹饰中,经常会出现四蛇的形象,表明其具有神圣的功能。

五彩鸟　明·蒋应镐图本

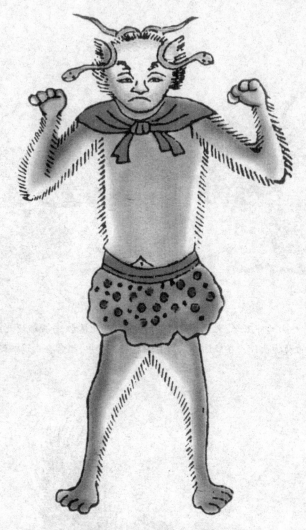

**奢比尸**　明·蒋应镐图本

尸象是《山海经》中很特殊的神话现象,指的是
某些神由于各种不同原因被杀,但其灵魂不死,以
"尸"的形态继续活动。《山海经》中尸象共二十处。
如奢比尸、祖状尸、子夜尸、据比尸等。

| 异兽 | 形态 | 异兆及特异功能 |
|---|---|---|
| 奢比尸 | 人面兽身,长着硕大的耳朵,上挂两条青蛇。 | 那里的人都姓勾。 |
| 五彩鸟 | 长着五彩羽毛的鸟。 | 掌管天帝帝俊的祭坛。 |

**双双** 清·郝懿行图本

　　双双这种奇兽身体虽然连在一起，却有各自独立的心志，只不过碍于身体相连，同行同止罢了。也有人认为双双是种奇鸟，是三青鸟的合体，在一个身子上生着两个头，尾部有雌雄之分，所以一只双双鸟便是一对夫妇，它们双宿双飞，常被用来比喻爱情。

**跊踢** 明·蒋应镐图本　　　**双双** 明·蒋应镐图本　　　**玄蛇** 明·蒋应镐图本

| 兽名 | 形态及声音 | 产地 |
|------|-----------|------|
| 跊踢 | 左右两个头。 | 南海之外，赤水之西，流沙之东。 |
| 双双 | 三只青鸟相连。 | 南海之外，赤水之西，流沙之东。 |

**天犬** 明·蒋应镐图本

天犬是一种红颜色的狗,它所降临的地方就会发生战争。相传它奔跑的速度非常的快,天上流星,就是天狗飞奔而过留下的痕迹。

**屏蓬** 明·蒋应镐图本

**人面虎身神** 清·汪绂图本

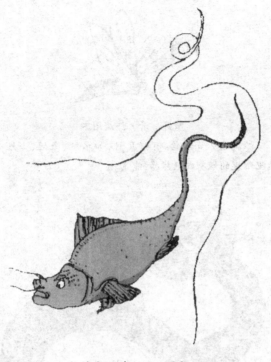

**鱼妇** 清·汪绂图本

　　鱼妇半身偏枯,半人半鱼,据说是颛顼死而复苏变化成的。相传颛顼死去的时候,大风从北方吹来,泉水涌动,蛇变成了鱼,颛顼趁着蛇鱼变化未定之时,托体于鱼的躯体死而复生,人们将这种生命称之为鱼妇。

**互人** 清·汪绂图本　　　　　　　**鹑鸟** 明·蒋应镐图本

| 异国 | 形态特征 | 风俗习惯 |
|---|---|---|
| 互人国 | 人的面孔,鱼的身子,没有脚。 | 能腾云驾雾,上下于天地之间。 |

蜚蛭　清·汪绂图本

蛭属于环节动物,有好几种,如水蛭、鱼蛭、山蛭等。
这里所说的蛭有四只翅膀,能飞。

琴虫　清·汪绂图本

琴虫长有蛇的身体和兽的脑袋,长于肃慎国,相传肃慎国人居住在洞穴中,到
了冬天就用猎物油膏在身体上涂抹厚厚一层,以此来抵御风寒。

| 异国 | 风俗习惯 | 奇闻逸闻 |
| --- | --- | --- |
| 胡不与国 | 姓烈,吃黄米。 | |
| 肃慎国 | | 有长着四只翅膀,能尺的蛭。有长着野兽头的蛇,名叫琴虫。 |

猎猎　清·《禽虫典》

猎猎这种野兽生长在叔歜国内,它的毛色漆黑,体型如熊。

猎猎　清·汪绂图本

| 异国 | 风俗习惯 | 奇闻逸闻 |
|------|----------|----------|
| 大人国 | 前文所提大人国。 | 详见第九卷《海外东经》。 |
| 叔歜国 | 吃黄米,能驱使四种野兽。 | 有一种如熊状的野兽。 |
| 北齐国 | 姜姓,能驱使四种野兽。 | |

**鸟氏**　明·蒋应镐图本

鸟氏就是古书中所记载的鸟夷。鸟夷是位于东方的一个原始部落，那里的人都是鸟首人身。相传这种人鸟合体的形象，属于以鸟为信仰的部族。

**蝡蛇**　清·汪绂图本

蝡蛇身体呈赤红色，它的性情温顺，盘绕在树上，以吃树木的枝叶为生，绝对害鸟兽。

| 异国 | 形态特征 | 奇闻逸闻 |
|------|----------|----------|
| 盐长国 | 个个长着鸟头，长喙、圆眼。人称鸟氏。 | 相传是颛顼后裔大廉的后代。 |

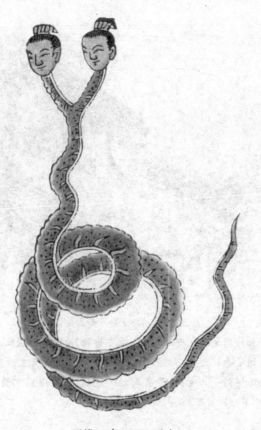

**延维　清·汪绂图本**

　　延维又叫委蛇、委维，或委神，是水泽之神。相传谁看见他谁就能称霸天下，所以他不是一般人所能见到的。传说齐桓公在大泽狩猎时，曾经看到了延维，后来果然成为春秋五霸之一。

**菌狗　清·汪绂图本**

玄豹　清·《吴友如画宝》

　　相传周文王在与商纣王一战中惨败，被囚禁于监狱，周人觉得受到了奇耻大辱。文王手下有一名贤臣叫散宜生，一天他在怀涂山得到一只玄豹，带去向纣王进献，纣王得到玄豹非常高兴，才下令释放西伯。

翳鸟　明·蒋应镐图本

玄狐　清·吴文焕图本

| 国家或民族 | 形态特征 | 奇闻逸闻 |
|---|---|---|
| 氐羌族 | 西部游牧民族。 | 商末曾追随武王伐纣。 |
| 大幽国 | 膝盖以下是红色的。 | 穴居，不穿衣服。 |

# 第二十三章 《山海经》地理考

| 地名 | 今名 | 讲解 |
|------|------|------|
| 鹊山 | 今南岭山脉 | ①此山极可能是南岭山脉,横跨今广东、广西、湖南、江西、贵州等地。②可能是广西漓江上游的猫儿山,是五岭之一的越城岭主峰,因起顶峰形状似猫而得名。 |
| 招瑶山 | 今广西猫儿山 | 猫儿山位于广西壮族自治区,是南岭山地的组成部分。 |
| 丽麂水 | 今漓江 | 发源于猫儿山的漓江,位于广西,全长 426 公里。 |
| 西海 | 古桂林水泽 | 位置约位于广西桂林附近,该水泽现已湮没无存。 |
| 猨翼山 | 今云开大山 | ①按照里程计算,猨翼山极有可能是位于两广交界处的云开大山。②如果按照堂庭山在湖南境内的说法,猨翼山也应在湖南。 |
| 杻阳山 | 今广东方山 | ①按里程推算,杻阳山为广东方山。②杻阳山可能是广东的鼎湖山,为岭南四大名山之首。 |
| 宪翼水 | 今广东的西江,北江 | 西江与北江交错而分支众多,水形犹如鸟翼,因此称宪翼水。 |
| 怪水 | 今广东北江 | 三水会合而东流,又分出三支,北江及其支流连江形势与此相似。 |
| 柢山 | 今广东大罗山 | 根据里程推算,柢山是今广东境内的大罗山,发源于北江之西支。 |
| 亶爰山 | 今广东境内 | ①根据里程推算,应在今广东南雄市境内。②可能是今广东新丰县的九连山。③位于江西与广东两省边境南岭的"五岭"之一。 |
| 基山 | 今广东境内 | 根据里程推算,基山可能在今广东境内。 |
| 青丘山 | 今广东省的灵池山 | 位于中国广东省翁源县东部,北接仙霞岭,南接九连山。 |
| 箕尾山 | 今福建省的太姥山 | 位于今福建省福鼎市境内,北距温州市 150 公里,背山面海。 |
| 柜山 | 今仙霞岭 | ①柜山是与武夷山相连的仙霞岭,其主峰大龙岗海拔 1503 米。②武夷山脉腹地,位于湖南西北部。 |
| 诸毗 | 今浙江的钱塘江 | 发源于安徽省的黄山,河流全长 688 公里。 |

| 地名 | 今名 | 讲解 |
|---|---|---|
| 赤水 | 今闽江上游 | 水流浑浊,因沙溪、金溪、富屯溪、崇溪、南浦溪、东溪六大溪流的泥沙在南平县汇合。 |
| 长右山 | 今湖南雪峰山中段 | 主体位于湖南中部和西部,是湖南境内重要的山脉。 |
| 尧光山 | 今湘鄂边界的山脉 | 属罗霄山脉北支,长120余里。 |
| 羽山 | 具体名称不详 | 按里程推测,羽山应在浙江或江西境内。 |
| 瞿父山 | 今浙江三衢山 | 位于浙江衢州常山县城北10公里处。 |
| 句余山 | 今浙江四明山 | 位于浙江省东北部,是天台山向北延伸的支脉。 |
| 浮玉山 | 今浙江天目山 | 位于浙江省西北部,长200公里,宽60公里。 |
| 苕水 | 今浙江苕溪 | 位于浙江省西北部,因流域内的芦花飘飞而得名。 |
| 成山 | 今浙江富春山 | 位于浙江省桐庐县南部,又叫严陵山。 |
| 虖勺 | 今浙江富春江 | 位于浙江省钱塘江的上游。 |
| 会稽山 | 今浙江会稽山 | 位于浙江省中东部,西南一东北走向。 |
| 勺水 | 今浙江金华江 | 是钱塘江最大的支流,由义乌江、武义江汇合而成。 |
| 夷山 | 今天台山 | ①有一种说法认为,"又东五百里,曰夷山"应为"又东南五百里"。这样推算,夷山就是今天台山,也就是佛教天台宗与道教南宗的发祥地。②根据原句推断则为今浙江括苍山,位于浙江中部,为福建洞观山脉向北延伸而成。③位于福建境内。 |
| 列涂 | 今云江 | 位于丰溪的下游,因分支多、泥沙多而得名。 |
| 仆勾山 | 今浙江一山脉 | ①依据夷山的第一种说法推算,仆勾山也就是今浙江鄞县自崎头山至王海尖一带的山脉。②如果夷山在福建境内,可推仆勾山也在福建境内。 |
| 咸阴山 | 今白象山 | 位于象山港水之南、天台山及临海群山之北,山北水南为阴,故此名为咸阴山。 |
| 洵山 | 今浙江大罗山 | 浙江临海县东的群山,最高峰就是大罗山。 |
| 虖勺山 | 今松阴溪北诸山 | 今松阴溪以北诸山。 |
| 湝水 | 今浙江瓯江 | 浙江省第二大河流,古称"慎江"。 |
| 区吴山 | 今括苍山及北雁荡山 | 位于浙江省温州市,北雁荡山以奇峰和瀑布著称。 |
| 鹿水 | 今丽水 | 古人以山名水,鹿水源于鹿吴山,因此而得名。 |
| 漆吴山 | 今舟山群岛 | 舟山群岛众多岛屿罗列,在东海的波光之间忽隐忽现,因此才有"是惟日次"之说。 |

| 地名 | 今名 | 讲解 |
|------|------|------|
| 天虞山 | 今青山山脉 | ①位于缅甸西北部,也称名夷山脉。②依据南次二山经山水位置推算,应在今广东境内。 |
| 祷过山 | 今若开山脉 | ①位于缅甸西北部,也称阿拉干山脉。②假设天虞山在广东境内,以此类推,祷过山也在广东境内。 |
| 丹穴山 | 今勃固山脉 | 位于缅甸中南部,此山南北延伸435公里。 |
| 丹水 | 今流溪河 | ①依据丹穴山位置推断,丹水应是锡唐河。②依据原文来推算,丹水应是今广东境内的流溪河。 |
| 发爽山 | 今广西金秀瑶山 | ①根据丹穴山位于缅甸境内的这一说法推断,发爽山应当是缅甸东部的山脉。②依据原文,此山可能在广西境内的大瑶山中段,又称为金秀瑶山。 |
| 旄山 | 今广东罗浮山 | ①依据发爽山是缅甸东部的山脉推断,旄山就是泰国清迈西南部的长岭。②依据原文,此山为广东的罗浮山,横跨博罗县、龙门县、增城市三地。 |
| 灌湘山 | 今广西境内 | ①依据鸡山与黑水的位置推测,灌湘山为位于云南景洪与琅勃拉邦之间的山脉。②阳夹山在广西境内,由此可推断灌湘山也在广西境内。 |
| 鸡山 | 今广东桂山 | ①因黑水出于鸡山,而又位于澜沧江上游,由此可推断,鸡山乃是云南景洪的山脉。②依据原文可推,鸡山乃是广东韶关的桂山。 |
| 令丘山 | 今老挝长岭 | ①按照山川的走向可推断,令丘山就是老挝的长岭,最高处有五千多尺。②依据原文,从鸡山的位置推断,令丘山大约在今广东或广西境内。 |
| 禹橐山 | 今广东白云山 | ①按照山川的走向可推断,禹橐山乃是云南无量山,向南一直延伸到老挝的群山。②依据原文可推断,此山应为广州白云山,东北一西南走向,总面积约28平方公里。③依据地理地貌的特点,此山起自广东广西交界处。 |
| 仓者山 | 今北亚山脉 | 根据原文推断,此山为老挝镇宁高原的北亚山脉。 |
| 南禹山 | 今广东番禺山 | ①根据原文,按照山川的走向可推断,南禹山就是云南的哀牢山,云南省中部的山脉,为云岭向南的延伸,是云贵高原与横断山脉的分水岭,也是云江与阿墨江的分水岭。哀牢山走向为西北一东南,全长约500公里。②根据上面的推断,又因"南禹"的读音与"番禺"相似,据此推测也可能是广东境内的番禺山。 |

| 地名 | 今名 | 讲解 |
|---|---|---|
| 佐水 | 今元江 | 依据原文推断,佐水乃今越南的红河,是越南西北部最大的河流,在中国境内称为元江;红河呈西北—东南走向,经北部湾后进入南海。 |
| 钱来山 | 今河南境内 | 据考证,文中所提到的华山乃五岳中的西岳,依据原文推算,钱来山在华山东105里,那么,此山则是河南洛南县与卢氏县的界山。 |
| 松果山 | 今松果山 | 位于陕西潼关县南10公里的安乐乡。 |
| 濩水 | 今潼河 | 在陕西境内,流经潼关之后,进入黄河、渭河。 |
| 渭水 | 今渭河 | 发源于甘肃省渭源县,是黄河最大的支流,最后,汇入黄河。 |
| 太华山 | 今华山主峰 | 按里程推算,太华山就是五岳中西岳华山的主峰。 |
| 小华山 | 今陕西少华山 | 同华山并称为"二华",因其低于华山,又名少华山。位于陕西省华县少华乡。 |
| 符禺山 | 今郑县附近 | 根据《太平寰宇记》的记载,符禺山应该在郑县西南一百里处。 |
| 符禺水 | 今陕西沙沟水 | 根据《水经注》的记载,可推断出符禺水即为陕西沙沟水。 |
| 石脆山 | 今陕西二龙山 | 有"二龙山为赤水源"之说,因此,石脆山就是今陕西境内的二龙山。 |
| 英山 | 今陕西境内 | 根据《水经注》内容考证,可推断,英山位于陕西华县的西南部。 |
| 招水 | 今皂水 | ①根据原文各个山川河流位置及范围的推测,招水即今陕西淮南的皂水,其读音也颇为类似。②因"招水处于英山",很有可能招水又是陕西境内的灞河,属于渭河南岸的一级支流。 |
| 竹山 | 今陕西公王岭 | 根据原文推测,可能是陕西境内华县的公王岭。 |
| 竹水 | 今山西大赤水 | 根据所推竹山的位置,可推知竹水就在山西境内,也叫大赤水。 |
| 洛水 | 今洛河 | 根据丹水的位置即可推测出洛水,也就是今天的陕西洛河,是黄河下游南岸的一个大支流,全长453千米。 |
| 浮山 | 今陕西临潼县西南 | 此结论依据《水经注》记载所进行推断。 |
| 翰次山 | 今陕西终南山 | 位于陕西省蓝田县的终南山,又名太乙山,属于秦岭山脉中的一段。 |
| 漆水 | 今陕西漆水河 | 位于陕西省中部偏西北的地方,属于渭河的支流。 |
| 时山 | 今钟南山山脉 | 依据原文推测,自翰次山向西一百五十里依然是钟南山的山脉。 |
| 南山 | 今首阳山 | ①根据里程计算,是首阳山,位于渭源县东南部。②可能是钟南山的简称。 |

| 地名 | 今名 | 讲解 |
|---|---|---|
| 大时山 | 今陕西太白山 | ①依据通鉴地理通释推断,此大时山就是今天通称的秦岭。②依据原文推断,此山应是陕西境内的太白山,是秦岭山脉的主峰,海拔3767米。 |
| 涝水 | 今斜水 | 又名石头河,是渭河南岸支流之一,位于陕西宝鸡境内,发源于秦岭北麓。 |
| 清水 | 今紫金河 | 根据里程推算,清水是褒水的上源,也就是紫金河。 |
| 汉水 | 今汉江 | 发源于陕西汉中,是长江最大的支流,长1532千米。 |
| 嶓冢山 | 今陕西嶓冢山 | ①位于陕西省宁强县境内。②也可能是甘肃境内的嶓冢山。 |
| 沔 | 今汉江支流 | 古代把汉水称为沔水。此处的沔应该是汉江的一个支流。 |
| 天帝山 | 今太白山 | ①太白山,位于陕西境内,秦岭山脉的主峰,海拔3767米,是我国大陆东部的第一高峰。②依据《禹贡》中的记载,此山是陕西省天水市的高山。 |
| 皋涂山 | 今甘肃峪儿岭 | 位于甘肃省岷县境内。 |
| 蔷水 | 今洮河支流 | 依据原文推断,蔷水可能是甘肃洮河的一个支流。 |
| 诸资水 | 今洮河 | 诸资水即为洮河或者由洮河等汇聚而成的沼泽。 |
| 涂水 | 今水流总称 | 涂水即为岷江源头与汉江源头诸水流的总称。 |
| 集获水 | 今甘肃白龙江 | 发源于岷山北麓,是嘉陵江的一个支流。 |
| 黄山 | 今东山 | 盼水、赤水皆出于黄山,可推测黄山就是临洮县的东山。 |
| 盼水 | 今北山河 | 盼水,即为甘肃会川县北山河,最后流入洮河。 |
| 赤水 | 今洮河 | ①洮河是黄河水系上游的重要支流,因洮河多泥沙,因此得名"赤水"。②赤水出于黄山,可能是指黄河,因泥沙多,水色多呈赤红。 |
| 翠山 | 今青海小积石山 | ①根据里程及山上的动物与植物种类来推断,翠山即为青海西宁的小积石山。②根据以上推断黄山的位置来推测,翠山在甘肃境内。 |
| 钤山 | 今山西稷山 | 位于山西省的西南部,距太原市410公里,在运城市的正北,同西山首经中的钱来山隔着黄河、汾河相互遥望。 |
| 泰冒山 | 今陕西西山 | 位于陕西韩城附近的西山,又名中峙山、西峙山。 |
| 洛水 | 今陕西洛河 | 发源于陕西洛南县洛源乡的木岔沟,洛河是黄河下游南岸的一个大支流,在巩义市螺口以北注入黄河。 |

| 地名 | 今名 | 讲解 |
|---|---|---|
| 河 | 今黄河 | 古人仅称为"河"或者"河水",而不道其全明者,大都指黄河,这里即指黄河。然而,因黄河在古时多次改道,所以,同今天看到的黄河不尽一致。 |
| 数历山 | 今陕西境内 | 依据里程推算而出。 |
| 楚水 | 今陕西石川河 | 位于陕西耀县,是渭河的一个支流。 |
| 高山 | 今米缸山 | 古时称为高山或者美高山,位于宁夏六盘山山脉中,海拔2942米,既是固原市原州区同隆德县、泾源县的分界,又是六盘山的主峰。 |
| 泾水 | 今泾河 | 是渭河的一个支流,此河有两个源头,南部源于宁夏泾源老龙潭,北部源于宁夏固原的大湾镇,二者在甘肃平凉附近汇合后,一路向东南,沿途不断有支流汇入,形成辐射状水系,最后,在陕西高陵县附近,注入渭河。 |
| 女床山 | 今六盘山 | ①根据山中物产及地理位置来推断,女床山在宁夏回族自治区西南部及甘肃省的东部,也就是六盘山。②根据其里程来推算,此山可能是陕西宝鸡市内的岐山。 |
| 龙首山 | 今陇山 | 依据里程计算,此山应是陇山,位于陕西和甘肃两省的交界处。是渭河与泾河的分水岭。同时,也是陕北的黄土高原和陇西黄土高原的界山。 |
| 苕水 | 今散渡河 | 发源于华家岭牛营大山,是渭河的主要支流之一。 |
| 鹿台山 | 今东山 | 根据其里程推算,此山为甘肃岷县的东山。 |
| 鸟危山 | 今甘肃陇西县西南部的山脉 | 根据其里程推算。 |
| 鸟危水 | 今洮河 | ①因其山水同名,可推断此河为黄河上游的一个支流,很有可能是洮河。②依据原文推断,此水即为甘肃会宁祖历河,或者是祖历河上游的一个支流。 |
| 小次山 | 今旗堡寺山 | 根据原文中的里程和所处位置推断,小次山即是甘肃境内的旗堡寺山。 |
| 大次山 | 今岷山 | 位于甘肃西南、四川北部,西北一东南走向,是中国西部的一座大山。 |
| 熏吴山 | 今青海郭罗山 | 位于青海省境内。 |
| 底阳山 | 今巴颜喀拉山 | 位于青海省中部偏南,西北一东南走向,昆仑山脉的东延部分,是黄河与长江源段的分水岭。 |

| 地名 | 今名 | 讲解 |
|---|---|---|
| 众兽山 | 今巴颜喀拉山 | 巴颜喀拉山全长780千米,厎阳山向西二百五十里,依然在巴颜喀拉山的范围之内。 |
| 崇吾山 | 今祁曼山 | ①位于新疆维吾尔自治区若羌县与且末县的南面,隶属昆仑山系。②崇吾山可能在青海省海西蒙古族藏族自治州乌兰县茶卡镇附近。 |
| 冢遂 | 今阿尔金山中的峡谷 | 古时,"遂"有山间峡谷之意。 |
| 搏兽丘 | 今白山长岭 | 位于明铁盖达坂山口的白山长岭。 |
| 蠕渊 | 今茶卡盐湖 | ①位于阿尔金山与祁曼山之间,是柴达木盆地的尽头。②假设崇吾山在茶卡盐湖附近,那么,蠕渊即茶卡盐湖。 |
| 长沙山 | 今长岭 | 位于白大山西北长三百里的长岭,东起哈拉木兰河主流,西至玉龙哈什河主流。 |
| 不周山 | 隶属昆仑山系 | 不周山为昆仑山系中的一座雪山,西起叶城县,东到和田县,山脉走向呈爪字形。 |
| 峚山 | 今新疆密尔岱山 | 依据山川地貌推测,此山为新疆叶城县的密尔岱山,因为此山生产"西城玉",与文中所述相吻合。 |
| 丹水 | 今玉河 | 因其上游有温泉,所以会出现文中所述"沸沸汤汤"的景象。 |
| 稷泽 | 今已干涸为沙漠 | 此河原址应在叶尔羌西北部,英吉沙尔东南部。 |
| 钟山 | 一座产玉的山 | ①钟山是一座盛产玉的山,即为新疆英吉沙县的一个山脉,同密尔岱山相对。②依据山川里程来推算,钟山应该在现在的青海省境内。 |
| 泰器山 | 具体名称不详 | 依据钟山在青海省境内,再向西一百八十里,泰器山就在今甘肃境内。 |
| 观水 | 今听难阿布河 | 据原文推断,观水为白昆仑山口的两条溪流的合流,统称为听难阿布河。 |
| 流沙 | 今白龙堆沙漠一带 | 古时指中国西北部的沙漠地区。 |
| 槐江山 | 今英峨奇盘山 | ①依据原文里程推测,槐江山即为密尔岱附近的英峨奇盘山。②此山可能位于新疆与甘肃交界处。 |
| 丘时水 | 今喇斯库木河 | 丘时水发源于槐江山,即为喇斯库木河。 |
| 恒山 | 具体名称不详 | 有学者认为"恒"应为"垣",也就是四面环绕的意思。 |
| 淫水 | 可能为洪水 | 这里的淫水很可能不是一条河流,而是从山上流下来的洪水。 |

| 地名 | 今名 | 讲解 |
|---|---|---|
| 昆仑山 | 今黄穆峰 | 从不周山推算，向西南四百里，即是昆仑山中的最高峰，也就是黄穆峰。 |
| 河 | 今塔里木河 | 是中国第一大内流河，由阿克苏河、叶尔羌河以及和田河汇流而成，全长 2179 公里。 |
| 无达水 | 今塔里木河 | 塔里木河是内流河，汛期没有固定的河槽，河流容易改道；枯水期又会时常断流，因此，称为"无达"。 |
| 汜天水 | 今疏流河 | 发源于青海省祁连山脉西段疏流南山和托来南山之间，注入哈拉湖。 |
| 洋水 | 今阿姆河 | 发源于帕米尔高原东部的高山冰川，是中亚流程最长、水量最大的内陆河。同时，也是阿富汗与塔吉克斯坦的界河。 |
| 丑涂水 | 一条大河 | 阿姆河在阿富汗与塔吉克斯坦的边界形成的大河，即为丑涂水。 |
| 乐游山 | 具体名称不详 | 根据山川里程推算，乐游山应在青海省境内。 |
| 嬴母山 | 今乌鲁瓦特山 | 位于今疏勒的西北部。 |
| 玉山 | 今新疆和田市产玉的山区 | 根据原文推测，这座山是因为到处是玉石，才命名为玉山的。 |
| 轩辕丘 | 今科克山 | 与昆仑山相距七百多里。 |
| 积石山 | 今青海阿尼玛卿山 | 为藏族"四大神山"之一。位于青海省东南部的果洛藏族自治州玛沁县雪山乡，总长 28 公里。 |
| 长留山 | 今布尔汗布达山东北部的山脉 | 位于柴达木盆地的东南侧，因为在其西部有很多河流注入盆地，所以，叫做长留山。 |
| 章莪山 | 具体名称不详 | 位于青海都兰县汗布达山区中的某个山脉。 |
| 浊浴水 | 今青海塔塔棱河 | 位于青海省境内。 |
| 番泽 | 今青海巴嘎柴达木湖 | 位于青海省境内。 |
| 阴山 | 今巴嘎柴达木湖南的山脉 | 巴阴河环绕在阴山的北、东、南三面，水南曰阴，因此，称为阴山。 |
| 符惕山 | 今祁连山中的某一山岭 | 该山脉的正南与西南皆为盆地，西北与东南多水泽，东北有山脉阻隔。 |
| 三危山 | 今三危山 | 又名卑羽山，位于甘肃敦煌市，主峰与莫高窟相对，三峰耸立，故称三危山。 |
| 騩山 | 今金山 | 位于阿克塞哈萨克族自治县，过去是人迹罕至的地方。 |

| 地名 | 今名 | 讲解 |
|---|---|---|
| 阴山 | 今将军山 | 依据注入洛河的阴水来推断,水源的东山即为此山。 |
| 阴水 | 今石门河 | 依据原文,符合注入洛河条件的只有石门河。 |
| 劳山 | 今要险山 | 劳山位于陕西甘泉县。 |
| 弱水 | 今甘泉河 | 发源于劳山的弱水可能为流经陕西甘泉县的甘泉河。 |
| 罢父山 | 今原要险山 | 劳山向西五十里,即为此山,因其山北有幕府沟,取其谐音而得名。 |
| 洱水 | 今仙官河 | ①发源于罢父山而又注于洛水的河,即为仙官河。②依据地理位置推测,可能是今周河。 |
| 申山 | 今黄龙山 | ①依据区水的位置推算得出。②根据里程推算,可能是陕西安塞县北的芦关山。 |
| 区水 | 今白水川 | ①区水在仕望川南,向东流注入黄河,符合此推断的即为白水川。②可能是今陕西延安的延河。 |
| 鸟山 | 今大盘山 | 位于仕望川源头。 |
| 辱水 | 今仕望川 | ①依据鸟山位置推算得出。②若区水师延安的延河,辱水可能是今陕西的清涧河。 |
| 上申山 | 今甘肃崆峒山 | 此山位于甘肃省平凉市城西,属于六盘山的支脉,是古代丝绸之路西出关中的要塞。 |
| 汤水 | 今云岩河 | 位于延河之南,向东注入黄河。 |
| 诸次山 | 今梁山 | 假设延河就是诸次水,该河源于梁山,那么,诸次山即为梁山。 |
| 诸次水 | 今延河 | 依据原文中"端水"的位置来推断,在清涧河的南部,向东注入黄河的即是延河。因此,延河即为诸次水。 |
| 号山 | 今高柏山 | 端水发源于号山,而清涧河即为端水,则号山即为今日的高柏山。 |
| 端水 | 今清涧河 | 位于无定河之南,向东注入黄河。 |
| 盂山 | 今陕西横山 | 位于陕西省北部,即陕北黄土高原与风沙高原的过渡区。 |
| 生水 | 今陕西无定河 | 位于陕西省北部 |
| 白於山 | 今陕西白干山 | 位于陕西省北部、宁夏回族自治区南部、甘肃省东南部与内蒙古自治区西南部边缘接壤地带。 |
| 夹水 | 今红柳河 | 依据洛河、渭河的位置来推断,夹水在无定河的上游,即为陕西的红柳河。 |

| 地名 | 今名 | 讲解 |
|---|---|---|
| 申首山 | 今虎头山 | 泾谷是六盘山的水沟梁，在此向东55里，即为虎头山，也就是申首山。 |
| 申水 | 今蒲河 | 位于虎头山之下。 |
| 泾谷山 | 今水沟梁 | 依据泾水发源的山脉类推，泾谷山即为水沟梁。 |
| 泾水 | 今泾河 | 渭河最大的支流，南北两个源头，南部源于宁夏泾原老龙潭，北部源于宁夏固原大湾镇。 |
| 刚山 | 今平川区最高峰 | 依据里程推算，即为祁连山东延余脉，主峰海拔2858米。 |
| 洛水 | 今甘肃清水河 | 位于宁夏境内，是黄河上游的支流。 |
| 英鞮山 | 今甘肃乌鞘岭 | 此山位于甘肃省天祝藏族自治县中部，为陇中高原和河西走廊的天然分界。 |
| 浣水 | 今甘肃石羊河 | 位于甘肃河西走廊东端，发源于南部祁连山，消失于民勤盆地的北部。 |
| 陵羊泽 | 今甘肃白亭海 | 位于甘肃省武威市民勤县北部湖区，古时又称鱼海子。 |
| 中曲山 | 具体名称不详 | 今天梯山与平羌雪山组成一个"卜"字，即为中曲山。 |
| 邦山 | 今燕麦山 | 依据山川里程计算。 |
| 濛水 | 今青海北川河 | 位于青海省西宁市二十里铺镇。 |
| 洋水 | 今青海湟水河 | 又名西宁河，位于青海省东部，发源于海晏县包呼图山。 |
| 鸟鼠同穴山 | 今甘肃鸟鼠山 | 位于甘肃省渭源县西南郭，海拔3495米，属于西秦岭的北支。 |
| 崦嵫山 | 今大通雪山 | 此山即为神话传说中太阳落入的地方，山下有濛水，水中有虞渊。 |
| 苕水 | 今哈伦乌苏河 | 苕水流入的海即为青海湖，符合条件的有两条河，一条为倒淌河，已考证为鵊山凄水。另二条即为哈伦乌苏河，即为苕水。 |
| 单狐山 | 今库斯浑山 | ①依据推测，应为库斯浑山，此山上分东西岭，下分南北岭，共有五大山岭，数十个小岭。②依据《西山经》中山川河流的推测，单狐山应是今贺兰山的一部分。 |
| 漨水 | 今乌兰苏河 | 单狐山为库斯浑山，漨水即为乌兰苏河。 |
| 泑水 | 今葱岭北河 | ①乌兰苏河向下注入葱岭北河，有此可推，泑水可能为葱岭北河。②乌兰苏河注入葱岭北河后又注入塔里木河，因此，泑水也有可能是塔里木河或其支流。 |

| 地名 | 今名 | 讲解 |
|------|------|------|
| 求如山 | 今苏浑山 | ①库斯浑山向北二百五十里是天可汗岭,也就是天山主脉,因此,求如山即为天可汗岭及其西之青砂岭的总称苏浑山。②根据里程推测,求如山可能是宁夏、内蒙古交界处的贺兰山的一部分。 |
| 滑水 | 今喀什噶尔河 | ①求如山是苏浑山,滑水即为喀什噶尔河。②求如山是宁夏、内蒙古交界处的贺兰山的一部分滑水即为汉中的滑水河。 |
| 带山 | 今哈拉钱客套山 | ①若求如山是今苏浑山,则带山就应该在青砂岭与苏浑山之间,此山东西间距很长,形状像一条带子,因此而得名。②依然在贺兰山中,为今宁夏、内蒙古交界处的贺兰山的一部分。 |
| 谯明山 | 今青砂岭 | ①根据山川道里计算,可推算为今乌什县的青砂岭。②从贺兰山向北四百里是今内蒙古的卓资山。 |
| 涿光山 | 今卓资山的一部分 | ①若谯明山是内蒙古境内的卓资山,那么,卓资山向北三百五十里依然属于卓资山的范围。②依据山川道里计算,涿光山应为天可汗岭西南及其以下南行各分支山岭的总称。 |
| 嚻水 | 今阿克苏河 | 河水从山上咆哮而下,声音如雷,故得嚻水之名。 |
| 虢山 | 今拜城的北山 | 为哈雷客套山向西,一直到木素尔山以及向南的一系列山脉的总称。 |
| 虢山尾 | 今秀德尔山与帖尔斯克山 | 是一个海拔急剧下降的山岭。 |
| 鱼水 | 今伯什克勒克河 | 虢山的东北部,向西注入黄河的河,仅有这一条,也就是伯什克勒克河。 |
| 丹熏山 | 具体名称不详 | 依据里程推测,此山在内蒙古境内。 |
| 棠水 | 今科尔楚草湖或哈卡里克草湖 | 依据丹熏山的位置推测。 |
| 熏水 | 具体名称不详 | 一条注入草湖的河流。 |
| 石者山 | 今库尔泰山 | 因"瑶、碧"可能为孔雀石,而库尔泰山多铜矿。 |
| 泚水 | 今孔雀河 | 又称饮马河,发源于博斯腾湖,终点为罗布泊。 |
| 边春山 | 今葱岭的一部分 | 依据里程推算。 |
| 蔓联山 | 今珠勒都斯山 | ①依据前文石者山为库尔泰山推测。②依据山川里程计算,此山应在内蒙古境内。 |

| 地名 | 今名 | 讲解 |
|------|------|------|
| 单张山 | 今内蒙古境内 | ①若蔓联山在内蒙古境内,那么,单张山也应在内蒙古境内。②依据栎水的位置,可推断单张山为哈布岭向西至博罗蕴山之间的一系列山脉。 |
| 栎水 | 今塔拉斯河 | 该河一部分在吉尔吉斯斯坦境内,文中所述"杠水",即为海都河。 |
| 灌题山 | 今天格尔山 | ①其海拔为3700~4480米,雪线的平均高度约为4055米。②若单张山在内蒙古境内,则灌题山也在内蒙古境内。 |
| 匠韩水 | 今巴伦哈布齐垓河 | 此河经海都山,注入孔雀河,后进入罗布泊。 |
| 潘侯山 | 具体名称不详 | 今蒙古国木伦北,萨彦岭的一座山,海拔1700米。 |
| 边水 | 今白杨河 | 位于新疆哈密的白杨河。 |
| 栎泽 | 今觉罗浣 | 又名艾丁湖,位于新疆维吾尔自治区吐鲁番市东南30公里,是全国最低的洼地,也是世界上主要洼地之一。 |
| 小咸山 | 今友谊峰 | 海拔4374米,为阿尔泰山脉塔蓬博格多山脉中的主峰,耸立在中、蒙两国国界上。 |
| 大咸山 | 今喀尔雷克山 | 位于哈密东北部,此山四方险峻,不能攀爬。 |
| 敦薨山 | 今甘肃马鬃山 | 敦薨,即为甘肃省敦煌市。敦薨山位于甘肃省河西走廊北端。 |
| 敦薨水 | 今甘肃弱水 | 又称额济纳河,流经甘肃省西北部和内蒙古自治区西部。 |
| 少咸山 | 今采凉山 | 依据原文推测,应是山西大同与阳高交界处的采凉山,古称纥真山、纥干山。 |
| 雁门水 | 今居延海 | ①居延海位于内蒙古自治区阿拉善盟额济纳旗北部,敦河为注入居延海的一条河流。②依据其河流名称推测,可能为流经雁门山的河流,即位于今陕西省代县的南洋河。 |
| 狱法山 | 今杭爱山 | 位于蒙古国中部,杭爱山脉是北冰洋流域与内流区域的主要分水岭。 |
| 滚泽水 | 今色楞格河 | ①此河注入贝加尔湖,由伊德尔河与木伦河汇合而成。②泰泽可能是今内蒙古的岱海,滚泽水即为注入岱海的一条河流。 |
| 泰泽 | 今贝加尔湖 | ①根据其地理位置推测,泰泽即为今贝加尔湖。②根据前文山川河流的推测,泰泽可能是今内蒙古的岱海。 |
| 北岳山 | 今阿尔泰山中的山峰 | ①依据山川地理位置推算,北岳山为阿尔泰山中的某一山峰。②今内蒙古四王子旗西南的大青山,即为阴山山脉的主体。 |
| 浑夕山 | 今比鲁哈山 | 位于阿尔泰山中,是伊尔齐河的源头。 |

| 地名 | 今名 | 讲解 |
|---|---|---|
| 海 | 今喀拉海 | 位于俄罗斯西伯利亚以北,是北冰洋的一部分。 |
| 北单山 | 今赛留格木山 | 比鲁哈山向北五十里,即为此山。 |
| 罴差山 | 今唐努乌拉山 | 北单山为比鲁哈山,再向北一百里,即为唐努乌拉山。 |
| 北鲜山 | 今萨彦岭 | 位于蒙古高原的北沿,是唐努乌梁海与西伯利亚的界山。 |
| 鲜水 | 今乌鲁克穆河或喀孜尔河 | 依据涂吾水是今叶尼塞河推断。 |
| 涂吾水 | 今叶尼塞河 | 位于亚洲北部、中西伯利亚高原的西侧。起源于蒙古国,向北流向喀拉海。全长 5539 公里。 |
| 隄山 | 今屯金山 | 即今西伯利亚的屯金山。 |
| 汾水 | 今山西汾河 | 源于山西宁武管涔山麓,贯穿山西省南北,全长 716 公里,是黄河的第二大支流。 |
| 管涔山 | 今山西管涔山 | 管涔山是汾河的发源地,也在山西宁武县境内,属于吕梁山脉。 |
| 少阳山 | 今山西关帝山 | 位于吕梁山中段,即今山西交城、静乐县界上的关帝山。 |
| 酸水 | 今山西文峪河 | 汾河支流,古称文水,又名文谷水。发源于山西省交城县的关帝山。 |
| 县雍山 | 今山西晋祠西山 | "县雍"与"悬瓮"谐音,县雍山即为悬瓮山,即山西太原市西南晋祠西山。 |
| 晋水 | 今韩村河 | 依据《水经注》中"晋水出晋阳西悬瓮山"而推断。 |
| 狐岐山 | 今白龙山 | ①此山主峰海拔 2253 米,距岚县县城 22 公里,西侧与兴县相接。②依据原文推断,此山在今山西孝义市的西南方。 |
| 胜水 | 今岚河 | 太原南注入汾河的河流只有岚河,此河即为胜水。 |
| 白沙山 | 今河北、内蒙古、山西的交界处 | 根据山川里程推算。 |
| 尔是山 | 今山西老爷岭 | 根据山川道里推算,尔是山应为今山西阳高县的老爷岭。 |
| 狂山 | 今大兴安岭南端 | 大兴安岭山顶终年积雪,符合原文"冬夏有雪",因此,狂山即为大兴安岭南端。 |
| 浮水 | 今达里湖 | 位于内蒙古赤峰市龚格尔草原的西南部,是内蒙古四大名湖之一,面积约有 2.38 万公顷。 |
| 诸余山 | 今都图伦群山 | 大兴安岭向北 380 里即为此群山系。 |
| 旄水 | 今克鲁伦河 | 依据诸余山为都图伦群山可推断,旄水即为克鲁伦河。 |

| 地名 | 今名 | 讲解 |
|---|---|---|
| 敦头山 | 今巴彦山 | 根据里程推算,诸余山向北350里即为巴彦山。 |
| 邛泽 | 今呼伦湖 | 位于呼伦贝尔草原的西南部,是哈拉哈河与乌尔逊河的吞吐湖,也是中蒙两国共有的湖泊。 |
| 钩吾山 | 今大兴安岭中段 | 依据前文诸余山为都图伦群山来推断,向北350里即为今大兴安岭中段。 |
| 北嚣山 | 今小兴安岭 | 小兴安岭纵贯黑龙江省北部,西北接伊勒呼里山,东南到松花江。 |
| 涔水 | 今梧桐河 | 梧桐河发源于小兴安岭山脉哲温山,注入松花江。 |
| 邛泽 | 今太平源沼泽 | 依涔水为梧桐河来推断,梧桐河出山后,注入的是太平源沼泽,因此,邛泽即为太平源沼泽。 |
| 梁渠山 | 今雁门山 | 依据山川位置推算,梁渠山即为雁门山,古时又称勾注山。 |
| 姑灌山 | 今朔毛山 | ①朔毛山纬度较高,终年积雪,符合姑灌山冬夏有雪这一地理环境。②依据山川里程推算,姑灌山可能在今河北省境内。 |
| 湖灌山 | 今三湖山 | ①依据其名称来推断,湖灌山可能是三湖山,因其三面各有一湖而得名。②今河北沽源县的大马群山,位于阴山山脉的东段,东北—西南走向。 |
| 湖灌水 | 今北运河 | 今位于河北省与北京市的北部,其上游为白河。 |
| 海 | 今渤海 | 渤海是中国的内海,三面环陆。位于辽宁省、河北省、山东省、天津市之间。 |
| 洹山 | 今麦法虔山 | 依据山川里程推算,水行五百里之后到达海口,流沙三百里即到洹山,则洹山即为麦法虔山。 |
| 敦题山 | 具体名称不详 | 俄罗斯境内。 |
| 太行山 | 今太行山 | 位于山西高原与河北平原之间。北起北京西山,南到黄河北崖,西接山西高原,东临华北平原。为山西东部、东南部与河北、河南两省的天然界山。 |
| 归山 | 今大乐岭 | 此山为山西阳城与河南济源的界山。 |
| 龙侯山 | 今五指山 | 又称西五指山,位于河北省邢台市、沙河市的最西端,距沙河市区西偏北57公里。 |
| 决决水 | 今白涧河 | 位于河南省济源市。 |
| 马成山 | 今山西赤土坡山 | 依据山上水流方向推测,马成山即赤土坡山,位于山西晋城市附近。 |

| 地名 | 今名 | 讲解 |
|---|---|---|
| 咸山 | 今河南张岭山 | 咸山位于马成山的西南 70 里,依据山川里程推算,此山即为河南张岭山。 |
| 条菅水 | 今山西解州附近的水流 | 依据山川里程推算,条菅水可能是山西省南部的解州附近的水流。 |
| 天池山 | 今陕西析城山 | 位于陕西省阳城县西南,主峰海拔 1888 米。山峰四面如城,有东、西、南、北四门分析,故曰析城山。 |
| 阳山 | 今江苏虞山 | 位于江苏省常熟市的西北部。古有"十里青山半入城,山南尚湖如映带"诗句咏之。 |
| 留水 | 今沙涧河 | 依据阳山为虞山来推断,留水即为沙涧河。 |
| 贲闻山 | 今河北岱嵋山 | 此山位于河北省新安县、渑池县交界处,山的北侧、西侧、南侧均陡峭。 |
| 王屋山 | 今王屋山 | 又称"天坛山"。位于河南省济源市西北 40 公里处,东依太行,西接中条,北连太岳,南临黄河,是中国九大古代名山,也是愚公的故乡。 |
| 教山 | 今山西历山 | 历山是中条山的主峰,海拔 2358 米,地处运城、晋城、临汾三市的垣曲、阳城、沁水、翼城四县毗邻地界。 |
| 教水 | 名字不详 | 出于教山,则位于陕西省垣县,后注入黄河。 |
| 发丸山 | 名字不详 | 依据其山上所产矿物可推测,此山为一座出产铜矿的山。 |
| 景山 | 今河北赞皇山 | ①位于河北省石家庄市西南部赞皇县。②也可能位于山西省闻喜县境内。 |
| 盐贩泽 | 今山西解池 | 位于中条山的北麓,即山西运城的盐池,同时,也是我国著名的池盐产地。 |
| 孟门山 | 今山西壶口山 | 位于山西省长治市东南部,因其状如壶口,故此名为壶口山。 |
| 平山 | 今山西姑射山 | 位于陕西省临汾市城西,属于吕梁山脉。 |
| 平水 | 名字不详 | 其发源于姑射山,向东流入汾河的一条河流。 |
| 京山 | 今山西霍山 | 霍山位于今山西省临汾地区霍州市、洪洞县和古县三市县交界位置,处于整个太岳山脉的南端。 |
| 虫尾山 | 今山西丹朱岭 | 位于山西省高平市北四十五里,与长子县接界,海拔 1131 米,以尧封长子丹朱得名。 |
| 彭㳘山 | 具体名称不详 | 位于山西陵川县东部的一座山。 |

| 地名 | 今名 | 讲解 |
|------|------|------|
| 床水 | 今河南淇水 | 发源于山西省陵川县棋子山，全长 161 公里。 |
| 小候山 | 今河南西山 | 依据里程推算，小侯山即为河南省汤阴县的西山。 |
| 明漳水 | 今河南汤河 | 位于今河南省北部，向东注入卫河，最终流入黄泽。 |
| 泰头山 | 今山西叶斗峰 | 位于山西省东北部五台山中，海拔3061.1 米。 |
| 虖沱 | 今河北滹沱河 | 发源于山西省繁峙县泰戏山孤山村一带，全长587 公里。 |
| 谒戾山 | 今山西羊头山 | 位于山西省长治县、长子县和高平市交界处，海拔1297 米。 |
| 沮洳山 | 今山西棋子山 | 位于山西省陵川县侯庄乡东北，其主峰海拔1488 米。 |
| 潇水 | 今河南淇河 | 位于河南省济源县，在淇县的淇门注入卫河，全长161 公里。 |
| 神囷山 | 今山西石鼓山 | 位于山西省原平市临渭区大王乡张村，海拔在 900 米到 1200 米之间。 |
| 黄水、洹水、滏水 | 今河南安阳河 | 又名洹河。发源于河南省林州市滤山东麓，最后注入卫河。 |
| 欧水 | 今河北滏阳河 | 发源于邯郸峰矿区滏山南麓，因而得名滏阳河。 |
| 发鸠山 | 今山西发鸠山 | 又名发苞山，位于陕西省子长县城西 25 公里处，海拔 1646.8 米。 |
| 漳水 | 今漳河 | 位于河北与河南两省的交界处，源头为清漳河与浊漳河。 |
| 少山 | 今山西境内 | 根据山川里程来推算，此山位于山西昔阳县境内。 |
| 清漳水 | 今山西清漳河 | 清漳河是山西省东部太行山区的重要河流，是左权县最重要的水源。 |
| 浊漳水 | 今山西浊漳河 | 浊漳河是今山西上党境内的最大河流。共有三源：浊漳南源出于长子县发鸠山；浊漳西源出于沁县漳源村；浊漳北源出于榆社县柳树沟。 |
| 牛首水 | 今河北牛照河 | 源于今河北省邯郸县西北，注入滏阳河。 |
| 绣山 | 今大安山 | 位于北京市房山区与门头沟区的接壤地带，是太行山的一个分支。 |
| 敦与山 | 具体名称不详 | 依据山川里程推断，此山应在今河北西部。 |
| 溇水 | 今河北柳林河 | 依据原文推断，可能为河北内丘县的柳林河。 |
| 泰陆水 | 今河北大陆泽 | 位于今河北省任县与巨鹿县之间，是河北平原西部太行山河流冲积扇与黄河故道的交接洼地，为漳北、泜南诸水的交汇而成。 |

| 地名 | 今名 | 讲解 |
|------|------|------|
| 泜水 | 今河北泜河 | 泜河是河北省邢台市北部的一条季节性河流,发源于太行山东麓,注入滏阳河。 |
| 彭水 | 今河北沙沟河 | 依据原文推断,彭水可能为今河北省西南部的沙沟河。 |
| 槐水 | 今河北槐沙河 | 发源于赞皇县西南部嶂石岩槐泉,到衡水市注入滏阳河。 |
| 柘山 | 具体名称不详 | 依据原文推断,柘山是齐堂西长城外的高山。 |
| 历聚水 | 今河北拒马河 | 此河发源于河北省涞源县西北太行山麓,为大清河的支流。 |
| 维龙山 | 今河北五峰山 | 依据山川里程推断,维龙山可能是河北省巨鹿县一带的五峰山,也可能在今河北井陉县内。 |
| 肥水 | 今河北浽河 | 发源于五峰山,最后注入滏阳河。 |
| 皋泽 | 具体名称不详 | 可能是明清时期宁晋泊的西北部。 |
| 白马山 | 具体名称不详 | 位于滹沱河以南,是孟县境内最高的一座山。 |
| 木马水 | 今山西木马河 | 发源于五台山的山脚下,是滹沱河的一个分支。 |
| 空桑山 | 今山西云中山 | 位于山西静乐县与忻州市之间,云中山是吕梁山脉的一个分支。 |
| 空桑水 | 今山西云中河 | 空桑水处于空桑山,即为云中河。 |
| 泰戏山 | 具体名称不详 | 依据山川里程推断,泰戏山应在山西繁峙县。 |
| 溇水 | 今河北鹿泉河 | 位于河北省北部。 |
| 石山 | 今山西五台山 | 位于山西省忻州市五台县境内的五台山,属于太行山系的北端。 |
| 灌灌水 | 今河北大沙河 | 位于河北省西部。 |
| 鲜于水 | 今山西清水河 | 位于山西省忻州市五台县境内的五台山西南。 |
| 高是山 | 具体名称不详 | 位于今山西省灵丘县的西北部。 |
| 滋水 | 今河北滋河 | 位于河北省阜平县。 |
| 滱水 | 今河北唐河 | 发源于河北省定州市,注入黄河下游。 |
| 陆山 | 今河北虎窝山 | 位于河北省怀安县西南部,属于阴山的支脉。 |
| 郪水 | 今南洋河 | 位于河北省境内,向下先注入永定河,之后,注入黄河的下游。 |
| 沂山 | 今河北马尾图山 | ①位于河北省张北县。②依据山川里程推算,可能在河北省唐县东北部。 |
| 般水 | 今河北望都河 | 位于河北省唐县东北部。 |
| 燕山 | 今杭爱山 | ①位于蒙古高原的西北部,是北冰洋流域同内流区域的主要分水岭。②依据山川里程推算,位于河北省平原县北部。 |

| 地名 | 今名 | 讲解 |
|---|---|---|
| 燕水 | 今潮白河 | ①潮白河是海河水系的五大河之一,位于北京市与河北省东部交界处。②指易水,即发源于河北省易县的雹河。 |
| 饶山 | 具体名称不详 | 位于河北唐县境内。 |
| 历虢水 | 今濡水 | 源于河北省唐县的祁水。 |
| 伦山 | 今河北涞山 | 位于今河北省涞源县西部。 |
| 伦水 | 今河北滦河 | ①发源于河北省丰宁县满族自治县西北的巴彦古尔图山的北麓。②依据原文推断,可能是河北省涞源县的拒马河。 |
| 碣石山 | 今河北碣石山 | 位于河北省昌黎县北部,主峰为仙台顶,海拔695米。 |
| 绳水 | 今河北蒲河 | 位于河北省昌黎县。 |
| 雁门山 | 今雁门关山 | 自永定河向北五百里的地方。 |
| 泰泽 | 今内蒙古岱海 | 位于内蒙古高原的支脉蛮汉山与马头山之间。 |
| 錞于毋逢山 | 今内蒙古银矿山 | ①内蒙古四子王旗的银矿山。②根据山川里程推算,应在山西境内。 |
| 鸡号山 | 今内蒙古波斯山 | 位于内蒙古四子王旗的银矿山百里内。 |
| 幽都山 | 今内蒙古阴山 | 阴山山脉横亘于内蒙古中部,全长1200多公里。 |
| 欲水 | 今内蒙古塔布河 | 发源于内蒙古包头市固阳县东北部的南沟村,是内蒙古中部的内流河。 |
| 楸蠡山 | 今山东石门山 | 位于今山东淄博市内,因两山对峙如同石门而得名。 |
| 乾昧 | 今山东小清河 | ①位于今山东淄桓台县内,源于石门山,因其支流遇到旱田便干涸,因此,称为乾昧。②依据楸蠡蠡山的位置推测,在山东省桓台县、博兴县境内。 |
| 食水 | 今山东淄河 | 位于山东省淄博市,发源于泰沂山脉及东南部的鲁山山脉。 |
| 蒿山 | 今山东石门山的南山 | 从石门山向南三百里,乃是石门山的南山。 |
| 湖水 | 今山东清水泊 | 可能为山东省青州市、寿光市境内已经湮没的清水泊。 |
| 枸状山 | 今山东鲁山 | 位于山东省淄博市博山区池上镇,是博山与沂源的界山。 |
| 勃垒山 | 今山东新甫山 | 位于山东莱芜西北部,又名莲花山。 |
| 番条山 | 今河南嵩山 | ①依原文推测,位于河南省西部,低处河南省登封市的西北。②根据地理位置推测,可能是山东省淄博市博山区西南的凤凰山,古称玉泉山。 |
| 减水 | 今弥河 | ①根据山川位置推测,此河发源于沂山天齐湾。②依据原文推测,可能是博山的孝妇河。 |

| 地名 | 今名 | 讲解 |
|---|---|---|
| 姑儿山 | 今山东沂山 | ①位于山东省潍坊市临朐县城南,古时又称"海岳"。②根据山川位置推测,即为邹平南部的长白山。 |
| 姑儿水 | 今白狼河 | ①依据山川位置推测而出。②依据原文推测,可能是今天的獭河。 |
| 高氏山 | 今山东箕屋山 | 位于山东省莒县西北九十里。 |
| 诸绳水 | 今山东潍河 | 古称潍水,发源于莒县箕屋山。 |
| 岳山 | 今山东文峰山 | 位于山东省莱州市,俗称笔架山,是莱州最高的山。 |
| 泺水 | 今山东泺水 | 位于山东省济南市境内,发源于济南市西南部。 |
| 犲山 | 今猫山或猫寨 | 依据方言读音推断。 |
| 独山 | 具体名称不详 | ①根据里程推算,独山可能在今山东济南市长清区境内。②独山可能是泰山东南部的山岭,即莱芜县邢家峪南部的大山。 |
| 末涂水 | 今山东长清河 | ①依据独山的位置,此河也在今山东济南市长清区境内。②依据沔水来推测,末涂水应是发源于沂源县西南部牛栏峪一带的柴汶河。 |
| 沔水 | 今山东大汶河 | 发源于山东省泰莱山区,是黄河在山东的唯一支流也是泰安市最大的河流。 |
| 泰山 | 今山东泰山 | 位于山东省泰安市的北部。 |
| 环水 | 今山东泮河 | 位于山东省泰安市。 |
| 江 | 今山东大汶河 | 位于山东省莱芜市。 |
| 竹山 | 今山东凤凰山一带山岭 | 位于山东省大汶河的南岸。 |
| 激水 | 今大清河 | 今山东省大汶河下游,又名北沙河。 |
| 娶檀水 | 今山东东平湖 | 位于山东省泰安市东平县境内,是山东省第二大淡水湖。 |
| 空桑山 | 具体名称不详 | ①今山东曲阜市北部。②依据山川位置推测,应当是莱州、登州附近的群山。 |
| 沮吴 | 今山东蛆岛,虎岛 | 位于山东省蓬莱市附近。 |
| 滑泽 | 具体名称不详 | 依据推测,应该是大小汶河交汇处形成的水泽。 |
| 曹夕山 | 今崂山 | 崂山是山东半岛的主要山脉,主峰名为"巨峰",又称"崂顶",海拔 1132.7 米,是我国海岸线第一高峰。 |
| 葛山的尾端 | 今江苏葛峰山 | ①位于江苏省邳州市西南方。②依据原文推测,葛山的尾端应为朝鲜半岛的狼林山。 |

| 地名 | 今名 | 讲解 |
|---|---|---|
| 葛山的首端 | 今朝鲜半岛东白山 | 位于朝鲜咸兴市西北的狼林山山脉。 |
| 澧水 | 今城川江 | 位于朝鲜半岛。 |
| 余泽 | 今城川江口的三角洲 | 位于朝鲜半岛。 |
| 余峨山 | 今白山 | ①葛山的首端是狼林山的东白山，再向南三百八十里则是朝鲜半岛的白山，也就是余峨山。②依据原文推测，可能位于江苏徐州附近。 |
| 杂余水 | 今龙兴江 | 今朝鲜咸镜道的龙兴江，又称为泥河。 |
| 黄水 | 今松田湾 | 杂余水注入黄水，而龙兴江注入松田湾，由此而断。 |
| 杜父山 | 今杜雾山 | 依据当地方言推测而来。 |
| 卢其山 | 今秀龙山 | ①依据杜雾山的地理位置推测而来。③依据山川位置推算，可能在江苏境内。 |
| 沙水 | 今江苏大沙河 | ①发源于江苏丰县陈庄，全长50余千米。②依据原文推测，沙水即为龙津江。 |
| 姑射山 | 今山西姑射山 | ①古今同名的一座山，位于山西省临汾市的西部，又名石孔山，属于吕梁山脉。②依据山川里程推算，为韩国京畿道离海岸不远的江华岛。 |
| 北姑射山 | 今群岛总称 | 包括礼成江口与汉江口以南群岛在内。 |
| 南姑射山 | 具体名称不详 | 位于朝鲜半岛之上。 |
| 碧山 | 今韩国大山 | 位于韩国全罗道的西部。 |
| 缑氏山 | 今德裕山 | 德裕山地跨韩国全罗北道、庆尚南道两个道四个郡。 |
| 原水、沙泽 | 今南江，东江三角洲 | 位于广东省中部。 |
| 姑逢山 | 今智异山 | 又名头流山，是韩国五岳中的南岳。 |
| 凫丽山 | 今斗峰山 | ①依据姑逢山向南五百里推测，即为斗峰山。②依据山川里程推测，此山可能在今安徽省境内。 |
| 硬山 | 今高山 | ①高山，位于韩国济州岛之上。②依据山川里程推测，可能为安徽省宿州市西北部的睢阳山。 |
| 硬水 | 今濉河 | ①濉河，源于砀山县东下楼，位于睢阳山的南面。②可能是韩国全罗道南部的耽津江。 |
| 尸胡山 | 今韩国济州岛 | ①济州岛，韩国最大的岛屿，其整个岛屿是一座山，在济州岛的中央，有一个因火山喷发而形成的汉拿山。②依据原文推测，即为山东省烟台市西北部的芝罘山。 |

| 地名 | 今名 | 讲解 |
|---|---|---|
| 岐山 | 今长岛 | ①长岛,位于山东省蓬莱市北部。②依据原文推测,即为日本的渡海岛。 |
| 诸鎆山 | 今日本境内高山 | 诸鎆山,为日本九州岛西北部港湾附近高山的统称。 |
| 中父山 | 今日本雾岛山的山岭 | 雾岛山,位于日本九州南部的鹿儿岛县和宫崎县交界处的火山群总称。 |
| 胡射山 | 今日本富士山 | 富士山位于东京西南方约80公里处,是日本第一高峰,横跨静冈县和山梨县的休眠火山。 |
| 孟子山 | 今日本木会山 | 富士山向南七百里的位置,即为木会山。 |
| 跂踵山 | 具体名称不详 | 位于日本纪伊半岛上。 |
| 深泽 | 今琵琶湖 | 位于日本纪伊半岛上。 |
| 踇隅山 | 今日本九州岛附近山脉 | 日本九州岛东北部的山岭与岬崎所组成,呈脚趾状,即为踇隅山。 |
| 无皋山 | 今崂山 | ①依据山川里程推算,应为山东省青岛市境内的崂山。②依据前文路线推测,无皋山应为大琉球岛。 |
| 幼海 | 今胶州湾 | 依据无皋山为崂山推测,幼海即为崂山西南部的胶州湾。 |
| 北号山 | 今外兴安岭 | ①依据原文推测,位于东西伯利亚勒拿河流域。②依据山川地理位置推测,可能是山东省北部莱州湾小清河河畔的一个丘阜。 |
| 北海 | 今鄂霍次克海 | ①依据北号山为外兴安岭所推测,鄂霍次克海为西北太平洋的一个海。②依据北号山的位置推断,应该是位于渤海南部山东半岛北部的莱州湾。 |
| 食水 | 今乌得河 | ①乌得河,注入鄂霍次克海。②今天的小清河,发源于山东省济南市西部睦里庄。 |
| 旄山 | 今土闻那山 | 位于外兴安岭南三百里。 |
| 苍体水 | 今色林扎河 | 位于俄罗斯境内。 |
| 展水 | 今精奇里江 | 精奇里江,是黑龙江北岸的最大支流,发源于外兴安岭。俄国境内称为结雅河。 |
| 东始山 | 今巴扎尔山 | 位于俄罗斯境内。 |
| 女烝山 | 今山东石膏山 | ①位于山东省临朐县,雄踞在太岳山北段,为太岳山主峰之一,海拔2532米。②旄山是土闻那山,东南三百里即为布列因山脉,此山脉即为女烝山。 |

| 地名 | 今名 | 讲解 |
|---|---|---|
| 石膏水 | 今布列亚河 | 布列亚河是俄罗斯远东区南部、黑龙江左岸的第二大支流,由左、右布列亚河交汇而成。 |
| 鬲水 | 今黑龙江 | 因布列亚河注入黑龙江,所以,鬲水即黑龙江。 |
| 钦山 | 今黑龙江完达山山脉 | 位于黑龙江东部,长白山脉的最北端。 |
| 师水 | 今黑龙江饶河 | 位于黑龙江东北部,经沼泽区向东注入乌苏里江与混同江汇合后入海。 |
| 皋泽 | 今大片沼泽 | 位于黑龙江省抚远县与佳木斯市之间。 |
| 子桐山 | 具体名称不详 | 不详。 |
| 子桐水 | 今兴凯湖 | 在黑龙江省东南部的中俄边境上,北部属中国,南部属俄罗斯。 |
| 剡山 | 今山东境内 | ①依据太山为山东省临朐县东南的东泰山推断,剡山即在今山东境内。②依据山川里程推算,剡山即为巴士古山脉。 |
| 太山 | 今东泰山 | ①东泰山,位于沂蒙山区北部,连接临朐、沂水、沂源三县,主峰玉皇顶,处临朐县境内。②依据原文推测,此山南起符拉迪沃斯托克沿海北行到达混同江近海处。 |
| 锅水 | 今伊曼河 | 伊曼河,发源于俄罗斯境内,向东注入乌苏里江。 |
| 劳水 | 今乌苏里江 | 乌苏里江发源于吉林省东海滨的锡赫特山脉主峰南段西麓,靠近东海的石人沟。是中国黑龙江支流,也是中国与俄罗斯的界河。 |
| 薄山 | 今山西蒲山 | 位于山西省南部的中条山山脉中。 |
| 甘枣山 | 今山西甘桑山 | ①位于山西省芮城县东北部。②根据历儿山为山西永济市的历山来推测,甘枣山则位于山西省永济市南部。 |
| 共水 | 今朱石河 | 位于山西省芮城县东北部。 |
| 历儿山 | 今山西历山 | 位于山西省永济市境内的中条山山脉中。 |
| 渠猪山 | 具体名称不详 | 依据山川里程位置推测,应在山西省芮城县北部。 |
| 渠猪水 | 今永乐河 | 位于山西省芮城县境内。 |
| 葱聋山 | 今中条山山脉中的山岭 | 位于山西省芮城县北部的山岭。 |
| 涹山 | 今中条山山脉中的山岭 | 位于山西省芮城县北部的山岭。 |
| 脱扈山 | 今中条山山脉中的山岭 | 位于山西省芮城县北部的山岭。 |
| 金星山 | 具体名称不详 | 位于今山西省芮城县西部。 |
| 泰威山 | 具体名称不详 | 位于今山西省平陆县西部。 |
| 檀谷山 | 具体名称不详 | 因其与泰威山、吴林山相连,可推断,此山在山西省平陆县境内。 |

| 地名 | 今名 | 讲解 |
|------|------|------|
| 牛首山 | 今山西鸟岭山 | 位于山西省临汾市境内 |
| 劳水 | 今长寿河 | 位于山西省浮山县北部。 |
| 潏水 | 今响水河 | 位于陕西省襄汾县境内。 |
| 霍山 | 今山西霍山 | 位于山西省霍州市及洪洞县、古县、沁源县、灵石等地。 |
| 合谷山 | 具体名称不详 | 位于山西省中南部。 |
| 阴山 | 今山西绵山 | 位于山西省灵石县、沁源县的交界处,是霍山向北延伸的一条支脉。 |
| 少水 | 今沁河 | 位于山西、河南两省境内,源于山西省沁源县霍山,全长450公里。 |
| 鼓镫山 | 今山西马陵关、黄花岭 | 位于山西省晋中市平遥县东部百里。 |
| 焊诸山 | 今河南五寨山 | ①位于河南省登封市境内。②可能是济水所发源的山脉,即为河南省济源市的王屋山。 |
| 发视山 | 今河南八风山 | 位于河南省登封市西北,中岳嵩山上的八风山。 |
| 即鱼水 | 今江左河 | 古称"大狂水",源于八风山。 |
| 伊水 | 今伊河 | 位于河南省西部,发源于熊耳山南麓的栾川县,最后注入洛水。 |
| 豪山 | 今河南狼嗥山 | 位于河南省登封市西部。 |
| 鲜山 | 具体名称不详 | 根据山川里程推算,位于河南省嵩县境内。 |
| 鲜水 | 具体名称不详 | 根据鲜山的位置推断,位于河南省嵩县境内。 |
| 阳山、菱山、昆吾山 | 今嵩山山脉 | 嵩山共包括13座山,地跨新密、登封、巩义、偃师、伊川等市,阳山、昆吾山、菱山即在此范围内。 |
| 阳水 | 具体名称不详 | 根据阳山的地理位置推测,在河南省嵩县境内,注入伊河。 |
| 菱水 | 今栾川河 | 位于河南省栾川县境内。 |
| 独苏山 | 今河南嵩山的一部分 | 位于河南省栾川县西北部。 |
| 蔓渠山 | 今河南闷顿岭 | 位于河南省栾川县境内,为伊河的源头。 |
| 敖岸山 | 今河北东首阳山 | 位于河北省新安县西北部。 |
| 青要山 | 具体名称不详 | 依据敖岸山的地理位置推测,青要山位于河南省新安县境内。 |
| 畛水 | 具体名称不详 | 位于河南省新安县境内,向北注入黄河的某条支流。 |
| 騩山 | 具体名称不详 | 位于河南省新安县的北部。 |
| 正回水 | 今强川水 | 位于河南省孟津县西北部。 |
| 宜苏山 | 具体名称不详 | 位于河南省孟津县附近。 |

| 地名 | 今名 | 讲解 |
|---|---|---|
| 潚潚水 | 今横河 | ①位于河南省新安县北部。②根据宜苏山的位置推测,此水在河南省孟津县境内。 |
| 和山 | 具体名称不详 | 位于河南省西北部,与宜苏山相连。 |
| 鹿蹄山 | 具体名称不详 | 位于河南省宜阳县境内。 |
| 甘水 | 今河南甘水 | 发源于河南省宜阳县的甘河,注入洛河。 |
| 扶猪山 | 今河南半坡山 | 位于河南省宜阳县。 |
| 虢水 | 具体名称不详 | 位于河南省宜阳县附近。 |
| 蠜山 | 今熊耳山中 | 位于河南省西北部,地处河南省渑池县和陕县的交界处。 |
| 箕尾山 | 今神灵寨山 | 位于河南省洛宁县城东南 26 公里。 |
| 柄山 | 今河南巧女寨山 | 位于河南省西北部。 |
| 滔雕水 | 今巧女寨山山北的五条河流 | 位于河南省西北部,流经河南宜阳县、洛宁县、卢氏县。 |
| 白边山 | 具体名称不详 | 依据巧女寨山的地理位置推算,应在河南省卢氏县境内。 |
| 熊耳山 | 今河南葡萄山 | 位于河南省西北部,秦岭东段的支脉熊耳山中。 |
| 浮濠水 | 今葡萄山山南水流总称 | 葡萄山山南有干娘河、大石河、通河等河流。 |
| 牡山 | 今河南熊耳山中的山岭 | 位于河南省卢氏县西部。 |
| 讙举山 | 今陕西老牛山 | 位于陕西省洛南县西北部。 |
| 雒水 | 今洛河 | 此水最西端源于老牛山。 |
| 玄扈水 | 今洛河进入河南的部分 | 依据雒水位置推断而来。 |
| 苟林山 | 与中山首经中的吴林山重复 | 位于山西省永济市西南部。 |
| 首山 | 今山西首阳山 | 位于山西省永济市境内。 |
| 县斸山 | 具体名称不详 | 依据山川里程推算,此山可能在山西省绛县境内。 |
| 葱聋山 | 今中条山山脉中的山岭 | 位于山西省芮城县北部。 |
| 超山 | 今太行山脉与中条山之间的山川 | 位于陕西省境内。 |
| 成侯山 | 今太行山脉与中条山之间的山川 | 位于陕西省境内。 |
| 朝歌山 | 具体名称不详 | 位于河南省淇县境内。 |
| 隗山 | 具体名称不详 | 依据山川里程推算,应在山西省稷山县南部。 |

| 地名 | 今名 | 讲解 |
|---|---|---|
| 历山 | 具体名称不详 | 位于山西省阳城县与垣曲县的交界处。 |
| 尸山 | 具体名称不详 | 依据山川里程推算,应在山西省洛南县北部。 |
| 良余山 | 具体名称不详 | ①依据尸山的地理位置推算,应在山西省华阴县西南部。②依据发源于此山的河流来推测,良余山即为河南省牛王岔、黑山浸、催家岭、钱岭、塔石山一带山岗的总称。 |
| 余水 | 具体名称不详 | 良余山北有溪流汇聚成两条河流,注入黄河,这两条河流即为余水。 |
| 乳水 | 具体名称不详 | 良余山东部有水源汇聚为九条河流,总称即为乳水。 |
| 蛊尾山 | 今高崖、石大山、将军山 | ①位于河南省三门峡市卢氏县境内。②依据原文推测,此山位于山西省洛南县的南部。 |
| 龙余水 | 今众多水流总称 | 源于高崖、石大山、将军山的许多水流,即为龙余水。 |
| 升山 | 今河南三角山 | 位于河南省三门峡市陕县境内。 |
| 黄酸水 | 具体名称不详 | 黄酸水应源于河南省三门峡市陕县境内的三角山,向北注入黄河的一条河流。 |
| 阳虚山 | 今河南郭魁山、尖山、鞍桥山 | 位于河南省洛宁县境内。 |
| 玄扈水 | 今河南石门川 | 位于河南省洛宁县境内。 |
| 缟羝山山系 | 今河南一系列山脉总称 | 位于河南省西北部的一系列山脉。 |
| 平逢山 | 今河南北邙山 | 位于河南省洛阳市北部,即黄河南岸,是秦岭山脉的余脉。 |
| 谷城山 | 今河南郭山 | 依据平逢山的位置推断,应位于河南省洛阳市西北部。 |
| 缟羝山 | 今河南一座小山 | 位于河南省洛阳市,在平逢山的西北部。 |
| 瘣山 | 今河南谷口山 | 瘣山是谷口山的古称,位于河南省洛阳市境内。 |
| 交觞水 | 今七里河 | 位于河南省洛阳市的西部。 |
| 俞随水 | 具体名称不详 | 位于河南省洛阳市西部。 |
| 谷水 | 今河南省渑池南渑水及其下游涧水 | 位于河南省境内。 |
| 瞻诸山 | 具体名称不详 | 依据瘣山的位置推断,应位于河南省新安县境内。 |
| 谢水 | 具体名称不详 | 依据瞻诸山的位置推断,应发源于河南省新安县境内。 |
| 少水 | 今磁涧河 | 发源于河南省新安县境内。 |
| 娄涿山 | 具体名称不详 | 位于河南省洛宁县和新安县之间小石坡南。 |

| 地名 | 今名 | 讲解 |
|---|---|---|
| 陂水 | 具体名称不详 | 具体位置不详。 |
| 白石山 | 今河南白石山 | 又名广阳山、渑池山，位于河南省新安县。 |
| 惠水 | 今河南李沟 | 位于河南省新安县东北曹家坡南山，向南注入洛河。 |
| 涧水 | 今河南刘拜沟 | 发源于河南省新安县东北，向北注入谷水。 |
| 谷山 | 具体名称不详 | 依据山川里程推算，应在河南省渑池县境内。 |
| 爽水 | 今上略河 | 发源于河南省渑池县，向西北注入谷水。 |
| 密山 | 具体名称不详 | 位于河南省新安县监坡头。 |
| 豪水 | 具体名称不详 | 发源于监坡头，向南注入洛河。 |
| 长石山 | 今河南天池山 | ①位于河南省渑池县。②依据长石山与密山相连，再向西四百里则位于河南省新安县境内。 |
| 共水 | 今多条溪流总称 | 发源于河南省渑池县天池山的多条溪流。 |
| 傅山 | 具体名称不详 | 依据长石山的地理位置推断，应在河南省渑池县西部。 |
| 厌染水 | 今河南厌梁河 | 位于河南省宜阳县北部。 |
| 墦冢 | 今河南马头山 | 依据谷水的发源地可推断，墦冢即河南省渑池县的马头山。 |
| 橐山 | 今河南积草山 | 位于河南省陕县东九十里。 |
| 常烝山 | 今河南干山 | 位于河南省陕县境内。 |
| 潐水 | 今干头河 | 依据常烝山为干山，潐水源于干山，即为干头河。 |
| 蓄水 | 今好阳涧 | 因干头河注入好阳涧。 |
| 夸父山 | 今河南秦山 | 位于河南省西北部。 |
| 桃林 | 具体名称不详 | 位于河南省灵宝市西部。 |
| 湖水 | 今虢略河 | 位于河南省灵宝市境内。 |
| 阳华山 | 具体名称不详 | 位于山西省洛南县与华山之间。 |
| 杨水 | 今宏农涧的支流 | 为宏农涧右涧的支流。 |
| 门水 | 今宏农涧 | 位于河南省灵宝市西南 |
| 错姑水 | 今宏农涧的右涧 | 宏农涧分为左右两涧。 |
| 苦山 | 今某一山系名称 | 此山系从河南省伊川县蜿蜒至中牟县。 |
| 休与山 | 今河南杨家寨山 | 位于河南省灵宝市境内。 |
| 鼓钟山 | 今河南盘龙岭 | 位于河南省嵩县境内。 |
| 姑媱山 | 具体名称不详 | 位于河南省西北部。 |
| 苦山 | 具体名称不详 | 位于河南省伊川县的西北部。 |

| 地名 | 今名 | 讲解 |
|---|---|---|
| 堵山 | 今河南伏堵岭 | 位于河南省洛阳市的东南部。 |
| 放皋山 | 今河南狼噑山 | 位于河南省伊川县境内。 |
| 明水 | 今名水 | 发源于广成泽。 |
| 大苦山 | 今河南大熊山 | 位于河南省登封市境内。 |
| 狂水 | 今河南白降河 | 位于河南省洛阳市伊川县。 |
| 半石山 | 具体名称不详 | 位于河南省登封市的西部。 |
| 来需水 | 具体名称不详 | 依据半石山的位置推断,应该在河南省登封市的西部。 |
| 合水 | 具体名称不详 | 依据山川地理位置推测,应该在河南省洛阳市的东南部。 |
| 少室山 | 今河南玉寨山 | 位于河南省西部,地处河南省登封市西北部,嵩山山峰,海拔1512米。 |
| 休水 | 具体名称不详 | 发源于少室山的北麓。 |
| 泰室山 | 今河南太室山 | 位于河南省登封市北,为嵩山之东峰,海拔1440米。 |
| 讲山 | 今河南青龙山 | 位于河南省巩义市中部偏南。 |
| 婴梁山 | 今河南将军岭 | 位于河南省巩义市。 |
| 浮戏山 | 具体名称不详 | 位于河南省巩义市、荥阳市、郑州市一带。 |
| 汜水 | 具体名称不详 | 发源于河南省巩义市东麓。 |
| 蛇谷 | 今河南环翠谷 | 位于河南省荥阳市西南庙子乡。 |
| 少陉山 | 今周山 | 位于河南省荥阳市外。 |
| 器难水 | 具体名称不详 | 位于河南省荥阳市。 |
| 役水 | 今索河 | 位于河南省,在郑县北部注入黄河。 |
| 太山 | 今河南赵庄山 | 位于河南省荥阳市索河的东南部。 |
| 太水 | 今索河东南的支流 | 位于河南省荥阳市。 |
| 承水 | 今索河西北石破的支流 | 位于河南省荥阳市。 |
| 末山 | 今河南王家坡山 | 位于河南省新密市西南部。 |
| 役山 | 具体名称不详 | ①大致位于河南省新密市北数十里外的楚村。②依据原文推测,此山位于河南省中牟县境内。 |
| 敏山 | 今河南梅山 | 位于河南省新郑市。 |
| 大騩山 | 今河南嵩山最东面的大山 | 位于河南省新密市境内。 |

| 地名 | 今名 | 讲解 |
|---|---|---|
| 荆山山系 | 今湖北马寨山 | 位于湖北省房县境内。 |
| 景山 | 今湖北望佛山 | ①位于湖北省房县西部,距县城34公里,海拔1430米。②依据原文推测,此山即为湖北省房县的聚龙山。 |
| 雎水 | 今沮水 | 位于湖北省保康县境内。 |
| 荆山 | 具体名称不详 | 位于湖北省南漳县西部。 |
| 漳水 | 具体名称不详 | 其水源于荆山,注入沮水。 |
| 骄山 | 今湖北紫山 | 位于湖北省境内。 |
| 女几山 | 今湖北圣境山 | 位于湖北省荆门市西北部,海拔约581米。 |
| 宜诸山 | 具体名称不详 | 位于湖北省当阳县境内。 |
| 洈水 | 具体名称不详 | 位于湖北省当阳县境内。 |
| 纶山 | 今湖北大洪山 | 位于湖北省北部,是一座西北—东南走向的山脉。 |
| 陆陒山 | 今湖北大悟山 | 隶属于大别山山脉,位于湖北省孝感市境内。 |
| 光山 | 具体名称不详 | 位于河南省光山县境内。 |
| 岐山 | 今天台山 | ①岐山属于大别山山脉南麓,即湖北省天台红安县境内的天台山。②依据山川里程推测,岐山在安徽省境内。 |
| 铜山 | 今石门山 | 依据岐山的地理位置,沿大别山山脉推断而来。 |
| 美山 | 今大同尖山 | ①大同尖山,位于大别山山脉中。②依据岐山地理位置推断,在安徽省境内。 |
| 大尧山 | 今安徽天柱山 | 位于安徽省安庆市潜山县境内,即霍山的最高峰。 |
| 灵山 | 具体名称不详 | 应为大别山山脉的东北尾端。 |
| 龙山 | 今安徽北峡山 | 位于安徽省庐江县境内。 |
| 衡山 | 今安徽矾山 | 位于安徽省庐江县境内。 |
| 石山 | 今安徽铜官山 | 位于安徽省铜陵市境内。 |
| 若山 | 今安徽九华山 | 位于安徽省青阳县,西北隔长江与天柱山相望。 |
| 彘山 | 今安徽黄山 | 位于安徽省南部黄山市境内。 |
| 玉山 | 今安徽玉山 | 位于安徽省绩溪县东部。 |
| 讙山 | 今浙江湖田山 | 位于浙江省境内,海拔1248米。 |
| 郁水 | 今浙江新安江 | 位于浙江省境内,发源于安徽省徽州休宁县玉山六股尖。 |
| 仁举山 | 今安徽蕖山 | 位于安徽省绩溪县境内。 |
| 师每山 | 具体名称不详 | 位于安徽省绩溪县一带的山川。 |

| 地名 | 今名 | 讲解 |
|---|---|---|
| 琴鼓山 | 今安徽大鄣山 | ①大鄣山,位于安徽省徽州境内。②依据山川里程推算,应在浙江境内。 |
| 岷山山系 | 今四川岷山山系 | 位于四川省北部,西北—东南走向,同时包括甘肃省南部的迭山,以及甘肃与四川边境的摩天岭。 |
| 女几山 | 今四川九顶山 | 位于四川省什邡市境内,在岷山山系龙门山脉中部,海拔4989米,是龙嫩山脉群峰中的最高点。 |
| 洛水 | 今四川石亭江 | 发源于四川省什邡市红白镇,是四川省沱江的一个支流。 |
| 岷山 | 具体名称不详 | 位于四川省松潘县北部。 |
| 江水 | 今青衣江 | 发源于邛崃山山脉的巴郎山与夹金山之间,是长江的一个支流。 |
| 崃山 | 今四川邛崃山 | 位于四川省阿坝县境内,是岷江与大渡河的分水岭。 |
| 崌山 | 今四川牛头山 | 位于四川省西部邛崃山附近,海拔1214米,地处清江河南岸,嘉陵江西岸。 |
| 江水 | 今燕子河 | 燕子河,属于嘉陵江水系。 |
| 高梁山 | 今四川大剑山 | 位于四川省剑阁县,山壁中间断裂成两部分,两座山崖如同分开的大门一样矗立在那里,像宝剑一样峻直挺拔,所以又被称为剑门山。 |
| 蛇山 | 今四川光雾山 | 位于四川省巴中市南江县北部,距县城70公里,主峰海拔2500米。 |
| 鬲山 | 今观面山 | 位于重庆开县与宣汉县的交界处。 |
| 蒲鸂水 | 今观面山附近的临江小河 | 位于重庆市开县与宣汉县的交界处。 |
| 隅阳山 | 具体名称不详 | 位于重庆市东北部的云阳县境内。 |
| 徐水 | 今长滩河 | 位于重庆市东北部的云阳县,长滩河为长江沿岸的一条河流。 |
| 岐山 | 今横断山 | 依据山川里程推断,此山位于重庆市奉节县。 |
| 减水 | 今分水河 | 发源于横断山,位于重庆市巫溪县境内。 |
| 勾楣山 | 今白帝山 | 位于重庆市奉节县,是长江三峡的起点。 |
| 风雨山 | 今巫山 | 位于重庆市巫山县,此山地跨长江巫峡两岸。 |
| 玉山 | 今重庆葱坪 | 位于重庆市竹溪县境内,号称竹溪第一峰,海拔2740米。 |
| 熊山 | 今湖北珍珠岭 | 位于湖北省巴东县境内。 |
| 魃山 | 今湖北将军山 | 位于湖北省宜昌市秭归县境内。 |

| 地名 | 今名 | 讲解 |
|---|---|---|
| 葛山 | 今河北香炉山 | 位于河北省兴山县南嘴镇张家坪蠡施村组河下。 |
| 贾超山 | 今甘肃凤阳山 | 位于甘肃省远安县境内。 |
| 首阳山 | 今首阳山 | ①一是位于甘肃省渭源县东南 34 公里的莲峰乡享堂沟的首阳山。②一是位于河南省洛阳市偃师市邙岭乡的首阳山,也是邙山的在偃师市境内的最高点。③一是位于湖北省黄石市,具体名称不详。 |
| 繁缋山 | 具体名称不详 | ①依据首阳山的地理位置推断,应在湖北省鄂州市境内。②依据山川里程推算,繁缋山应在河南省洛阳市的东北部。 |
| 楮山 | 具体名称不详 | 依据首阳山与繁缋山的地理位置推测,楮山应在河南省孟津县境内。 |
| 又原山 | 具体名称不详 | 位于河南省南召县西北部。 |
| 涿山 | 今蜀山 | 依据山川里程推算,可能在甘肃省境内。 |
| 荆山山系 | 今熊耳山与伏牛山的总称 | 位于河南省西部。 |
| 翼望山 | 今河南关山坡 | 位于河南省内乡县北部。 |
| 湍水 | 今河南湍河 | 发源于西峡、内乡、嵩县三县交界处的关山坡,总长约 400 余华里。 |
| 济 | 今河南白河 | 发源于伏牛山玉皇顶东麓,流至襄樊注入汉水。流经河南省界内全长 329 公里。 |
| 贶水 | 今河南浙河 | 发源于河南省卢氏县熊耳山。 |
| 朝歌山 | 今河南扶予山 | 位于河南省沁阳县西北七十里。 |
| 潕水 | 今舞阳河 | "潕"即为"舞",潕水即舞水,今舞阳河。 |
| 荥 | 今汝河 | 发源于河南省伏牛山区龙池曼,是淮河北岸的主要支流之一。 |
| 帝囷山 | 具体名称不详 | 依据山川里程推测,可能在河南省舞阳县境内。 |
| 视山 | 今河南太白顶 | 位于河南省桐柏县西部,是桐柏山的最高峰。 |
| 前山 | 今河南坚山 | 位于河南省信阳市西部。 |
| 丰山 | 具体名称不详 | 位于河南省南阳市的东北部。 |
| 清冷渊 | 具体名称不详 | 位于河南省南阳市境内。 |
| 兔床山 | 具体名称不详 | 位于嵩山山区内。 |
| 皮山 | 具体名称不详 | 位于河南省嵩县境内。 |

| 地名 | 今名 | 讲解 |
|---|---|---|
| 瑶碧山 | 具体名称不详 | 位于河南省嵩县境内。 |
| 支离山 | 今一系列高山的总称 | 依据山川走向推测,应为河南省外方山山脉的杨树岭、跑马岭、龙池曼一带高山的总称。 |
| 济水 | 今白河 | 发源于河南省洛阳市嵩县伏牛山玉皇顶。 |
| 袟蔄山 | 具体名称不详 | 依据山川里程推算,应在河南省方城县境内。 |
| 菫理山 | 具体名称不详 | 依据山川里程推算,应在河南省内乡县境内。 |
| 依轱山 | 具体名称不详 | 依据山川里程推算,应在河南省西南部。 |
| 即谷山 | 具体名称不详 | 可能位于河南省信阳市与湖北市的交界处。 |
| 鸡山 | 今鸡公山 | 位于河南省信阳市与湖北市的交界处,鸡公山属于大别山的支脉。 |
| 高前山 | 今河南高前山 | 位于河南省内乡县西南部。 |
| 游戏山 | 具体名称不详 | 可能位于河南省内乡县南部。 |
| 从山 | 具体名称不详 | 一说在河南省境内;一说在湖北省境内。 |
| 婴硬山 | 今大别山北麓 | ①位于河南省与湖北省交界处的大别山的北麓。②根据山川里程推测,此山应在河南省信阳市的西南部。 |
| 毕山 | 今河南旱山 | 位于河南省沁阳县境内。 |
| 帝苑水、潕水 | 今沙河 | 位于河南省沁阳县、遂平县境内,在张家湾安徽界上注入淮河。 |
| 葳山 | 今桐柏山 | 位于河南省与湖北省交界处,西北一东南走向。 |
| 潕水 | 今洪河 | 发源于河南省驻马店西部山区,向东南注入淮河。 |
| 婴山 | 具体名称不详 | 可能位于河南省境内。 |
| 虎首山 | 具体名称不详 | 可能位于河南省境内。 |
| 大孰山 | 今河南大乐山 | 位于河南省确山县驻马店。 |
| 杀水 | 今澥河 | ①澥河,发源于桐柏山。②杀水即为沙水,发源于河南省泌阳县的沙河,与帝苑水为同一条河流。 |
| 卑山 | 具体名称不详 | 位于河南省东南部。 |
| 倚帝山 | 具体名称不详 | 位于河南省镇平县境内。 |
| 鲵山 | 具体名称不详 | 位于河南省镇平县明港西北部。 |
| 鲵水 | 具体名称不详 | 位于河南省镇平县境内。 |
| 雅山 | 今河南雉衡山 | 位于河南省南阳县境内。 |
| 澧水 | 今澧河 | 发源于河北省邢台市,与滏阳河、北沙河相汇。 |

| 地名 | 今名 | 讲解 |
|---|---|---|
| 宣山 | 今河南老君山 | 位于河南省洛阳市栾川县南3公里,是秦岭余脉伏牛山的主峰。 |
| 沦水 | 今东河 | 位于河南省舞钢市境内。 |
| 衡山 | 今安徽霍山 | 位于安徽省西部、大别山北麓。 |
| 丰山 | 具体名称不详 | 可能在大别山北麓。 |
| 妪山 | 具体名称不详 | 依据山川里程推算,应在河南省南阳市境内。 |
| 鲜山 | 具体名称不详 | ①依据衡山的地理位置推测,此山应在安徽省霍山县境内。②依据山川里程推算,此山可能在河南省南部。 |
| 章山 | 今羊头山一带的山岭 | 位于河南省境内。 |
| 皋水 | 今干江河 | 位于淮河最大支流沙颍河的主要支流澧河上。 |
| 声匈山 | 具体名称不详 | ①根据章山位置推断,在河南省西平县境内。②依据鲜山的位置推算,应在安徽省岳西县境内。 |
| 大騩山 | 具体名称不详 | 依据山川里程推断,应在河南省沁阳县境内。 |
| 踵臼山 | 具体名称不详 | 此山位于河南省境内。 |
| 求山 | 今湖北木兰山 | 位于湖北省武汉市北部,是大别山山脉中的第一座山。 |
| 求水 | 今木兰川 | 位于黄陂区木兰山东麓,距离武汉市中心40公里,素有"十里画廊花果川"之称。 |
| 丑阳山 | 具体名称不详 | 根据里程推算,此山可能位于河南省光山县境内。 |
| 奥山 | 今安徽羊头岭 | 位于安徽省六安市金寨县。 |
| 奥水 | 具体名称不详 | 奥水发源于安徽省金寨县南部大别山区北麓的史河。 |
| 服山 | 今安徽菟枉岭 | 位于安徽省西部。 |
| 杳山 | 今安徽北山 | 位于安徽省霍山县境内。 |
| 凡山 | 今安徽小关山 | 位于安徽省庐江县境内。 |
| 洞庭山 | 具体名称不详 | 位于湖南省岳阳市境内。 |
| 篇遇山 | 今壶瓶山 | 位于湖南省西北部,壶瓶山是湖南省与湖北省的界山。 |
| 云山 | 今湖南大同山 | 位于湖南省石门县境内。 |
| 龟山 | 今湖南五雷山 | 位于湖南省慈利县东部,海拔1000米。 |
| 丙山 | 今湖南大基山 | 位于湖南省澧县境内。 |
| 风伯山 | 今长右岭 | 位于湖北省石首县与湖南省安乡县之间。 |
| 夫夫山 | 今湖南东山 | 位于湖南省华容县境内。 |
| 洞庭山 | 今君山 | 位于湖南省岳阳市的西南部,是洞庭湖中的一个小岛。 |

| 地名 | 今名 | 讲解 |
|---|---|---|
| 澧 | 今澧水 | 发源于湖南省西北部的桑植县,流入洞庭湖之后注入长江。 |
| 沅 | 今沅江 | 发源于贵州省都匀市附近的云雾山鸡冠岭。 |
| 潇湘 | 今湘江 | 发源于广西的海洋山,在湖南省与潇水汇合,称湘江。 |
| 暴山 | 今湖南幕阜山 | 位于湖南省平江县东北部。 |
| 即公山 | 今湖北梧桐山 | 位于湖北省通城县境内。 |
| 尧山 | 今湖北白岩山 | 位于湖北省来凤县大河镇境内,地处鄂渝边界。 |
| 江浮山 | 今湖北九宫山 | 位于湖北东南部通山县境内,横亘鄂赣边陲的幕阜山脉中段,与黄山、庐山、峨眉山在同一条轴线上。 |
| 真陵山 | 今湖北幕府山 | ①依据江浮山位置推测,此山为湖北省阳新县境内的幕府山。②依据山川里程推断,此山是江西省瑞昌县的岷山。③根据幕府山的位置来推断,此山可能在湖北省阳新县境内。 |
| 紫桑山 | 今江西庐山 | 位于江西省九江市境内,濒临鄱阳湖。 |
| 荣余山 | 今江西石门山 | 位于江西省彭泽二县之间。 |
| 结匈国 | 今山东或云南 | ①山东人称蛇为虫,所以结凶国在今山东境内。②按南山的位置推断,结匈国可能在今云南或云南以南地区。 |
| 南山 | 今山东南部 | ①顾祖禹《读史方舆纪要》中记此山"在县(曹县)南八十里",所以南山极有可能是史载中的"曹南山"。②可能在横断山脉的南端或中南半岛上。 |
| 羽民国 | 商末戴国 | 从甲骨文中看,商末时期的戴国无论其国名音、形、义与方位都与羽民国释文相同,因此推断羽民国为商末戴国。 |
| 神人二八 | 商末商丘 | 据金文、甲骨文内容推断"二八神"是商末的商丘。 |
| 毕方鸟 | 今金乡县或汉张狐县 | 经文中记载毕方鸟在青水西,而金乡县和汉张狐县正邻于青水(泗水)西。 |
| 青水 | 今泗水 | ①据《水经注·泗水》:"清水,即泗水之别名也。"所以,青水就是泗水。②依据南山即为横断山脉推断,青水即为云南省的怒江。 |
| 讙头国 | 商代朱丹国 | 文中描绘的"讙头国"正是商代金铭族族徽,而讙头国正是商代朱丹国所在地。 |
| 厌火国 | 炎国 | 根据段氏的"炎、熊、员三字双声"观看,厌火国所释的熊盈姓或赢姓国,可能通指炎国。 |

| 地名 | 今名 | 讲解 |
|---|---|---|
| 三株树 | 今山东滕县 | 陶潜的《读山海经》曰："灿灿三株树,寄生赤水阴。"三株树在厌火北,赤水上,已知厌火即商代赢族的细方,由此推断三株树可能在今山东滕县井亭煤矿附近。 |
| 三苗国 | 南海 | 传说中尧禅位于舜,而三苗的君主不服,尧杀了他,把三苗迁到南海并称为三苗国。 |
| 载国 | 今山东即墨市西庄 | "载"即"夷",从史书中看,为周国名,后入于齐,今山东即墨市西庄。 |
| 贯匈国 | 今河南汲县 | 贯匈国即殷商时期的贯方,位十今河南汲县。 |
| 交胫国 | 今山东陶县 | 交胫国即商代的方国,位于山东省陶县。 |
| 歧舌国 | 今山东宁阳县东北 | 歧舌国今山东宁阳县,即不死民与泰山昆仑之间。 |
| 昆仑虚 | 今东海中的方丈山 | 相传昆仑虚位于东海中的方丈山,也有观点认为其位于马来半岛东的昆仑山诸岛。 |
| 寿华之野 | 今山东泰安 | 寿华,位于今天的山东省泰安市附近。 |
| 三首国 | 今山东临朐 | 三首国位于今天的山东临朐附近,即祝其、诸县与平寿之间。 |
| 周饶国 | 今山东诸城县 | 周饶国就是今人所说的小人国,本指谙县娄族的旧地,也就是今天的山东诸城。 |
| 长臂国 | 今山东平寿县 | 长臂国临近潍水上游,在焦侥国的东部,也就是今天的山东诸城县西南,即今天的山东平寿。 |
| 狄山 | 今九疑山 | ①九疑山位于今天的湖南宁远南部,属于南岭山脉的萌渚岭。②依据《墨子·节葬篇下》中:"尧北教八狄,道死,葬蛩山之阴。"来推断,狄即为春秋时齐国的狄邑,相当于今天山东省青县的东南部,狄山即在此处。 |
| 灭蒙鸟 | 今河南商丘市 | 灭蒙鸟在结匈国北方,而结匈国位于商丘西北,由此可以断定,灭蒙鸟位于今天商丘市的东北部。 |
| 大乐之野 | 两种说法 | ①根据名称推断,大乐之野在今天的四川省乐山市附近。②大乐之野或大遗之野就是大夏、太原之野。大夏、夏墟为河东永济到霍山一带的大平原。 |
| 三身国 | 今山西太原北 | 三身国在有夏后启的大乐之野北。也就是今天山西太原南平陶县一带。 |
| 一臂国 | 今河北元氏县 | 一臂国西临三身国,在今天的河北元氏县附近。 |

| 地名 | 今名 | 讲解 |
|---|---|---|
| 奇肱国 | 今山西黎城县东北 | 奇肱国就是商代黎国。春秋时期黎国从今天的山西长治市西南,迁至今山西黎城县东北。 |
| 女祭女戚 | 今郑州管城附近的古祭城 | 女祭、女戚位于黄河南岸,北对沁河,构成地处两水之间的地理环境。 |
| 丈夫国 | 今山西显县北 | 丈夫国位于商代甫方,也就是今山西显县北。 |
| 女丑 | 今山西河津附近 | 在甲骨卜辞中,"女丑"属于"尤"方,在巫咸国附近,即安邑故城。 |
| 巫咸国 | 今山西夏县西北禹王城 | 商末周初的方国志中记载,巫咸为商代元臣,晚商有城邑称巫咸。巫咸国地属安邑故城,也就是今天山西夏县西北禹王城。 |
| 并封 | 今山西南部 | 从地理方位来看,并封即是先周名城,就是山西的南部。 |
| 女子国 | 今山西夏县西北禹王城 | 在甲骨文中,"安"与女子国同义,指史书中所描述的安邑。 |
| 轩辕国 | 今临汾县东北 | 轩辕国位于襄汾、翼城、曲沃之间,是以襄汾陶寺附近为主体的先夏文化氏族与部落,位于今临汾县城东北。 |
| 白民国 | 今陕西北部的陕北高原和山西西部 | 白民国即周与春秋时期的白狄同燕北的貊国相融合而成的民族。 |
| 肃慎国 | 今东北地区 | 肃慎位于古代东北,是满族的祖先。主要分布在今天的长白山以北,西至松嫩平原,北至黑龙江中下游的广大地区。 |
| 长股国 | 今山西河律县东南 | 长股国属于"戎"的分支。属于庙底沟文化后裔,不断发展衍生的结果。 |
| 无启国 | 今陕西白水县东北的彭衙堡 | 无启国国名有长生不死之意,在金文中为沃沮国。 |
| 钟山 | 今吕梁山脉东侧、霍山东南 | 根据我国地形的实际情况,钟山"身长千里"只能是南北走向,而"烛龙"属于内蒙古的阴山山脉,可推断出钟山的位置。 |
| 一目国 | 今陕西北部边界地带 | 一目国即商末鬼方,而现代考古学界已经在与山西毗邻的陕西北部边界地带,发现了大片称之为"鬼方文化"的"李家崖"考古学文化。 |
| 柔利国 | 今雁门马邑附近 | 从文字上来看,即商末铖方,在雁门马邑附近。 |
| 深目国 | 今山东蒲山都城至滕县南一带 | 由深目国属于商代的"望"方即可推知。 |

| 地名 | 今名 | 讲解 |
|---|---|---|
| 无肠国 | 今山东莒县东 | "无肠"即"吕国",是周初封国,为任姓国,被称为"南夷"。 |
| 聂耳国 | 今山东寿县东南四十余处 | 聂耳国临近无肠国,也就是临于吕的商代虎方。 |
| 夸父国 | 今河南湖县夸父山附近 | 夸父国在河渭交汇处的河曲东面不足百里处。 |
| 拘瘿国 | 今山西神池、五寨二县境内 | 拘瘿国是春秋时期的北狄国楼烦国。 |
| 寻木 | 今山西省石楼县 | 寻木不是树木,而是谐音而来的地名。依据音韵和地理方位可以判断寻木就是山西省石楼县。 |
| 跂踵国 | 今河北省完县东南 | 跂踵国是商代方国,即为河北嵩城县商代遗址。 |
| 欧丝之野 | 今河北蔚界境内 | 鸥丝之野在呕夷河流域,即河北蔚界境内桑干河支流壶流河和河北大清河支流唐河。 |
| 三桑 | 今北京房山区与门头沟区的接壤地带 | 三桑,即为北京房山区与门头沟的接壤地带的太行山分支大安山。 |
| 范林 | 今河北定兴县南 | 范林就是范水之林、范阳之林。范水发源于大安山,注入白洋淀。因此可断定范林位于今天的河北定兴县南。 |
| 平丘 | 今胶东半岛 | 因"平丘盛产甘粗、甘华、百果"与胶东半岛特产"甘粗(甜梨)"、"甘华(苹果)"相同。 |
| 磋丘 | 今山东烟台 | 根据地理位置判断,磋丘是越海连接辽东半岛的起点,在古蓬莱城东南三十余里处。 |
| 大人国 | 今苗岛半岛和辽东半岛上 | 商末大人国名"服",属于渤海。 |
| 奢比尸 | 今山东德州至临淄之间 | 奢比是方国名称"兔方"在山东德州至临淄之间。 |
| 君子国 | 今安徽五河县 | 君子国位于奢比尸北即商代上虞北,与历史上的吴国地理位置相吻合,今安徽五河县。 |
| 朝阳谷 | 今山东临朐东北朝阳故城附近的朝水 | 朝阳谷的意思是有水注入的朝阳之地。 |
| 青丘国 | 今山东广饶县北 | 春秋战国时期,青丘盛产五谷、丝帛,并以九尾狐闻名。 |
| 黑齿国 | 今辽宁锦西县 | 黑齿国位于今天的辽宁锦西县北池香乌金塘村李虎氏屯山谷中。 |

| 地名 | 今名 | 讲解 |
|---|---|---|
| 汤谷 | 今辽宁锦州 | 汤谷即首阳山谷,位于锦州附近的黑齿国东北部。 |
| 雨师妾 | 今辽宁抚顺市西南 | 雨师妾位于商代的要方,辽西汤谷的东北,辽水边的辽东玄股国西南。 |
| 玄股国 | 今辽宁黑山县至阜新蒙古族自治县之间 | 玄股国人穿鱼皮衣与今天生活在东北的赫哲族习俗相同,所以玄股国就是古代的渤海国。 |
| 毛民国 | 今东辽河东北地区 | 东辽河是辽河东侧一大支流,毛民即为貘民,位于辽河东北。 |
| 劳民国 | 今俄罗斯海参崴基洛夫镇附近 | 基洛夫镇遗址位于滨海地区海参崴阿尔姆电站附近的基洛夫镇附近。 |
| 闽 | 今浙江南部和福建一带 | 闽人即福建土著人。 |
| 伯虑国 | 今巴厘岛或加里曼丹岛 | ①伯虑国位于爪哇岛东部,就是今天的巴厘岛。②位于东南亚马来群岛中部,就是今天的加里曼丹岛。 |
| 离耳国 | 今海南儋县 | 位于海南岛西北部,北门江流域。 |
| 枭阳国 | 今广西境内或中南半岛中部 | ①根据《海内南经》记载,枭阳国在广西境内。②根据伯虑国和离耳国的位置,枭阳国在今天中南半岛中部。 |
| 湘水 | 今湖南湘江 | 长江主要支流之一。发源于广西东北部兴安、灵川、灌阳、全州等县境内的海洋山。 |
| 苍梧山 | 今九疑山 | 又名九嶷山、苍梧之山,属于南岭山脉的萌渚岭。 |
| 丹山 | 今巫山支脉 | 依据《路史·后记十三》记载:丹山是今天的巫山,位于四川、湖北两省边界。 |
| 氐人国 | 今甘肃、陕西、四川三省交接地带 | 氐人族支系繁多,一从事畜牧业和农业为主。周秦时分布在今甘肃、陕西、四川三省的相邻地带。 |
| 高山 | 今四川西部大雪山 | 高山位于临沧县东北,澜沧江西岸,属于哀牢山的南延部分,呈南北走向。 |
| 开题国 | 今新疆乌鲁木齐附近 | 根据匈奴的位置,可以断定开题国在新疆乌鲁木齐附近。 |
| 疏属山 | 今陕西省境内 | ①今陕西省绥德县。②今陕西省富县和洛川县之间。 |
| 开题 | 即笄头山 | 开题疑为笄头山,又名崆峒山。 |
| 高柳 | 今山西省阳高县 | 阳高县位于山西省东北部,北跨万里长城,以阴山余脉与内蒙古接壤,自古就是汉族与少数民族交会之地。 |

中华传世藏书

山海经诠解

《山海经》地理考

| 地名 | 今名 | 讲解 |
| --- | --- | --- |
| 流黄酆氏国 | 今鄂尔多斯高原 | 按照《禹贡》划分,酆氏国隶属于远古的雍州。也就是今天的鄂尔多斯高原。 |
| 钟山 | 今内蒙古或新疆 | ①今内蒙古的阴山。②在新疆境内。 |
| 东胡国 | 今辽河上游老哈河、西拉木伦河流域 | 东胡因居匈奴以东而得名,是我国春秋战国时期的少数民族。 |
| 貊国 | 今南起山东半岛,北至松花江流域中游的广大地区 | 貊是秽貊,秽貊族是夏商时期的少数民族。 |
| 渤海 | 今新疆罗布泊 | 古称盐泽、蒲昌海等,是新疆维吾尔自治区东南部湖泊罗布泊。 |
| 洋水 | 今叶尔羌河 | 位于新疆,是塔里木河的源头,源于克什米尔北部喀喇昆仑山脉的喀喇昆仑山口。 |
| 黑水 | 今喀什喀尔湖 | 今新疆维吾尔自治区的喀什喀尔湖。 |
| 蛇巫山 | 今昆仑山附近或四川、湖北边境 | ①依据原文推断,今昆仑山附近。②今湖北、四川。 |
| 犬戎国 | 今陕西省 | 依据《史记·匈奴列传》所载推断,为今陕西榆林、横山、靖边、定边及甘肃环县一线。 |
| 鬼国 | 今天陕西东北角和山西保德、右玉一带 | 即商代方国鬼方。 |
| 戎 | 具体名称不详 | 古代族群,后来成为古代西方少数民族的泛称。 |
| 林氏国 | 今河北省 | 依据《史记》中的记载"林氏再战而胜,上衡氏伪义弗克。"推断林氏国大约在河北北部一带。 |
| 阳汙山 | 今陕西潼关 | 《穆天子传》中提过:"至于阳纡之山,河伯无夷之所居。" |
| 凌门山 | 今陕西韩城市附近的龙门山 | 《水经注》云:"河水又出于阳纡。凌蒙之山,而注于冯逸之山。" |
| 盖国 | 今辽宁东部和吉林东部 | 依据《三国志》所载相关内容推断,今辽宁新宾、桓仁、吉林通化、集安河朝鲜平安北道。 |
| 钜燕 | 今河北北部和辽宁西部 | 钜燕即大燕,古国名,公元前11世纪被周分封为诸侯国,公元前3世纪被秦所灭。 |
| 朝鲜 | 今朝鲜半岛北部地区 | 《名山藏》记载:"朝鲜近日本,日之所出,朝景鲜明也。" |

| 地名 | 今名 | 讲解 |
|---|---|---|
| 列姑射 | 今韩国江华岛 | 韩国京畿道离海岸不远黄海中的岛屿,大体呈长方形,面积422平方公里。 |
| 大人之市 | 今海市蜃楼 | 在登州海的中州岛上所见的市集景象,可能是海市蜃楼。 |
| 大夏 | 今阿富汗境内 | 大夏位于费尔干纳以西的锡尔河中下游,大致在今阿富汗境内,是我国羌族的一支。 |
| 竖沙 | 今新疆维吾尔自治区 | 在今天新疆莎车县一带。 |
| 居繇 | 今乌兹别克斯坦境内 | 位于中亚费尔干纳盆地,也就是今乌兹别克斯坦境内。 |
| 月氏 | 今甘肃河西走廊的敦煌、祁连山之间 | 月氏是公元前3世纪至公元1世纪在今甘肃河西走廊的敦煌、祁连山之间的游牧民族。 |
| 流沙 | 今克孜勒库姆沙漠 | 在中亚锡尔河与阿姆河之间,乌兹别克斯坦、哈萨克斯坦和土库曼斯坦境内。 |
| 西胡 | 具体位置不详 | 中国古代对西域各族的泛称。因在匈奴西而得名。 |
| 雷泽 | 三种观点 | ①依据《汉书·地理志》考证为今山东菏泽市东北。②一说在今山西蒲州市南。③一说在今江苏、浙江和安徽交界处的太湖。 |
| 都州 | ·今云台山 | 都州属于今江苏省东北山岭,可能是指今天连云港的云台山。 |
| 郁州 | 今江苏连云港市东的云台山一带 | 古时在海中,今天与大陆相连,在今连云港市东的云台山一带。 |
| 琅邪台 | 今山东青岛胶南琅琊镇 | 琅琊台东临龙湾,西靠琅琊镇,北依车轮山,南有千古名胜琅琊台,与青岛隔海相望。 |
| 北江 | 今青衣江 | 青衣江是四川中部大渡河的支流,发源于邛崃山脉巴郎山与夹金山之间的蜀西营。 |
| 曼山 | 今蒙山 | 四川名山县西北,山势北高南低,东北西南走向,呈带状分布,延伸至雅安境内。 |
| 南江 | 今大渡河 | 四川西部的大渡河,主源大金川发源于青海、四川边境的果洛山,在四川丹巴县与小金川汇合后称大渡河,至乐山县入岷江。 |
| 浙江 | 今钱塘江 | 今浙江省第一大河,发源于安徽黄山,流经安徽、浙江二省。 |
| 庐江 | 今庐源水或青弋江 | ①庐源水发源于今江西省婺源县西北庐岭山。②青弋江的正源称美溪河,源出安徽黟县。 |
| 彭泽 | 今鄱阳湖 | 江西省北部,长江南岸,是我国第二大湖,第一大淡水湖。 |

| 地名 | 今名 | 讲解 |
|---|---|---|
| 淮浦 | 今江苏省涟水县 | 汉武帝元狩六年,设置淮浦县,属临淮郡。 |
| 淮水 | 两种观点 | ①秦淮河古称。在远古时代,就是扬子江的支流,后人误认为此水是秦时所开,所以称为"秦淮"。②淮河,中国东部的主要河流之一。 |
| 馀山 | 今大复山 | 位于河南桐柏山中的大复山。 |
| 朝阳 | 今河南邓州 | 古县名,位于河南邓州市东南。 |
| 义乡 | 具体所指待考 | 可能是"义阳",郡国名,三国魏文帝时设置,后多次变动。 |
| 舜葬 | 今湖北九疑山 | 即舜所葬之地,湖北宁远南的九疑山。 |
| 洞庭下 | 具体所指待考 | 相传洞庭是一个巨大的地穴,位于水底,无所不通。 |
| 东南西泽 | 具体所指待考 | 可能是洞庭湖别名。 |
| 汉水 | 今濮水 | 上游分两支,合流于今河南长垣县西。 |
| 汉阳 | 今贵州省 | 位于贵州省境内。 |
| 颍水 | 今颍河 | 淮河最大的支流,在今安徽西北部及河南东部,发源于河南登封市嵩山西南。 |
| 华阳 | 今陕西秦岭以南、四川、云南和贵州一带 | 因在华山之阳得名。 |
| 鄢 | 今河南鄢陵北 | 周初封为鄢国,东周周平王初改为鄢陵,汉初置县,至今已有2000多年。 |
| 雍氏 | 今河南禹州市 | 雍氏,即雍梁邑,位于禹州市东北。 |
| 期思 | 今河南淮滨县 | 淮滨县位于河南省东南部,淮河中上游。因地处淮河之滨而得名。 |
| 郁郅 | 今甘肃省庆城县 | 庆阳县原名庆城县,位于甘肃东部,泾河上游。 |
| 江州 | 今重庆市 | 战国时期在今重庆市嘉陵江北岸,三国时期移至嘉陵江南岸。 |
| 沅水 | 今沅江 | 今湖南省北部,濒临洞庭湖。 |
| 象郡 | 今广西西部、越南北部中部 | 秦始皇在岭南设置的三郡之一,初设于公元前214年。 |
| 下隽 | 今湖北通城县西北 | 湖北省东南部,湘鄂赣三省交界之幕阜山北麓 |
| 湖陵 | 今山东鱼台县东南 | 战国时期为宋国胡陵,秦设置为湖陵县。 |
| 淮阴 | 今江苏淮阴县 | 秦时置县,因治所地处古淮河之南而得名。 |

| 地名 | 今名 | 讲解 |
|---|---|---|
| 赣水 | 今赣江 | 位于长江以南、南岭以北,是江西省最大河流。西源章水出自广东省毗连江西南部的大庾岭,东源贡水出自江西省武夷山区的石城县的赣源崇,在赣州汇合称赣江。 |
| 聂都 | 三种说法 | ①一说今江西大余县。②一说今江西于都县。③一说今江西省南康市西南。 |
| 泗水 | 今泗水 | 泗水是位于山东省的一条河流,又名淇水,发源于山东省蒙山南麓。 |
| 肆水 | 溱水 | 发源于今湖南临武县东南。 |
| 番禺 | 今广东省广州市 | 古县名,因番山、禺山得名。古时所称的"番禺"城通常是指今天的广州中心老城区,而非现在的广州市番禺区。 |
| 湟水 | 今广西湟江 | 古水名,今广西西北湟江。 |
| 桂阳 | 今广东省连州市 | 原广州连县,广东省历史文化名城。西汉初立县,隋朝开皇十年建州,称连州。 |
| 洛西山 | 两种说法 | ①今陕西省蘁举山。②在今河南省洛阳市。 |
| 成皋 | 今河南省荥阳市汜水镇西 | 荥阳东有鸿沟连接淮河、泗水;北依邙山,毗邻黄河;南临索河连嵩山;西过虎牢关接洛阳、长安。地势险要,交通便利、在历史上的兵家必争之地。 |
| 皮氏 | 今山西河津市 | 地处山西西南部。战国时邑属魏地皮氏,秦置皮氏县。宋宣和二年改为河津县。1994 年撤县建市。 |
| 济水 | 今山东济阳县和济南市 | 济水,古水名,发源于今河南,流经山东入渤海。 |
| 钜鹿泽 | 今山东巨野县北 | 即大野泽。 |
| 琅槐 | 今山东利津县东南 | 古县名,今位于山东省北部,隶属于东营市。为黄河入海口,鱼虾等水产资源丰富。 |
| 潦水 | 今辽河 | 我国七大河流之一,辽宁人民的母亲河,发源于河北平泉县,流经河北、内蒙古、吉林和辽宁 4 个省区,在辽宁盘山县注入渤海。 |
| 潦阳 | 今辽宁辽中县 | 古县名,即辽阳。现位于辽宁省中部。新石器时代就有人类居住,西汉时内置辽阳县。 |
| 齐 | 今山东泰山以北黄河流域及胶东半岛地区 | 战国时齐地,汉以后沿称齐。 |
| 晋阳 | 今山西太原一带 | 即秦置晋阳城。历经秦汉、三国、南北朝、隋唐、五代,于宋太平兴国四年毁于战火。 |

| 地名 | 今名 | 讲解 |
|---|---|---|
| 阳曲 | 今山西太原市四十五里 | 阳曲县政区古今变化非常大,这里的阳曲包括今天的定襄县和阳曲县。 |
| 章武 | 今河北黄骅市东北 | 古县名,西汉时设置。位于今天河北省黄骅市故县村,北齐废。 |
| 山阳 | 今河南修武县 | 战国魏邑,汉朝置山阳县,北齐废,今天在河南省焦作市修武县西北三十五公里。 |
| 大壑 | 今菲律宾东北 | 大致位于今菲律宾东北,马里亚纳群岛附近的那利亚纳海沟。 |
| 蒚国 | 今吉林盘石、永吉、舒兰等市县的西团山文化所在地 | 可能是妫国,是舜所居住过的地方,妫国人是舜的后裔。 |
| 融水 | 今融江 | 广西融江属于珠江上游水系,发源于贵州,流经广西三江、融安、融水三县入柳江。全长20多公里。 |
| 奢比尸 | 今天的山东德州和临淄之间 | 奢比尸是肝榆之尸,根据商周奢比和肝榆是"兔"字的异体字推断,奢比就是方国名称"兔方",即山东德州和临淄间。 |
| 荣山 | 今招瑶山 | 有人认为是招瑶山,具体位置待考。 |
| 黑水 | 今黑水河 | 有人认为是越南境内的黑水河,具体位置待考。 |
| 不姜山 | 今具体位置待考 | ①可能在今贵州省境内。②可能在今中南半岛北部。 |
| 黑水 | 今喀尔喀什河或黑水河 | ①今新疆境内的喀尔喀什河。②今越南境内的黑水河。 |
| 澧水 | 今桑植县澧水 | 可能为湖南西北桑植县的澧水,注入洞庭湖。 |
| 清水 | 今清水江或澜沧江 | 水名,一说为今贵州省得清水江;另一说为今中国西南部的澜沧江。 |
| 云雨之山 | 山名,具体所指待考 | 一说即今重庆、湖南边境的巫山;另一说为今贵州的云雾山。 |
| 赤水 | 今金沙江、额尔齐斯河或鄂毕河 | 一说是指今金沙江;另一说指位于西北的额尔齐斯河或鄂毕河。 |
| 西周 | 今陕西武功县 | 西周为古代部落名,始祖为后稷。 |
| 西海 | 今青海湖 | 古水名,可能指的是今天青海省的青海湖。 |
| 赤水 | 今黄河或金沙江 | 两种说法,一种说法认为这里指黄河;另一说法认为是今天的金沙江。 |
| 芒山 | 今所指不详 | 可能因为山上长满了芒而得名。 |
| 桂山 | 今所指不详 | 可能因为山上长满了桂而得名。 |
| 灵山 | 今巫山 | 可能是今天西北地区的巫山。 |

| 地名 | 今名 | 讲解 |
| --- | --- | --- |
| 錞山 | 今青海省某山 | 具体所指不详，大致位于青海省境内。 |
| 海山 | 今青海省某山 | 具体所指不详，大致位于青海省境内。 |
| 桃山 | 今所指不详 | 可能因为山上长满桃树而得名。 |
| 异州山 | 今所指不详 | 可能位于今天的甘肃省天水市西部。 |
| 江山 | 今邛崃山 | 山名，位于四川境内的邛崃山；也有人认为不是单独的山名，指江和山。 |
| 西海 | 两种说法 | ①今天青海省境内的青海湖。②新疆境内的罗布泊。 |
| 赤水 | 今黄河 | 可能指黄河上游。 |
| 昆仑丘 | 今甘肃 | 在今天甘肃省境内。 |
| 炎火山 | 今新疆火焰山 | 可能是今新疆吐鲁番的火焰山。 |
| 常阳山 | 今具体位置不详 | 可能在今陕西之南，四川之北。 |
| 巫山 | 今有两种说法 | ①在今天湖北、重庆边境。②在今天的河南禹州市附近。 |
| 胡不与国 | 今黑龙江省友谊县境内 | 即《汉书》中所记载的"挹娄国"，位于今天黑龙江省双鸭山市友谊县境内东南四十八公里处的凤林村。 |
| 不咸山 | 今东北长白山 | 长白山是中朝两国的界山，位于吉林省延边朝鲜族自治州安图县和白山市抚松县境内。 |
| 肃慎国 | 今黑龙江、乌苏里江和长白山一带 | 肃慎国的主要民族是前慎族，是现代满族的祖先。 |
| 先民山 | 具体位置不详 | 大约是东北的山脉，具体所指不详，待考。 |
| 北齐国 | 具体位置不详 | 可能是西周初年的齐国。 |
| 先槛大逢山 | 今山东半岛某山 | 依据先槛大逢山是河水和济水的入口处，海水也从北方流到这里，可推断出在今天的山东半岛。 |
| 丹山 | 今内蒙古赤峰 | 有人认为丹山以出产朱丹而得名，可能位于今天内蒙古赤峰，山体呈红色。 |
| 北极天柜 | 今具体位置不详 | 可能在今俄罗斯境内。 |
| 岳山 | 今具体位置不详 | 大致位于山西霍州市西南的霍山。 |
| 系昆山 | 今具体位置不详 | 大致位于阴山山脉。 |
| 冀州 | 今山西南部、河南东北部、河北西南角和山东最西的一部分 | 九州之首，中华民族发源地。 |

| 地名 | 今名 | 讲解 |
|---|---|---|
| 犬戎 | 今陕、甘一带 | 中国古代的一个民族,活动于今天的陕西、甘肃一带,是殷周西边的劲敌。 |
| 黑水 | 今疏勒河 | 疏勒河是中国西北部甘肃省河西走廊三大内陆河流之一。 |
| 章山 | 今所指不详 | 可能在今甘肃省境内。 |
| 朝鲜 | 今朝鲜半岛北部 | 依据郭璞记载:"朝鲜今乐浪郡也。"推断朝鲜为朝鲜半岛北部。 |
| 天毒 | 今印度 | 依据郭璞记载:"天毒即天竺国,"天竺就是今天的印度。但是,印度与朝鲜一南一北,相距很远,记在一处,似有讹误。 |
| 壑市 | 今西北地区 | 依据《水经注禹贡山水泽地所在》记载:"流沙在西海郡北,又迳浮渚,历壑市之国。"因此壑市在我国西北地区。 |
| 鸟山 | 今新疆境内 | 依据《水经注》记载:"流沙历壑市之国,又迳于鸟山之东。" |
| 若水 | 今雅砻江 | 四川雅砻江与金沙合流后的一段,古时也称为若水。 |
| 列襄国 | 今川贵边境 | 可能是夜郎,大体位置在今天的四川与贵州的交界处。 |
| 盐长国 | 今四川境内 | 大致在今四川省境内,因为产盐所以得名。 |
| 南海 | 今地点不定 | 古时南海具体所指因时而异,先秦有时指东海,有时指南方各族的居住地,有时指南部的某一海域,西汉后开始固定指今天的南海。 |
| 衡山 | 今湖南衡山县境内的南岳衡山 | 根据《晋书地理志》记载:"今衡山在衡阳湘南县,南岳也,俗谓之岣嵝山。" |
| 菌山 | 今湖南岳阳洞庭湖中的君山 | 位于今天岳阳市区的西南方,水程12公里,总面积0.98平方公里,与千古名楼岳阳楼口隔湖相望。 |
| 桂山 | 约在今广西境内 | 因桂山多桂树,依据《神农本草经》记载:"菌桂出交趾,圆如竹,为众药通使。"可推断出在广西境内。 |
| 苍梧 | 今湖南九嶷山以南、广西贺江、桂江、郁江地区 | 苍梧历史悠久,人杰地灵,上古为虞舜巡游之地,秦汉已建立郡县之制。 |
| 长沙 | 今湖南长沙 | 长沙因为有万里沙祠而得名,秦朝设置,汉为长沙国,明朝改为潭州府,又改为长沙府。今为湖南省省会。 |
| 蛇水 | 今克鲁伦河 | 可能位于今天内蒙古自治区内的黑龙江上游。 |
| 氐羌 | 今陕西、甘肃、青海、四川西部 | 我国古代少数民族,可能分布于今天的陕西、青海、甘肃、四川西部等地。 |

| 地名 | 今名 | 讲解 |
|---|---|---|
| 幽都山 | 今燕山及其以北诸山 | 可能位于今天山西、河北北部,具体位置大约在燕山及其以北诸山附近。 |
| 钉灵国 | 今俄罗斯东部贝加尔湖一带 | 钉灵又名丁令、丁零等,依据《汉书·苏武传》记载:"匈奴'徙武北海无人处,……丁令盗武羊'。"可以得知汉武帝时,丁令人活动在北海(今贝加尔湖)一带。 |

《山海经》地理考

# 第二十四章 《山海经》异木考

**黄耆**

　　旗瓣倒卵形，先端微凹。花黄色或淡黄色，花萼钟状，翼瓣与龙骨瓣近等长。荚果卵状长圆形，顶端有短喙；肾形的种子。

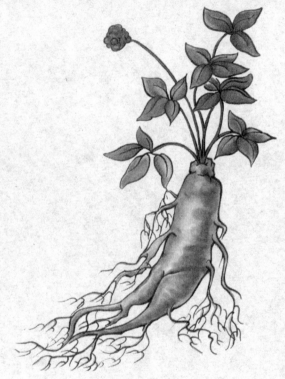

**人参**

　　因其全貌颇似人的头、手、足和四肢，故而称为人参。古代人参的雅称为黄精、地精、神草。人参被人们称为"百草之王"，是驰名中外、老幼皆知的名贵药材。

| 异木 | 形态 | 异兆及功效 |
|---|---|---|
| 人参 | 全貌颇似人的头、手、足和四肢。 | 老幼皆知的名贵材。 |
| 黄耆 | 旗瓣倒卵形，先端微凹。花黄色，或淡黄色，花萼钟状。 | 能够补气固表、利水退肿、托毒排脓。 |

**紫草**

主治心腹间邪气郁结及各种黄疸,可补益中气、通利九窍。有利尿滑肠,治疗便秘的作用。

| 异木 | 形态 | 异兆及功效 |
|---|---|---|
| 紫草 | 中草药的一种,多生长在山坡草地。 | 有凉血活血、清热解毒、滑肠通便的作用。 |

**樱桃树**

樱桃属于蔷薇科落叶乔木果树,樱桃成熟时颜色鲜红,玲珑剔透,

味美形娇,营养丰富,医疗保健价值颇高,又有"含桃"的别称。

| 异木 | 形态 | 异兆及功效 |
|------|------|-----------|
| 樱桃树 | 落叶小乔木,高可达 8m。叶卵形至卵状椭圆形。 | 其果实医疗保健价值颇高。 |

蜀葵

冬葵草

蜀葵属锦葵科,多年生大草本花卉。蜀葵的根、茎、叶、花、种子是药材,清热解毒,内服治便秘、解河豚毒、利尿、治痢疾。外用治疮疡、烫伤等症。

| 异木 | 形态 | 异兆及功效 |
|------|------|-----------|
| 蜀葵 | 多年生大草本花卉,茎直立而高。叶片互生,呈心脏形。 | 为药材,能够清热解毒,内服治便秘。 |
| 冬葵 | 有紫茎、白茎二种,以白茎为多,大叶小花、花紫黄色,其最小者,名鸭脚葵。 | 冬葵子甘、寒、能利水,滑肠,下乳。 |

**高耸入云的树**

　　远古时代,人类征服自然的初期,地球上物种丰富,除了怪异的动物外,也有很多奇异的植物,比如果实可增强记忆力的树。巨杉也是其中一种,它不但生长快,而且寿命极长;最高的巨杉可达三十多丈,树干的直径也有十多米,若从中央开一个洞,可并驾通过两匹马;因此它又被称为"世界爷"。可惜的是,巨杉同其他古老而珍贵的植物一样遭过度砍伐几近消亡。

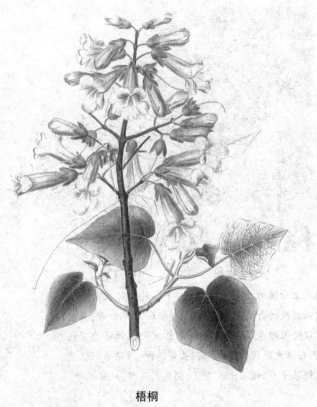

**梧桐**

**泽漆**

　　梧桐又叫白桐,是一种古老的树种,它的叶子与臭椿树的树叶十分相像。陆玑《草木疏》中说,白桐宜制琴瑟。柄山上有种怪木,叶似梧桐,其枝、叶、果均有剧毒。和它不同的是,梧桐不但没有毒,还可作药用,有消肿痛、生发的功效。

| 异木 | 形态 | 异兆及功效 |
|---|---|---|
| 芨 | 形状像臭椿树,叶子却像梧桐叶,结出带荚的果实。 | 能将鱼毒死。 |
| 葶苧 | 形状像苏草,却开红色的花。 | 其毒性能把鱼毒死。 |

**槐树**

　　槐树在地球上出现的历史非常悠久,早在荒古时代就有了它的身影。它因挺拔的身姿及结实的木质被认为可长寿,而它的果实确实可以使人增寿延年。《太清草木方》载,槐是虚星的精华,十月上巳日采自服用,可祛百病,长寿通神。《梁书》说,虞肩吾经常服用槐果子,已经七十几岁了,仍发鬓乌黑,双目有神。

| 异木 | 形态 | 异兆及功效 |
| --- | --- | --- |
| 槐树 | 树干挺拔,木质结实。 | 果实可以使人增寿延年。 |

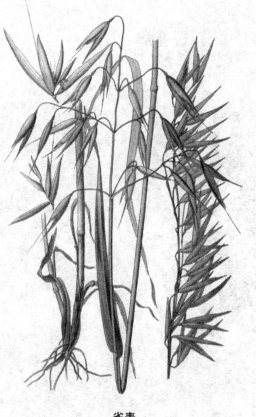

**酸枣**

蛊尾山上生长着许多酸枣树，这种树直至今天仍普遍存在着。其树高几丈，木理极细，树皮细且硬，纹如蛇鳞，因此被古人视为具有某种神性。酸枣还是珍贵的中药材，主治心腹寒热、邪结气聚、四肢酸痛等。

**雀麦**

后稷被奉为最早的谷物之神，他传授的五谷耕种之法使华夏民族彻底告别了以渔猎为生的游牧阶段。雀麦是一种常见的作物，又称牛星草，苗与麦极为相似，但穗小而稀少，结出的麦粒去皮可制成面粉。

| 异木 | 形态 | 异兆及功效 |
| --- | --- | --- |
| 酸枣 | 树高几丈，木理极细且硬，纹如蛇蟒。 | 珍贵的中药，主治心腹寒热、邪结气聚、四肢酸痛等。 |

蓍

菟丝子

酸浆

蛇含

　　蛇含,蔷薇科植物,叶子形如龙牙只是偏小,故俗名小龙牙。"蛇含"这个名字让人联想起《山海经》中那些奇异,食人的毒草,但恰恰相反,它不但没有毒,而且还能解一切蛇毒,并治疗寒热邪气,痈疽癣疮,蛇虫咬伤等。

梨树

　　梨树的果实味美多汁,古人极早就已发现其珍贵的药用价值。在《山海经》的众多怪木中,有种栯木,叶子极其像梨树叶,这种树叶具有强大的药效,它能治无药可解的嫉妒病。

桃树

李树

杨梅

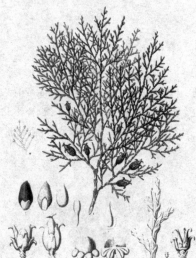

柏树

构树

柘树

**椒树**

椒树有很多种类,瘿椒树是我国特有的品种。

**栗子树**

各种栗树都结可以食用的坚果,栗子可以煮、烤,炒等多种
方法食用,也可以磨成粉用做面包,糕点的原料。

松树

莽草

桑树

　　桑树在我国已有七千多年的历史,早在远古时期,很多山岭上就生长着郁郁葱葱的桑树林。商代时,甲骨文中已出现桑、蚕、丝、帛等字形;到了周代,采桑养蚕成为常见农活。我国祖先还对桑树进行了改良,增加了产量,并使树株寿命长达百年,个别可达千年。

蔷薇

桃树

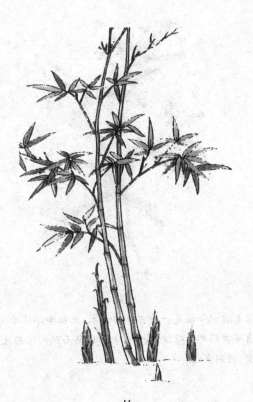

竹

　　洞庭山山系处处可见繁茂的竹林。人们认为竹的根部有雄、雌二枝,雌枝可以生笋,每隔60年开一次花,花一结实,竹子随即枯死。竹的种类颇多,用途也各不相同,有些可以入药,有些则宜食用。

桂竹

牡荆树

**合欢**

　　它自古以来就是一种吉祥的树木，象征着举家合欢。合欢花有安神解郁的疗效，对于因七情所伤而致的愤怒忧郁、虚烦不安，特别有效。

# 第二十五章 《山海经》神怪考

**人面兽身神** 明·蒋应镐图本

厘山山系之首尾，自鹿蹄山起到谨举山止，一共
九座山。山上的山神均是人的面孔、兽的身体。其
祭祀礼仪有一特别之处，即祀神不用精米。

| 异兽 | 形态 | 异兆及功效 |
|------|------|-----------|
| 人面兽身神 | 人的面孔，兽的身子。 | 管辖山内万物生灵。 |

猪身人面十六神　明·蒋应镐图本

人面三首神　明·蒋应镐图本

鸟身人面神　明·蒋应镐图本

荆山山系之首尾，自景山起到琴鼓山止，共二十三座山。这些山的山神都长着人的面孔，鸟的身子，很是怪异，但祭祀的礼仪却不可缺少。

熊山神　清·汪绂图本

传说熊山的一个洞穴一般是夏季开启而冬季关闭；如果某年冬季开启，来年就必定会发生战争。能预报战争的奇怪现象，除了熊山的洞穴以外，还有郧西北鼓山上的石鼓。如果石鼓自鸣，就会天下大乱，烽烟四起，与熊山石穴有异曲同工之妙。

马身龙首神　明·蒋应镐图本

马身龙首神　清·汪绂图本

**怪神　清·汪绂图本**

　　洞庭怪神也有操蛇、戴蛇的特征。人蛇关系是古代文化中一个常见的母题，古人对蛇的信仰以及人蛇的亲密关系由来已久，人身缠蛇形象及蛇形、蛇纹图案大量出现在商周时期的器具上。

**于儿　明·蒋应镐图本**

**帝之二女　明·蒋应镐图本**

**飞蛇** 清·汪绂图本

　　飞蛇就是螣蛇,又叫腾蛇。传说它能够兴雾腾云而飞行于其中,属于龙一类。但它也会死,曹操曾作诗说"神龟虽寿,犹有竟时。腾蛇乘雾,终为土灰。"

**鸟身龙首神** 清·汪绂图本

**蓐收　明·蒋应镐图本**

西方之神名叫蓐收,他左耳上有一条蛇,乘驾着两条龙四处飞行。

蓐收是西方天帝少昊之子,是西方刑神、金神,又是司日入之神,居住在西方的山中,掌管着西方一万二千里的地界。

**长股国　明·蒋应镐图本**

**乘黄　明·蒋应镐图本**

| 异国 | 形态特征 | 奇闻异事 |
|------|---------|---------|
| 白民国 | 白皮肤·披散着头发。 | 有瑞兽乘黄,人骑上可长寿。 |
| 肃慎国 | 平时没有衣服,冬天涂上厚厚的油才能抵御风寒。 | 一旦原地区有明主继位,雒棠树就会应德而生。 |
| 长股国 | 双腿奇长,可达三丈。 | 与长臂国人配合捕鱼。 |

**天吴** 明·蒋应镐图本

　　天吴这种神兽身体似虎,长有八个人面脑袋、八只爪子、八条尾巴,背部的皮毛黄中带青。"天"有"大"之意,"天吴"就是伟大的吴,是古老的原始狩猎氏族吴人的图腾兼始祖神。吴人以狩猎为生,所以,吴人崇拜这种似虎的动物。

**九尾狐** 明·蒋应镐图本

| 异国 | 形态特征 | 奇闻异事 |
|---|---|---|
| 青丘国 | 以五谷为食,船丝帛做成的衣服。 | 有一种长着四只爪子九条尾巴的狐狸。 |
| 黑齿国 | 一说那里的人牙齿漆黑,另一说脑袋漆黑。 | 习惯吃稻米和蛇。 |

**贰负臣危** 明·蒋应镐图本

相传，在黄帝将贰负和危拘禁在疏属山。汉宣帝时重现于世，二人在被运往长安途中变成了石人。宣帝问石人来历，刘向解释后说如果后世有明君出现，二人会被放出，宣帝不信，欲杀刘向，其子刘歆用少女乳汁相喂，石人复活并向宣帝说明来历，竟与刘向所说一致。宣帝龙颜大悦，拜刘向为大中大夫，其子刘歆为宗正卿。

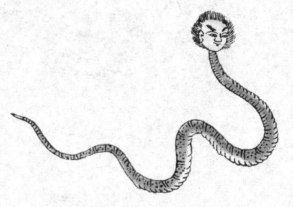

**窫窳** 明·蒋应镐图本

传说窫窳原来是一位天神，蛇身人面，后被贰负的下臣所杀，天帝念他罪不至死，命开明东的群巫用不死药救活了他。复活后的窫窳变成龙头怪兽，专门吃人，以此来发泄他被冤杀的怨恨。

| 异兽 | 形态 | 异兆及特异功能 |
|---|---|---|
| 危 | 右脚载着刑具，自己的头发反绑双手，绑在疏属山的大树下。 | 贰负神的臣子，与贰负合伙杀死窫窳神后，被天帝囚禁。 |

**冰夷　明·蒋应镐图本**

　　冰夷神的相貌是人面鱼身,居住在深三百仞的从极之渊,他经常乘着两条龙,巡游在天地江海之间。相传他是华阴潼乡堤首人,因为服用仙药八石而成仙,成为河伯。

**雷神　明·蒋应镐图本**

　　雷神长有龙身人头和一副鸟嘴,他时常在雷泽中游戏玩耍,据说他喜欢拍打自己的肚子玩,而且只要他一拍肚子,就会发出轰隆隆的雷声。

犁䰳尸 清·汪绂图本

有一个叫做犁䰳尸的神人,长着人的面孔和野兽的身子,他人面兽身,浑身被长毛覆盖,身披围腰,双脚站立。传说天神䰳犁被杀死后,灵魂不死,就变成了䰳犁尸,继续活动。

犁䰳尸 明·蒋应镐图本

| 异国 | 生活习俗 | 奇闻逸闻 |
|---|---|---|
| 蔿国 | 以黄米为食物,能驯化老虎、豹子、熊和罴四种动物。 | 舜还是普通人的时候,居住在这里。 |
| 中容国 | 平时吃野兽的肉和树木果实。 | 有种叫做赤木玄木的树,吃了便能成仙。 |
| 君子国 | 穿衣戴帽,一丝不苟,腰间佩剑。 | 温文尔雅,皆为翩翩君子。 |

**九尾狐　清·汪绂图本**

　　古代传说中九尾狐是四脚怪兽,通体火红的绒毛。善于变化和蛊惑。喜欢吃人,相传常用婴儿的哭泣声吸引路人的探视。如果九尾狐现世,则天下大乱。六朝时李逻注《千字文》"周伐殷汤",已谓妲己为九尾狐,九尾狐渐渐成为妖媚工谗女子的代称。

**乘黄　明·胡文焕图本**

黑齿国　清·汪绂图本

| 异国 | 生活习俗 | 奇闻逸闻 |
|---|---|---|
| 司幽国 | 以黄米饭为主,也吃野兽肉,能驾驭四种野兽。 | 男不娶,女不嫁。双方只凭着意念就可以相互通气受孕,不互婚也能生孩子。 |
| 白民国 | 以黄米饭为主,能驾驭豹子、老虎、熊、黑等四种野兽。 | 帝俊生帝鸿,帝鸿就是黄帝。白民国的人使帝鸿的后代。 |
| 青丘国 | | 有一种狐狸,长有九条尾巴。 |
| 嬴土国 | | 被称为柔仆民,境内土地肥沃。 |
| 黑齿国 | 以黄米饭为主,能驾驭四种野兽。 | 帝俊的苗裔。 |

天吴　明·胡文焕图本

天吴长有八个脑袋，每个脑袋上都是人的面孔，虎身，身后托着八条尾巴。胡本的天吴更具特色，画中天吴大头面露微笑，周围长着七个小头。

禺虢　清·汪绂图本

折丹　清·汪绂图本

| 异国 | 形态特征 | 地理位置 |
|---|---|---|
| 盖余国 | | 夏州国附近 |
| 玄股国 | 以黄米饭为主，能驾驭四种野兽。 | 有座招瑶山，融水从这里发源。 |

**应龙** 明·蒋应镐图本

　　传说应龙是龙中的最神异者,蛟千年化为龙,龙五百年化为角龙,角龙再过千年才能化为应龙。同时它还是黄帝的神龙,在黄帝与东方九黎族首领蚩尤的战争中立下了汗马功劳。后来在大禹治水的时候,应龙又在前面用龙尾在地上画出河道,引导洪水流向大海。

**雷泽之神** 明·蒋应镐图本

　　东海中有座流波山,入海七千里,山上栖息着一种形如牛的独足兽名夔;它是雷泽之神。

**女娲** 明·蒋应镐图本

　　传说天神华胥生男子名叫伏羲，生的女子就是女娲，伏羲身上覆盖着鳞片，女娲则长着蛇的身体。女娲神通广大，她一天之内就能够变化七十次。当时天地刚刚开辟，还没有人，于是女娲手捧泥土，根据自己的形象，捏出了一个个孩子，就是人。

**石夷** 清·汪绂图本

**狂鸟** 明·蒋应镐图本

女娲之肠十人　清·汪绂图本

太子长琴　清·汪绂图本

虫状如菟　清·《禽虫典》

十巫　清·汪绂图本

　　巫师是古代以求神占卜为职业的人,巫咸、巫即、巫肦、巫彭、巫姑、巫真、巫礼、巫抵、巫谢、巫罗等十个巫师居住于灵山之上,在山上采各种各样的药物,并通过灵山往返于人间与天上。

**西王母** 清·《神异典》

　　西王母又称王母娘娘,最初见于《山海经》中,是半人半兽的
形象。后世中,西王母的形象逐渐变美,《神异典》的西王母以君
主的形式出现,身边的三青鸟也变成了三个侍女。

| 异国 | 风俗习惯 | 奇闻逸闻 |
|---|---|---|
| 沃民国 | 吃凤鸟产的蛋,喝天上降下的甘露。 | 凡是他们心里想的美味都能得到。 |
| 昆吾族人 | 在名字叫三淖的地方取得食物。 | |

**羲和浴月　清·汪绂图本**

常義是帝俊的妻子，怀胎十二个月生下了十二个月亮女儿，个个饱满圆润，她非常疼爱她的女儿，每天给女儿洗浴打扮后，亲自带着一个女儿，乘着九凤拉的月亮车，巡行与夜空，为人间带来光明。

**嘘　明·蒋应镐图本**

**五彩鸟　明·蒋应镐图本**

| 山水 | 特色 | 神仙 |
|---|---|---|
| 日月山 | 太阳和月亮降落的地方。 | 神人嘘掌管日月的运行次序。 |
| 玄丹山 | 有五彩鸟，五彩羽毛，人面鸟身。 | |

九凤 明·蒋应镐图本

　　九凤，即九头鸟。长有九个脑袋，这九个脑袋之中有一个是主头，其余八个从左上方重叠长出，每一个脑袋都是人的面孔，颈部以下是鸟的身子，是人们崇拜与信仰的鸟神。

儋耳国　明·蒋应镐图本　　　　禺谨　明·蒋应镐图本　　　　彊良　明·蒋应镐图本

| 异国 | 风俗习惯 | 奇闻逸闻 |
| --- | --- | --- |
| 毛民国 | 依姓，以黄米为主食，能驱使四种野兽。 | 绰人的子孙后代。 |
| 儋耳国 | 任姓，以谷米为主食。 | 神人禺号的子孙后代。 |

相柳　山东沂南汉画像石

　　相传相柳为了吃人而不被人发现,豢养了一班凶人,替他在百姓中选择身宽体胖之人,供他吞食。同时对于那些瘦瘠的百姓施之以恩惠,可以博得一班瘦瘠之人的称誉,以掩饰他择肥而食的残酷,可谓一举两得。不知道相柳的底细的人,以为不过是共工孔壬的臣子而已。其实,雍州以西地区的早已民怨载道,大禹治水之时,才被诛灭。

相柳　清·汪绂图本

相柳　清·萧云从《天问图》

| 异国 | 风俗习惯 | 奇闻逸闻 |
|---|---|---|
| 无肠国 | 个子高大,肚子里没有肠子。吃过食物不消化直接排出体外。 | 由于排出的还是新鲜食物,富贵人家,将泄之物收好,给仆人或是自己下顿再吃。 |

# 第二十六章 《山海经》地图考

**坤舆万国全图** 利马窦 1602 年 纵 192 厘米 横 346 厘米南京博物馆藏

　　人类很早就开始探索自身居住环境的秘密,科学的脚步不可遏止地步步走来。这幅坤舆万国全图,即为世界地图,是利玛窦在中国传教时所编绘。主图为椭圆形的世界地图,并附有一些小幅的天文图和地理图。尽管利氏地图在图形轮廓和文字说明方面还有很不精确甚至错误之处,但在当时已不失为东亚地区最详尽的世界地图。

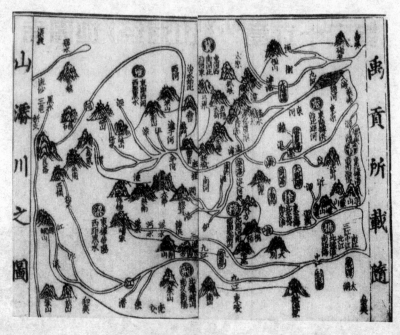

**禹贡所载随山浚川之图**　宋《书集传》

　　这幅地图是复原了禹贡山川情况的历史地图,内容是禹贡九州和各州的山脉,河流、湖泊,四夷等,《山海经》以及本节中的很多重要地名,如流沙、黑水、昆仑等在图中均有反映。

| 异国 | 地理位置 | 国家发展 |
|------|----------|----------|
| 酆氏国 | 后稷所葬地西面。 | |
| 东胡国 | 位于大泽的东面。 | 即后来的鲜卑国。 |
| 夷人国 | 东胡国的东面。 | |
| 貊国 | 汉水东北部,靠近燕国边界。 | 后被燕国所灭。 |

**列姑射** 明·蒋应镐图本

　　列姑射山里有神仙居住,其肌肤像冰雪一样洁白,亭亭玉立就像处女一样迷人,他不食五谷杂粮,只吸风饮露,腾云驾雾,驾驭飞龙,游乎四海之外,他的精神凝聚,能使万物不受灾害,年年五谷丰登。

**蓬莱山** 明·蒋应镐图本

**陵鱼** 明·蒋应镐图本

**大蟹** 明·蒋应镐图本

| 异国 | 外貌特征 | 奇闻逸闻 |
|---|---|---|
| 射姑国 | 皮肤洁白,外貌迷人。 | 有神仙居住,不食五谷,腾云驾雾。 |
| 大人国 | | 地处东海之外,大荒之中。 |

山海经诠解

《山海经》地图考

**郑和七次出便航海图(局部一)**

明　手卷式　北京图书馆藏

在无法谈及任何航海经验的时代,《山海经》中对海内东北角的描绘实在是极其鲜活生动的。在华夏历史上,再一次探索海外未知地域的尝试发生在 14 世纪的明代,郑和奉皇命曾七次下西洋。该图自右至左绘制了郑和船队自南京至长江口的航行线路及沿途的地理情况。

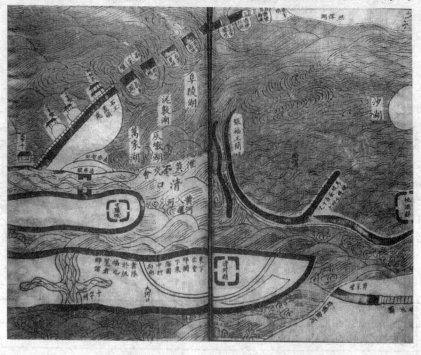

**黄淮河流故道入海图**　　清·雕版套印北京图书馆藏

这幅图表现了将洪泽之水集中于清口,与黄河合流后东流入海的情况。淮河也是中华文明的发源地之一,同黄河一样孕育了华夏民族。

**郑和七次出使航海图（局部二）**

明 手卷式北京图书馆藏

在无法谈及任何航海经验的时代，《山海经》中对海内东北角的描绘实在是极其鲜活生动的。在华夏历史上，再一次探索海外未知地域的尝试发生在14世纪的明代，郑和奉皇命曾七次下西洋。该图自右至左绘制了郑和船队自南京至长江口的航行线路及沿途的地理情况。

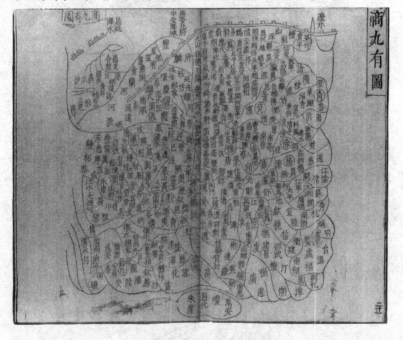

**历代地理指掌图·商九有图**

税安礼 宋 雕版墨印 纵30厘米横23.7厘米北京图书馆藏

这幅图选自《历代地理指掌图》其反映了始自帝喾，迄于宋代的各朝地理情况，图虽较粗略，却是历史地图的草创。"商九有图"在宋朝疆域的底图上，表示了商代九州的方位地域。

# 第二十七章 《山海经》异国考

**结匈国 明·蒋应镐图本**

　　结匈国位于灭蒙鸟的西南,在这个国家里生活的人,被称为结匈国人。结匈国人唯一异于常人的部位,就是都长着像鸡一样的胸脯。

**羽人 清·萧云从《离骚国·远游》**

羽民国　明·蒋应镐图本　　　厌火国　明·蒋应镐图本　　　讙头国　明·蒋应镐图本

贯匈国　明·蒋应镐图本

　　贯匈国的人自前胸到后背由一个贯穿的大洞，所以出行时以木棍穿胸而过，两人抬之。

交胫国　清·毕沅图本　　　　　　载国　明·蒋应镐图本

《山海经》异国考

**不死民**　明·蒋应镐图本

　　相传不死民居住在流沙以东,黑水之间,那里有一座山,叫员丘山,山上长有不死树;吃了这种树的枝叶果实就可以长生不老;山下有一眼泉水,叫赤泉,喝了赤泉的水也可以长生不死。因为有了这两种东西,所以不死民都不知死亡为何物。

三首国　明·蒋应镐图本　　歧舌国　明·蒋应镐图本

| 异国 | 形态特征 | 奇闻异事 |
|---|---|---|
| 不死民 | 全身黑色。 | 长寿不死。 |
| 歧舌国 | 舌头倒着生长，即舌根长在嘴唇边上。 | 有自己的一套特殊语言，只有本国人能听懂。 |
| 三首国 | 一个身子上长着三个脑袋。 | |

**祝融　明·蒋应镐图本**
传说祝融是火神，为南方天帝炎帝的后裔，也是炎帝身边的大臣。
祝融长有野兽的身子和人的面孔，出入时乘坐着两条龙。

**长臂国**　明·吴任臣近文堂图本　　**周饶国**　明·蒋应镐图本　　　**长臂国**　明·蒋应镐图本

| 异国 | 形态特征 | 奇闻异事 |
|---|---|---|
| 周饶国 | 身材短小，个个是侏儒。 | 穿戴整齐，生性聪慧，能制造各种精巧器物。 |
| 长臂国 | 每人都长有三丈长的手臂，比身体长出一大截 | 长臂国人都是在大海中捕鱼的。 |

三身国　明·蒋应镐图本

三身国在夏后启所在之地的北边，该国的人都长着一个脑袋三个身子。他们都姓姚，以黄米为食，身边有四只鸟陪伴。这些人都是帝俊的后代。当年帝俊的妻子娥皇所生的孩子就是一首三身，他们的后代繁衍生息，渐渐地形成了三身国。

一臂国　明·蒋应镐图本

一臂国民只有普通人一半的身体，他们又叫比肩民或半体人。他们的坐骑和人一样，只长着一只眼睛和一条前蹄。

夏后启　明·蒋应镐图本

| 异国 | 形态特征 | 奇闻异事 |
|---|---|---|
| 三身国 | 长着一个脑袋，三个身子。 | |
| 一臂国 | 长着一条胳膊、一只眼睛、一个鼻孔。 | 他们像比翼鸟一样，只有两两并肩连在一起才能行走。 |

奇肱国　明·蒋应镐图本

奇肱国的人生有一臂三目，他们颇具智慧，擅长制造各种工具，其中一种造型奇特、做工精致的飞车，能乘风远行，显示了古人的智慧。

丈夫国　明·蒋应镐图本

传说殷帝太戊曾派王孟等一行人到西王母所住的地方寻求长生不死药，他们途中断了粮，只好滞留此地，以野果为食，以树皮做衣。由于随行人员中没有女人，所以人人终身无妻。

刑天　明·蒋应镐图本

| 异国 | 形态特征 | 奇闻异事 |
|---|---|---|
| 奇肱国 | 一只手臂，三只眼睛，有阴有阳。 | 因为只有一臂，所以非常珍惜时间，就算夜间也用阴眼工作不休息。 |
| 丈夫国 | 皆衣冠楚楚，身佩宝剑。 | 只有男人，没有女人。 |

**轩辕国** 清·汪绂图本

　　轩辕就是黄帝,姬姓,因居住于轩辕之丘而得名轩辕。他的出生、创业和建都在有熊(今河南新郑),所以又称有熊氏,因有土德之瑞,故号黄帝。黄帝在阪泉战胜炎帝,在涿鹿战胜蚩尤,最终被各路诸侯尊为天子。被后人尊为中华民族的始祖。

**女子国** 明·蒋应镐图本

**并封** 明·蒋应镐图本

| 异国 | 形态特征 | 奇闻异事 |
|------|---------|---------|
| 巫咸国 | 右手握青蛇,左手握红蛇。 | 有一座可以通天的山。 |
| 女子国 | | 都是女人,没有男人。 |
| 轩辕国 | 人面蛇身,尾交于头上。 | 人人都长寿,不长寿也能活到八百岁。 |

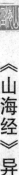

《山海经》异国考

一目国　清·汪绂图本　　　柔利国　明·蒋应镐图本　　　一目国　明·蒋应镐图本

| 异国 | 形态特征 | 奇闻异事 |
|---|---|---|
| 无启国 | | 无启国不生育子孙后代。 |
| 一目国 | 脸中央生着一只眼睛,赤身光脚,系着一条围裙。 | |
| 柔利国 | 只长有一只手、一只脚,膝盖反长,脚弯曲朝上。 | |

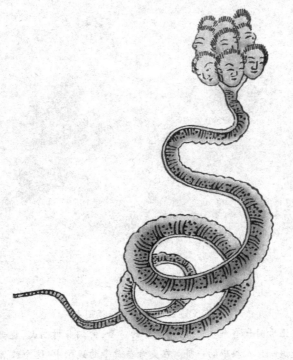

相柳　明·蒋应镐图本

　　相柳是天神共工的臣子,蛇身九头,每个脑袋上面都是人的面孔,十分恐怖。相柳劣迹斑斑,食人无数。后被大禹所诛。

深目国　清·《边裔典》

聂耳国　明·蒋应镐图本

| 异国 | 形态特征 | 奇闻异事 |
| --- | --- | --- |
| 深目国 | | 那里的人总是举起一只手。 |
| 无肠国 | 身体高大而肚子里却没有肠子。 | |
| 聂耳国 | 行走时用手托着自己的大耳朵。 | 那里的人使唤着两只花斑大虎。 |

**夸父逐日**　明·蒋应镐图本
　　传说在上古时代有个夸父族,是炎帝的苗裔,他们身材高大,骁勇善战。追日的夸父就是这一巨人族中的一员。在炎帝与黄帝的战争中,这个族落被黄帝的神龙——应龙所败,后来夸父的遗裔组成了一个国家,这便是夸父国。

| 异国 | 形态特征 | 奇闻异事 |
|---|---|---|
| 夸父国 | 身材高大,左手握青蛇,右手握黄蛇。 | |
| 拘瘿国 | 常用一只手托着脖颈上的大肉瘤。 | |

**欧丝野的蚕神** 明·木刻插画摹本

相传倚在桑树下日日吐丝的女子是蚕神，它所吐的丝能织成美丽的丝绸，而丝绸能给人做衣服。黄帝听后大为赞赏，就让蚕神教导妇女缫丝纺绸。黄帝的妻子嫘祖也亲自培育幼蚕，并在百姓中推广。从此，中华大地就有了美丽的丝织品，中国也就成了丝绸的故乡。

**跂踵图** 清·汪绂图本

| 异国 | 形态特征 | 奇闻异事 |
|---|---|---|
| 跂踵国 | 身材高大,脚也非常大。 | |

**大人国　清·《边裔典》**

大人国的人身材高大,善于撑船。也有人认为他们会制造木船。图中一大人国人持刀坐在船旁,此"大人"有可能是原始的造船操舟的工匠神。

**奢比尸　清·汪绂图本**

| 异国 | 形态特征 | 奇闻异事 |
|------|----------|----------|
| 大人国 | 身材比一般人高大许多。 | 擅长撑船。 |
| 君子国 | 衣冠整齐、边幅修列,腰间佩带宝剑,文质彬彬。 | 虽能役使老虎,却文质彬彬,喜谦让不喜争斗。 |

毛民国　明·蒋应镐图本

传说东晋年间，吴郡司盐都尉戴逢得到了一条小船，船上有通体黑毛的男女共四个人，在把他们送往丞相府途中，只剩一个男人还活着。当地官府赐给他一个女人让他结婚生子。很多年后，他才时常向别人说他是来自毛民国的人。

雨师妾　清·汪绂图本

句芒　明·蒋应镐图本

| 异国 | 形态特征 | 奇闻异事 |
|---|---|---|
| 雨师妾国 | 全身黑色，两手各有一只蛇，左耳挂青色，右耳挂红蛇。 | |
| 玄股国 | 穿鱼皮衣。 | |
| 毛民国 | 身材矮小，浑身都长着硬毛，就像豪猪一样。 | |
| 劳民国 | 全身黑色。 | |

枭阳国　明·《边裔典》
枭阳国的人嘴大唇长，好食人。

枭阳国　清·吴任臣近文堂图本

| 异国 | 形态特征 | 奇闻异事 |
|---|---|---|
| 伯虑国 | 终处昏昏沉沉，勉强支持。 | 伯虑国人一生最怕睡觉，生怕一睡不醒，所以没有床和被子。 |
| 离耳国 | | 国民喜欢用锋利的刀子将耳朵割成好几条，令其下垂，以作装饰。 |
| 雕题国 | 脸上纹黑色花纹，身上画鱼鳞般的图案。 | 女子成年后，在额头上刻上细花纹表明身份。 |
| 枭阳国 | 长长的嘴唇，浑身漆黑，长有长毛，脚尖在后。 | |

**三青鸟** 明·蒋应镐图本

　　三青鸟是三只神鸟，它们头上的羽毛是红色的，眼睛漆黑，平时栖息在西方第三列山系中的三危山上，名字分别是大鵹，少鵹和青鸟，是为西王母取食的神鸟。传说西王母驾临前，总有青鸟先来报信，文学上，青鸟是被当做传递信息的使者。后人将它视为传递幸福佳音的使者。

**犬戎国** 明·蒋应镐图本

**西王母** 明·蒋应镐图本

**吉量** 明·蒋应镐图本

| 异兽 | 形态 | 异兆及特异功能 |
|---|---|---|
| 三青鸟 | 红色羽毛，漆黑的眼睛。 | 为西王母取食的神鸟。 |
| 吉量 | 毛皮绝白，鬃毛为红色，眼眼像黄金一样。 | 骑上它就能长寿千岁。 |

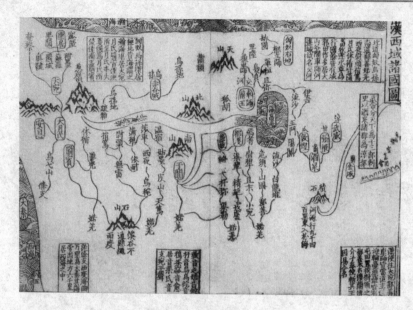

**汉西域诸国图**

志磐　南宋·雕版墨印中国国家图书馆藏

　　图中所绘为汉朝西域诸国图 图中标示了汉朝西域主要少数民族的分布情况,其中《海内东经》所记载的匈奴、大宛、月氏诸国在汉朝依然存在。

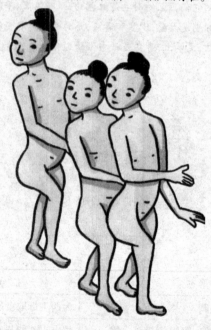

**小人国　清·汪绂图本**

　　小人国被称为靖人,身长九寸,立于大人国旁边,和大人国国民形成了强烈的反差。

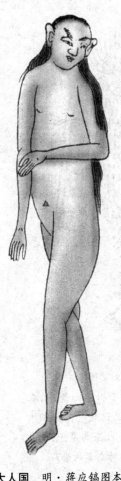

**大人国**　明·蒋应镐图本

　　相传,远古时期的大人国比现在所知的还要高大,一步能跨过百里,一大人国人到东海玩耍,将岱舆、员峤二山的巨鳌钓起,玩耍之后将它们背回国去。造成岱舆、员峤二山向北极漂移,最后沉入大海,山上众多神仙失去栖身之所,不得不迁往别处。天帝知道后,勃然大怒,就将大人国的疆域变小,国人的身高变矮。但是,即便如此,伏羲神农时期,大人国的人身高仍然有数十丈。

| 异国 | 形态特征 | 奇闻逸闻 |
|---|---|---|
| 少昊国 | 东海以往有一条大壑。 | 少昊建国时,凤凰来朝,于是以百鸟为图腾,各式各样的鸟为文武百官。 |
| 大人国 | 身高数十丈,双臂巨长,双手硕大,两耳作招风状,赤身裸体,长发披肩。 | 远古时期大人国国民更为高大,一步踏出数百里。 |
| 小人国 | 国民身材矮小,只有九寸。 | 赤身长发,面有胡须。 |

**羽民国** 清·吴任臣近文堂图本

羽民国，因为国民全身长满了羽毛而得名，在《海外南经》中曾经有关于羽民国的记载。其实羽人的形象最早在出现在商代，他们或人头鸟身子，或鸟头人身，这种现象或源于远古社会对鸟类的崇拜。

**盈民国** 汪绂图本

| 异国 | 形态特征 | 奇闻逸闻 |
|---|---|---|
| 三身国 | 长有三个身子。 | 三身国是帝俊和娥皇的后代。 |
| 季禺国 | 以黄米为食。 | 帝颛顼的子孙后代。 |
| 羽民国 | 浑身长满羽毛。 | |
| 卵民国 | | 从卵中孵化自己的后代。 |
| 盈民国 | 这个国家都姓於。 | |

**季厘国** *清·汪绂图本*

　　传说帝俊有四妃,三妃庆都,相传她
是大帝的女儿,生于斗维之野(大概在今
河北蓟县),被陈锋氏妇人收养,陈锋氏死
后又被尹长孺收养。后庆都随养父尹长
孺到今濮阳来。因庆都头上始终覆盖一
朵黄云,被认为奇女,帝喾母闻之,劝帝喾
纳为妃,后生尧。

**不延胡余** 清·汪绂图本

**因因乎** 清·汪绂图本

**不延胡余　明·蒋应镐图本**

| 异国 | 形态特征 | 奇闻逸闻 |
|------|---------|---------|
| 不死国 | 都姓阿,吃不死树。 | 人人长生不死。 |
| 季厘国 | 居住在重阴山。 | |

**蜮民国　清·汪绂图本**

蜮又名短弧（狐）、射工虫、水弩，传说是一种非常毒的虫，生长在江南山溪中，其样子与鳖类似，有三只脚，体长约两寸，口中长有弩形器官，能够喷出毒气射人，被射中的人，轻者生疮，重者致死。人们往往将它和鬼相提并论，而蜮民国的人不但不怕，还以蜮为食，这是万事万物相生相克的道理。

**育蛇　清·汪绂图本**

有座山叫做宋山，山上栖息着一种红颜色的蛇，名叫育蛇。山上还生长着一种树木，名叫枫木。传说蚩尤被黄帝捉住后，手脚上都被戴上了枷锁镣铐。之后黄帝在黎山将蚩尤处死，其身上的手铐脚镣丢弃在这里，后来就变成了枫木。

| 异国 | 生活习俗 | 奇闻逸闻 |
| --- | --- | --- |
| 载民国 | 巫载民姓盼。 | 不用纺布，不用耕种，自然有衣穿，有粮食吃。 |
| 蜮民国 | 蜮民国姓桑，以黄米和蜮为食。 | 能杀死剧毒的动物，个个身怀绝技。 |

**祖状尸　明·蒋应镐图本**

　　祖状尸是方形牙齿，身后拖着一条虎尾，他是人虎同体的天神祖状被杀之后所化。祖状尸属于尸象，《山海经》认为天神被杀后，灵魂不灭，以尸体的形式继续存在。

**焦侥国　明·蒋应镐图本**

**祖状尸　清·汪绂图本**

| 异国 | 生活习俗 | 奇闻逸闻 |
| --- | --- | --- |
| 焦侥国 | 几姓，吃优质的谷物 | 即小人国。 |
| 颛顼国 | 以黄米为食。 | |

**驩头国　明·蒋应镐图本**

驩头国的人，长着鸟嘴和翅膀，但是翅膀不能飞翔，只能当拐棍
用。他们善于在海中捕鱼，也吃苣芭、穋等食物。

| 异国 | 风俗习惯 | 奇闻逸闻 |
|------|---------|---------|
| 张宏国 | 以鱼为食，能驯化驱使四种动物。 | |
| 驩头国 | 吃海中的鱼，把苣芭、穋做成食物吃。 | 都长有人面鸟嘴，生有翅膀。 |

**望祀山川图　《钦定书经图说》**

舜，传说中的远古帝王，五帝之一，姓姚，名重华，号有虞氏，史称虞舜。
相传他非常孝顺。他的孝行感动了天帝。舜在历山耕种，大象替他耕地，鸟
代他锄草。帝尧听说舜非常孝顺，有处理政事的才干，把两个女儿娥皇和女
英嫁给他并选定舜做他的继承人。

羲和　清·汪绂图本

　　羲和是十个太阳的母亲,十个太阳居住在东方海外的汤谷,汤谷又名甘渊,谷中海水翻滚,十个太阳便在水中洗浴。汤谷边上有一棵扶桑神树,树高数千丈,是十个太阳睡觉的地方;其中九个太阳住在下面的枝条上,一个太阳住在上面的枝条上,兄弟十个轮流出现在天空,一个回来了,另一个才去照耀人间,每天出行都由他们的母亲羲和驾着车子接送。所以虽然太阳有十个,可是人们平时见到的却只有一个。

菌人　清·汪绂图本

| 异国 | 地理位置 | 奇闻逸闻 |
|---|---|---|
| 羲和国 | 东南海之外,甘水之间。 | 羲和是帝俊的妻子,生了十个太阳。 |

**长股国 明·蒋应镐图本**

　　相传后稷用木头和石块发明制造了简单的农具，教导人们耕田种地，人民的日子变好了。后来种地的方法流传到全国。帝尧知道后，就聘请他来掌管农业，指导百姓耕作。帝尧的继承者帝舜为了表彰后稷的功绩，把有邰封给了他。这里就是周朝兴起的地方，后稷就是周人的祖先。

北狄　清·汪绂图本

| 异国 | 体貌特征 | 风俗习惯 |
|------|----------|----------|
| 长胫国 | 腿长三丈,即长股国。 | 见第七卷《海外西经》 |
| 西周国 | | 都姓姬,以五谷为食。 |
| 先民国 | | 以五谷为食,并且能驯化驱使四种野兽。 |
| 北狄国 | 黄帝之孙始均的后代。 | |

女丑尸　清·汪绂图本

　　女丑是古代女巫的名字,传说远古时期,十个太阳一齐出来,将女巫烤死。她死后的样子,就是双手遮面,古人认为女丑虽死,但是她的灵魂却依然还在,可以依附在活人身上,以供人们祭祀或者进行巫事,因此女丑名为女丑尸。

奱兹　明·蒋应镐图本

鸣鸟　清·汪绂图本

| 异国 | 风俗习惯 | 奇闻逸闻 |
| --- | --- | --- |
| 女子国 | 只有女子没有男子 | 详见第七卷《海外西经》。 |
| 丈夫国 | 只有男子没有女子。 | 详见第七卷《海外西经》。 |
| 轩辕国 | 寿命很长。 | 认为住在江河山岭的南过就可以长命百岁。 |

**寿麻国** 清·汪绂图本

　　相传,寿麻国原来所生活的地方由于地震沉没,一个叫寿麻的人带领部分族人提前北逃,免于一死。族人佩服寿麻的先见之明,同时感激他的救命之恩,拥立他为君主,并改族名为寿麻。

**夏耕尸** 明·蒋应镐图本

　　夏耕尸没有头,一手操戈,一手持盾。原是夏桀手下大将,后被成汤斩头,但是他灵魂并没有死,为了逃避罪责,逃往巫山。

| 异国 | 气候 | 奇闻逸闻 |
|---|---|---|
| 寒荒国 | | 有两个女神,她们一个人手里拿着盛酒的酒器,一个人手持肉板。 |
| 寿麻国 | 寿麻国气候炎热异常,没有水源。 | 都是仙人,站在太阳底下没有影子。 |

**夏后启** 明·蒋应镐图本

　　禹王去世前,想效仿尧舜,找一个贤能的人来接替自己。最后,人们一致推举伯益做他的继承人。禹觉得自己好不容易得到的王位应当由自己的儿子继承。于是,他就把治理天下的大权交给儿子,只给伯益一个继承人的名分。几年后,启把国家治理得井井有条,人们逐渐接受了启,而伯益却没有新政绩。大禹死后,启排除了种种阻碍,真正行使了王权,从此,中国开始了父死子承的家天下制度。

**三面人** 明·蒋应镐图本

| 国家或种族 | 外貌特征 | 奇闻逸闻 |
|---|---|---|
| 盖山国 | | 有种树皮树干都是红色的树。 |
| 三面人 | 有三个面孔。 | |

**戎宣王尸**　清·汪绂图本

戎宣王尸是一种浑身红色的野兽,它的外形像我们
日常生活中最常见的马,脑袋被砍下,不知去向。

**犬戎**　明·蒋应镐图本　　　**少昊之子**　明·蒋应镐图本　　　**戎宣王尸**　清·《禽虫典》

| 国家或民族 | 风俗习惯 | 奇闻逸闻 |
|---|---|---|
| 深目民国 | 姓盼,吃鱼类。 | |
| 无继民 | 无继民姓任,是无骨民的子孙后代,吃的是空气和鱼类。 | 人面兽身。 |

**烛龙** 明·蒋应镐图本

烛龙是中国神话中的一位创世神，又是钟山的山神。其身长千里，人面蛇身，通体赤红；眼睛竖着长，闭起来就是一条直缝。他的眼睛一张一合，便是白天黑夜；他不睡不息，以风雨为食。传说烛龙衔火精以照天门中，把九阴之地都照亮了，所以烛龙又称烛九阴、烛阴。

**犬戎** 明·蒋应镐图本

**苗民** 清·《边裔典》

传说古时候天上的神和地上的人可以自由来往通信，后来由于地上的苗民违背了和上天定下的盟誓，颛顼便命天神重、黎断绝了天地之间的通道，从此人与神便不能直接沟通，人不能上天，只能通过巫师做法与天神交流。

| 异国 | 形态特征 | 饮食习惯 |
|---|---|---|
| 中犏国 | | 以黄米食。 |
| 苗民国 | 有翅膀但是不能飞翔。 | 以肉类为食。 |
| 牛黎国 | 有筋而无骨，膝盖反长，脚底向上弯曲。 | 即无骨民。 |

**黑人**　明·蒋应镐图本

　　黑人脖子上长着老虎的脑袋,脚上长着禽鸟的爪子,两只手都拿着蛇,并以吞食毒蛇为生。黑人可能是居住在南方的一个开化比较晚的古代部族或群种,持蛇吞蛇是他们的信仰与生活方式的重要标志。

**赣巨人**　明·蒋应镐图本

**嬴民**　明·蒋应镐图本

| 异国 | 主要动物 | 奇闻逸闻 |
|---|---|---|
| 巴国 | | 巴国人是后照的子孙后代。 |
| 流黄辛氏国 | 出产一种大鹿。 | |
| 朱卷国 | 出产长有青色脑袋的黑色大蛇,能吞食大象。 | |

钉灵国　明·蒋应镐图本

嬴民　明·蒋应镐图本

| 异国 | 形态特征 | 奇闻逸闻 |
|------|---------|---------|
| 钉灵国 | 这里的人膝盖以下有毛,长有马蹄。 | 跑得飞快。 |

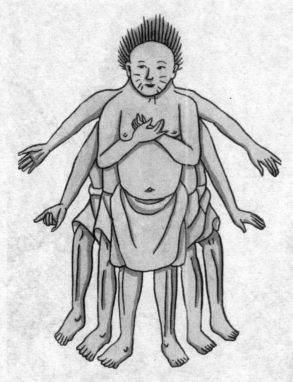

**三身国　清·郝懿行图本**

　　郝懿行图本的三身国国民一首三身六手六足，正面的手举于胸前，侧面四手向左右平举，六足同时着地作站立状，而汪绂图本的三身过只有三身和三手。

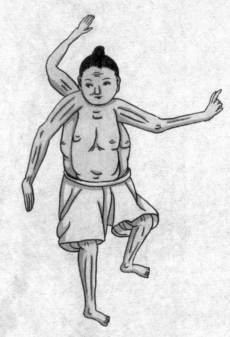

**三身国　清·汪绂图本**

| 异国 | 形态特征 | 奇闻逸闻 |
|---|---|---|
| 三身国 | 国民一首三身六手六足，一说三身三手。 | 帝俊生三身，三身生义均，是世间工艺技巧的发明者。 |

# 第二十八章 《山海经》人物考

**王亥** 清·萧从云《天问图》

王亥是殷民族的高祖,以擅长训养牛著称。相传王亥、王恒因寄养牛之事初到有易国,得到了国王绵臣热情招待,席间王亥持盾起舞,引起绵臣妻子的爱慕,二人当晚发生淫乱之事。绵臣震怒将王亥大卸八块。

王亥 明·蒋应镐图本

三足鸟 明·蒋应镐图本

**《山海经》珍贵古版插图类比**

王亥《天问图》中生动地表现了王亥仆牛的故事。传说王亥能舞精彩的双盾，并因此博得北方的有易之妻的爱慕，《天问图》中也有描绘。王亥还是信仰鸟的殷民族的先祖，汪本中的王亥双手捧一鸟，正将鸟头送入口中。

→清　萧云从《天问图》　　→清　萧云从《天问图》　　→清　汪绂图本

| 异国 | 生活习俗 | 奇闻逸闻 |
|---|---|---|
| 困民国 | 以黄米为食物。 | 那里的人都姓勾。 |
| 摇民国 | 民野兽为食 | 偷偷逃出的有易人所建立的国家。 |

**赤水女子献**　清·汪绂图本

立于江边的赤水女子献，疑即黄帝女魃，汪本的赤水女子献并非传说中面貌可憎的怪物，而是一个形象可亲的普通女子。

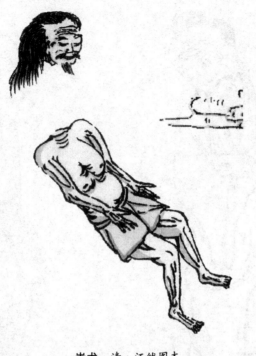

**蚩尤　清·汪绂图本**

　　相传蚩尤原是南方一个巨人部族的首领,他和他弟兄共八十一个,个个都身长数丈,铜头铁额,猛勇无比。后来是炎帝手下的一员大将,多次与黄帝展开激战,最终兵败。被黄帝斩首。

**黄帝女魃　明·蒋应镐图本**

**柏子高　清·汪绂图本**

　　柏子高又叫伯高,是肇山上的仙人。传说他是黄帝身边的大臣,通晓采矿和祭祀山神的礼仪,黄帝升仙后,柏子高也跟着升了仙,侍立在黄帝身边。

**韩流　清·汪绂图本**

　　汪本的韩流长有长长的脑袋,小小的耳朵,人面猪嘴麒麟身和人的手足,做站立状。相传他娶淖子族女子为妻,生下功勋卓著的帝颛顼。

| 异国 | 风俗习惯 | 奇闻逸闻 |
|------|----------|----------|
| 都广野 | 物产丰富,出产各种美味的食物。 | 草就算是寒冬也不会枯死,四季常青。 |

| 人物 | 简称 | 介绍 |
|---|---|---|
| 帝俊之子 | 宴龙 | 宴龙是舜的儿子,他发明了琴和瑟两种乐器。 |
| 帝俊之子 | 三身 | 帝俊与娥皇的后代,就是前文提到的三身国,一手三身六足。 |
| 帝俊之子 | 巧 | 帝俊的孙子,发明了各种工艺技巧。 |
| 帝俊之子 | 后稷 | 周的始祖名弃,曾经被尧举为"农师",被舜命为后稷。 |

# 附 录

## 一、《山海经》中的帝王谱系

《山海经》是中外无数读者公认的一部世界奇书。其中涉及的神话人物成百上千,之间或多或少有些关系。大致可以分为两大家族:黄帝和炎帝。这两大家族的人物在《山海经》的神话传说中占了大部分,此外,还有一个帝俊及他的后代。现在就来为这三大家族做一个家谱:

### 炎帝谱系

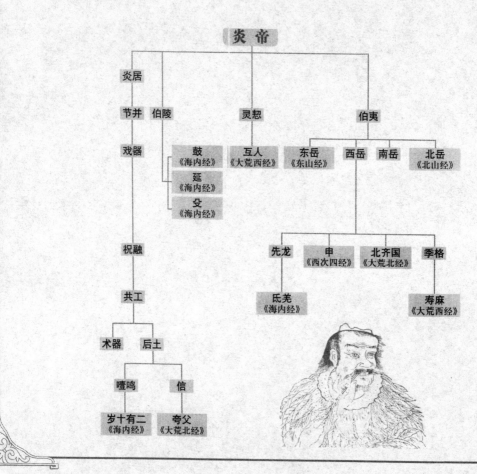

## 黄帝谱系

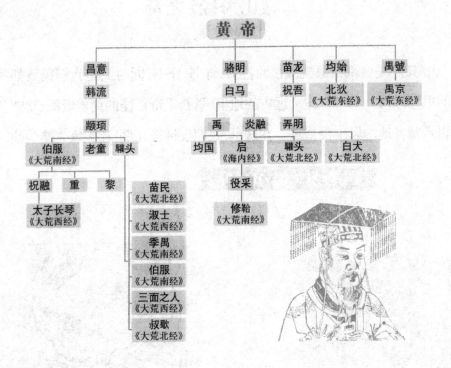

## 帝俊谱系

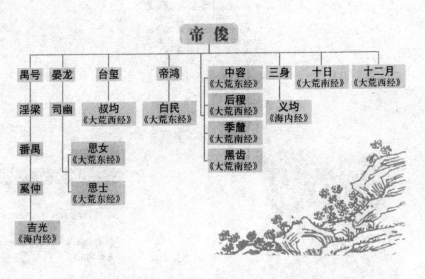

# 二、《山海经》之奇

　　《山海经》是一部极具挑战性的古书、奇书、怪书，同时又是我们民族某些根深蒂固的思想源泉。书中记载了远古的地里风貌、千奇百怪的鸟兽资源、功能各异的花草树木及各地的风土民俗等。在这里，我们仅挑选几例，让大家先睹为快。

## 奇山怪水（约403座）

### 无草木之山（约193座）

　　《山海经》中有很多山上没有花草树木，到处是细沙、丰富的金属矿物和玉石，这样的山大约有193座。

　　亶爱山、长右山、瞿父山、夷山、仆勾山、咸阴山、白沙山、狂山、勃垒山、天池山、杜父山、区吴山、漆吴山

鸟鼠同穴

### 无兽的山（约160座）

　　《山海经》中的一些山上植物、矿物都很丰富，独独没有飞禽走兽，有的山甚至连水都没有，这样的山大约有160座。

　　太华山、浮山、时山、大时山、騩山、钤山、高山、鸟危山、熏吴山、长沙山

### 怪山（约50座）

　　《山海经》中还有一些超乎寻常的怪山，例如，洞穴中的水可以依照季节流进流出、鸟鼠同穴等。

　　南禺山洞穴、列姑射山、鸟鼠同穴山

列姑射

# 奇禽异兽（约3310种）

## 吉祥类 （约980种）

《山海经》中有很多象征着吉祥的奇禽异兽，例如预示着祥和太平的凤皇、预兆吉祥如意的鸾鸟等，大概有980多种。

鹿蜀、类、灌灌、赤鱬、凤皇、鸾鸟、鹿、文鳐鱼、耳鼠、当康

## 功用类 （约1470种）

穷奇

## 凶恶类 （约860种）

《山海经》中也有很多凶恶类的奇禽异兽，例如能够吃人的蛊雕、马腹等。大约有860种。

㺍、蛊雕、土蝼、獙、穷奇、㝈窳、诸怀、狍鸮、蠪侄、䗁雀、猲狙、合窳、马腹

## 益类 （约780种）

《山海经》中还有很多对人有益的奇禽异兽，例如可以治耳聋的玄龟、让人妒忌心消失的类等，大约有780种。

狌狌、玄龟、九尾狐、虎蛟、赤鷩、滑鱼、孟槐、何罗鱼、黄鸟、䮝

## 害类 （约690种）

《山海经》中还有很多对人有害的奇禽异兽，例如一出现就会发大水的长右、一出现就会有很重徭役的狸力等，大约有690种。

长右、猾褢、狸力、肥遗、黐边、蛮蛮、胜遇、凫徯、颙、蜚、大蛇

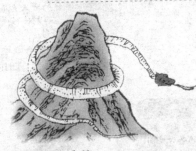

大蛇

橐

# 其他异类 （约2300种）

《山海经》中还有很多超乎你想象的奇形怪状的动物，例如没有七窍的帝江，像狗、豹纹、牛角的狡等，大概有2300多种。

帝江、狡、穷奇、天狗、人面鸮、水马、长蛇、天马、飞鼠

# 山神 （约1260个）

《山海经》中每座山都有自己的山神，而且样貌各异，祭祀的方法也各不相同，这样的三声大约有1260多个。

飞兽之神、人面马身神、陆吾、人面蛇身神、熏池、骄虫、天愚、熊山神、耕父、强良

## 奇国异俗（约267种）

### 以相貌命名（约82个）

《山海经》中记载了很多以独特相貌来命名的国家，例如，一臂国、三身国等，大约有82个。

长臂国、黑齿国、一臂国、三身国、白民国、轩辕国、白民国、一目国、无肠国

四蛇

### 神话人物（约100个）

《山海经》中讲解了很多有趣的神话故事，其中所涉及的历史人物和神话人物就有100多个。

刑天、女丑之尸、蓐收、烛阴、夸父、西王母、冰夷神、舜妻登比氏、鱼妇、互人、相顾尸

四蛇

### 独特民风（约50种）

《山海经》中记载了古代多种多样的奇风异俗，例如女子国、四蛇守陵等，所述大约有50种。

不死民、女儿国、欧丝之野、君子国、帝颛顼与四蛇

### 人文景观（约20处）

《山海经》中记载了很多古人巧夺天工般的亭台楼阁，这样的景观大约有20处。

帝尧台、帝喾台、帝丹朱台、帝舜台、轩辕台

### 中华起源（约15个）

《山海经》在叙述历史的同时，也对文明起源进行了详尽的记述。

殳发明了箭靶、番禺发明了船、吉光最早用木头制作车子、鼓、延发明了钟、般发明了弓和箭

不死民

# 奇木异草（约2665种）

## 益木（约1120种）

《山海经》中有很多功用性的草木，其中有能够让人长寿、不生病、子孙满堂的树木大约有1120种。

沙棠、迷穀、白咎、草荔、文茎、黄蘽、杜衡、丹木、芑、箨、植楮、天婴、彫棠树

蹿

## 益草（约885种）

《山海经》中有很多功用性的草木，其中有能够治心痛病的草荔、吃了不被迷惑的条草等，大约有885种。

祝馀草、条草、薰草、鬼草、荣草

## 恶木（约375种）

《山海经》中也有很多对人体有害的草木，其中有能够毒死鱼的芒芋，能让人失去生育能力的黄棘等，大约有375种。

菅蓉、崇吾山无名树、芨、芒芋、黄棘

蟹蛭

## 恶草（约285种）

《山海经》中也有很多对人体有害的草木，其中有能够毒死老鼠的无条等，大约有285种。

无条、芒草

# 三、古今《山海经》版本的应用

关于《山海经》图画,今日所见均为明清以后所画,共有 14 中刻本,本书引用了其中 7 个版本中的 400 多幅图,并以明代蒋应镐所绘图画为主,其形象生动的画面可以使读者对《山海经》中所出现的神仙、怪兽有较直观、全面地了解。

**本书参考古今《山海经》版本**

| 作者 | 著作 | 年代 | 特点 |
|------|------|------|------|
| 蒋应镐 | 《山海经(图绘全像)》 | 明万历二十五年 | 属万历金陵派插图式刻本,共 74 幅图,包括神与兽 348 例。 |
| 胡文焕 | 《山海经图》 | 明万历二十一年 | 共 133 幅图,合页连式,右图左说,无背景。 |
| 汪绂 | 《山海经存》 | 清光绪二十一年 | 神与兽共 426 例,无背景一图多神或一图一神的编排格局。 |
| 陈梦雷、蒋廷锡 | 《古今图书集成·博物汇编·禽虫典》 | 清雍正四年 | 图像分有背景和无背景。 |
| 吴任臣 | 《山海经广注》康熙图本 | 清康熙六年 | 共 144 幅图,按神、兽、鸟、虫、异域分五类。 |

| 作者 | 著作 | 年代 | 特点 |
|------|------|------|------|
| 蒋廷锡 | 《古今图书集成·博物汇编·神异典》 | 清 | 一图一说，有背景。 |
|  | 《方舆汇编·边裔典》 | 清 | 共52幅图，多描绘《海经》中的异国异人。 |

注：按各版本在本书中所引用的比重排序，本书主要用图即为明朝蒋应镐所绘图本。

## 主要版本

《山海经》之女床山周边明蒋应镐图本

将故事设置在山川湖海、树木屋宇等环境之中，神、兽、人皆各得其所，是蒋本的重点，而山神又是蒋氏图本中形象最为丰满的篇章。

《山海经图》图本内图　明　胡文焕

　　图与说并举是胡氏图本的一个特点,而体态飘逸,线条流畅的孟槐则代表了胡本的绘图风格。

《山海经存》图本内图　清　汪绂

　　汪绂所绘图像极为生动传神,虽是神怪,仍不失写实之风;着墨自然,笔力苍劲,图像多桀骜独特。

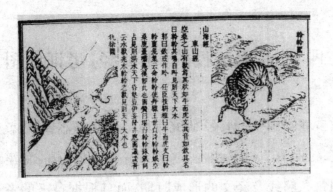

《古今图书集成·博物汇编·禽虫典》图本内图

《禽虫典》本和《神异典》本的图像较为相似,最大的不同点可能就是《禽虫典》中图像有的设置背景,而有的没有背景。

《山海经广注》康熙图本内图　清　吴任臣

该图本是清代最早的《山海经》图本,流传非常广,其形象多源自胡文焕图本。

# 四、张步天教授的《山海经》考证地图

张步天教授在国内"山海经"研究领域一直享有盛誉,成就颇丰。他经过多年潜心研究,绘制有 26 幅《山经》考察线路图,和 4 幅《海经》地理位置图,不但一一注明每条路线及经文的形成时期,而且根据自己的考证结果,将《山海经》中古山川、古国度的方位在现代地图中加以详细标注。

### 图画是《山海经》的灵魂

《山海经》是我国最早的一部有图有文的经典,图画可以说是《山海经》的灵魂,也有人说,《山海经》是先有图后有文的一部奇书。令人惋惜的是,一些古老的《山海经图》都亡佚了。但这些曾经存在过的古图,及出土文物与《山海经》同时代的图画,却开启了我国古代以图记事的文化传统。《山海经》可以说是人类文字出现之初真正意义的读图时代。为此,本书特别添加 30 幅《山海经》研究专家张步天教授的独家考据地图,指明古地址的现代方位。

### 张步天教授的《山海经》考证地图

张步天教授认为《山经》是古人根据西汉之前历朝历代人们所走的 20 条路线的考察结果而写成,《海经》则主要来自荒原地区的记闻,据此,张步天教授经过潜心研究绘成 30 幅《山海经》考据地图。

这些古地图真实可考,本书即收录了 30 张《山海经》地理位置考察路线图,及 10 余张古老山河图,古朴的色彩、河流山川清晰的走势,加强了《山海经》的远古气息和磅礴气势。关于《山海经》的成书,历来说法不一,而禹、伯益所作的说法显然不可考,著名的《山海经》研究专家张步天教授认为,经中所记山川走向应是前人实地探索、考察的结果,而对考察时沿途所经的地理风貌加以记载所绘制的路线,可能是《山海经》的真正由来之所在。张步天教授在国内"山海经"研究领域一直享有盛誉,成就颇丰。他经过多年潜心研究,绘制有 26 幅《山经》考察线路图,和 4 幅《海经》地理位置图,不但一一注明每条路线及经文的形成时期,而且根据自己的考证结果,将《山海经》中古山川、古国度的方位在现代地图中加以详细标注。此 30 幅图本书中皆有收录,相信对研究古老民族地域、原始山川河流走向及远古地理情况有着积极意义。在此仅对张步天教授及那些对《山海经》研究做出杰出贡献的专家、学者致以诚挚的谢意!

《山海经》这部宏大瑰丽的秘著能够破解国人两千多年来遥远而神秘的旧梦;寻求根源于荒古时代的影响民族观念的巨大力量;并解开中国五千年文明的神秘面纱。我们在查阅大量资料及前人研究成果的基础上,整理编译了这部神秘瑰奇的古代巨著,试图探讨山海经图的学术价值及历史影响,并寻找古老文明所遗留下的文化轨迹,希望对《山海经》的传播起到一定作用。

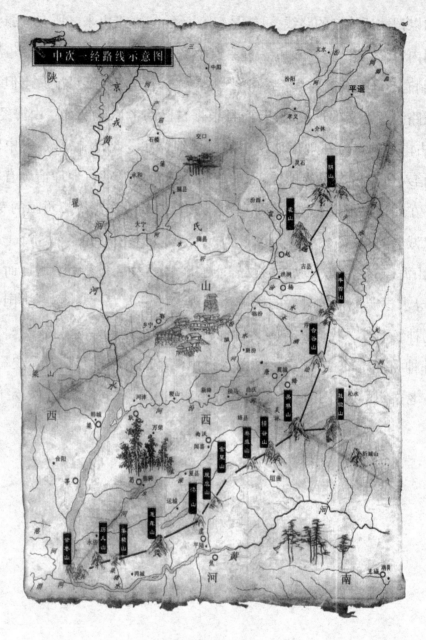

**《山海经》考证地图**

　　张步天教授认为《山经》是古人根据西汉之前历朝历代人们所走的26条路线的考察结果而写成，《海经》则主要来自荒远地区的记闻。据此，张步天教授经过潜心研究绘成30幅《山海经》考据地图，这幅"中次一经路线图"即是其一，清晰地标注了古山川在后世中的方位，使《山海经》变得真实可感。

## 五、《山海经》中山经图鉴

| | | | |
|---|---|---|---|
| 狌狌 | 白猿 | 蝮虫 | 旋龟 |
| 怪蛇 | 鹿蜀 | 鲑 | 鹈鶘 |
| 猼訑 | 鸟身龙首神 | 九尾狐 | 灌灌 |
| 赤鱬 | 鴸 | 长右 | 狸力 |
| 猾褢 | 鲑鱼 | 彘 | 羬 |
| 蛊雕 | 龙身鸟首神 | 犀 | 瞿如 |

| | | | |
|---|---|---|---|
| 虎蛟 | 鳟鱼 | 颙 | 鸱雏 |
| 龙身人首神 | 羬羊 | 肥遗 | 蜼渠 |
| 鹍 | 赤鷩 | 葱聋 | 肥遗 |
| 鲜鱼 | 人鱼 | 豪彘 | 蹢 |
| 橐蜚 | 猛豹 | 尸鸠 | 兕 |
| 熊 | 罴 | 白翰 | 数斯 |

| | | | |
|---|---|---|---|
| 羰边 | 㺎如 | 栎 | 鹦鹈 |
| 鹏 | 牵 | 羭山神 | 凫徯 |
| 鸢鸟 | 朱厌 | 鹿 | 人面马身 |
| 人面牛身神 | 麋 | 蛮蛮 | 举父 |
| 文鳐鱼 | 鼓 | 钦䴗 | 英招 |
| 山神 | 陆吾 | 土蝼 | 钦原 |

| | | | |
|---|---|---|---|
| 长乘 | 西王母 | 狡 | 胜遇 |
| 鳎鱼 | 毕方 | 白帝少昊 | 狰 |
| 三青鸟 | 鸱 | 獙狪 | 天狗 |
| 讙 | 帝江 | 蓐收 | 鹁鷜 |
| 当扈 | 鸮 | 神魃 | 冉遗 |
| 駮 | 蛮蛮 | 蠃鱼 | 穷奇 |

| | | | |
|---|---|---|---|
| 鳐鱼 | 鰼鮒鱼 | 鼠鸟同穴 | 人面鸮 |
| 孰湖 | 水马 | 滑鱼 | 鹖鸰 |
| 何罗鱼 | 朦疏 | 鯈鱼 | 孟槐 |
| 鰧鰧鱼 | 橐驼 | 寓 | 耳鼠 |
| 孟极 | 幽鴳 | 足訾 | 白鵺 |
| 鵁 | 诸犍 | 㸲牛 | 竦斯 |

| | | | |
|---|---|---|---|
| 那父 | 赤鲑 | 长蛇 | 窫窳 |
| 鳞鱼 | 诸怀 | 鮨鱼 | 山𤟤 |
| 龙龟 | 狗 | 人面蛇身神 | 闾马 |
| 骄马 | 鸳鹊 | 狍鸮 | 独狢 |
| 𪊽 | 居暨 | 鹡 | 𪊨 |
| 鸥鸥 | 天马 | 飞鼠 | 象蛇 |

| | | | |
|---|---|---|---|
| 领胡 | 鲐父鱼 | 酸与 | 鸧鹗 |
| 精卫 | 黾 | 鳠鱼 | 㹢㹢 |
| 獠 | 罴 | 大蛇 | 廿神 |
| 十神 | 十四神 | 箴鱼 | 鳙鳙鱼 |
| 螢鼠 | 从从 | 鳡鱼 | 狪狪 |
| 鲦蜩 | 人身龙首神 | 䮝䮝 | 珠鳖鱼 |

| | | | |
|---|---|---|---|
| 犰狳 | 朱獳 | 鵸鵌 | 獙獙 |
| 絜鉤 | 蠪蛭 | 兽身人面神 | 袟袟 |
| 鮨 | 媭胡 | 鱣 | 鮯鮯鱼 |
| 蠵龟 | 人身羊角神 | 精精 | 猲狙 |
| 鱳鱼 | 当康 | 鮯鱼 | 薄鱼 |
| 蜚 | 合窳 | 豪鱼 | 鱬 |

| | | | |
|---|---|---|---|
| 飞鱼 | 胐 | 鸣蛇 | 鹗 |
| 化蛇 | 蠪蚳 | 人面鸟身神 | 马腹 |
| 鴢 | 夫诸 | 熏池 | 武罗 |
| 飞鱼 | 泰逢 | 麆 | 犀渠 |
| 獭 | 人面兽身神 | 鴢鸟 | 骄虫 |
| 鸰鹎 | 脩辟鱼 | 羬羊 | 文文 |

| 天愚 | 山膏 | 三足龟 | 鲐鱼 |
| 䑏鱼 | 鲭鱼 | 猪身人面十六神 | 人面三首神 |
| 蟲围 | 犛牛 | 文鱼 | 计蒙 |
| 鸩 | 麈 | 鹿 | 涉蟲 |
| 鸟身人面神 | 鼍 | 夒牛 | 怪蛇 |
| 窃脂 | 狍狼 | 蜼 | 熊山神 |

| | | | |
|---|---|---|---|
| 马身龙首神 | 跂踵 | 鸐鸰 | 龙身人面神 |
| 雍和 | 耕父 | 青耕 | 婴勺 |
| 獜 | 狼 | 颉 | 狙如 |
| 狡即 | 鴢鵕 | 梁渠 | 彘身人兽神 |
| 闻膦 | 于儿 | 怪神 | 帝之二女 |
| 蜲 | 飞蛇 | | |

## 六、《山海经》中海经图鉴

结匈国　　羽民国　　厌火国　　讙头国

贯匈国　　交胫国　　戴国　　不死民

三首国　　歧舌国　　祝融　　周饶国

长臂国　　一臂国　　三身国　　奇肱国

丈夫国　　刑天　　轩辕国　　女子国

并封　　蓐收　　乘黄　　长股国

一目国　　柔利国　　相柳　　深目国

夸父追日　　跂踵国　　禺彊　　罗罗

驹駼　　駮　　奢比尸　　天吴

九尾狐　　毛民国　　雨师妾　　枭阳国

旄马　　巴蛇吞象　　氏人国　　窫窳

贰负臣危　　窫窳　　凤皇　　二头人与相柏树

| | | | |
|---|---|---|---|
| 树鸟 | 六首蛟 | 犬戎国 | 吉量 |
| 蜪犬 | 鬼国 | 袜 | 据比尸 |
| 戎 | 环狗 | 骄吾 | 冰夷 |
| 陵鱼 | 大蟹 | 雷神 | 四蛇 |

# 七、图解五臧山经山川里程

| 经名 | | 山川数量 | 总计里程 |
|---|---|---|---|
| 南山经 | 南次一经 | 十座 | 二千九百五十里 |
| | 南次二经 | 十七座 | 七千二百里 |
| | 南次三经 | 四十座 | 一万六千三百八十里 |
| 西山经 | 西次一经 | 十九座 | 二千九百五十七里 |
| | 西次二经 | 十七座 | 四千一百四十里 |
| | 西次三经 | 二十三座 | 六千七百四十里 |
| | 西次四经 | 七十七座 | 一万七千五百一十七里 |
| 北山经 | 北次一经 | 二十五座 | 五千四百九十里 |
| | 北次二经 | 十七座 | 五千六百九十里 |
| | 北次三经 | 八十七座 | 二万三千二百三十里 |
| 东山经 | 东次一经 | 十二座 | 三千六百里 |
| | 东次二经 | 十七座 | 六千六百里 |
| | 东次三经 | 九座 | 六千九百里 |
| | 东次四经 | 八座 | 一万八千八百六十里 |
| 中山经 | 中次一经 | 十五座 | 六千六百七十里 |
| | 中次二经 | 九座 | 一千六百七十里 |
| | 中次三经 | 五座 | 四百四十里 |
| | 中次四经 | 九座 | 一千六百七十里 |
| | 中次五经 | 十六座 | 二千九百八十二里 |
| | 中次六经 | 十九座 | 七百九十里 |
| | 中次七经 | 四十三座 | 一千一百八十里 |
| | 中次八经 | 二十三座 | 二千八百九十里 |
| | 中次九经 | 十六座 | 三千五百里 |
| | 中次十经 | 九座 | 二百六十七里 |
| | 中次十一经 | 四十八座 | 三千七百三十二里 |
| | 中次十二经 | 十五座 | 二千八百里 |

五臧山经

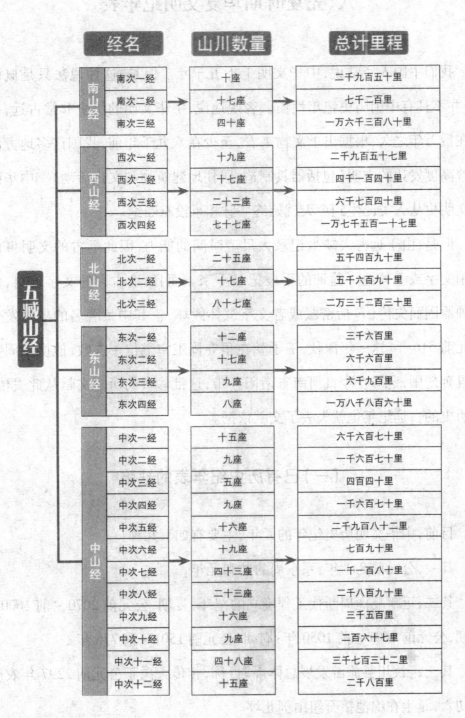

# 八、先夏时期华夏文明纪年表

我们中国人经常说,中华文明上下五千年。但是,这种说法只是概而言之,并不具有中国历史纪年性质。客观地说,中华文明的历史非常古远,少说也在数万年之久;根据出土文物来看,至少在八九千年前,我国许多地方已经有着高度发达的文明(包括器具制造、居住地建筑物和文化活动)。中华民族的文明史从人类诞生到今天就始终一脉相承没有断绝。

但是,由于远古人缺少记录大尺度时间的能力,因此远古的文明事件未能用文字或者其他可验证的手段记录下来。而且,远古人的文字资料,由于种种原因而失传(包括密藏或者文字载体毁坏)。其中最著名的事件发生在公元前516年,这一年深秋,王子朝在争夺周王室继位中失败,他携带周室典籍投奔楚国,定居在今日河南省南阳一带,这批珍贵的历史文献从此失传,中国历史的古远纪年也就失去了文献依据。

## (一)已有历史纪年表的缺陷

目前,中华文明历史纪年的元年,主要有如下几种:

其一,公元前841年,系东周的共和元年。

其二,近年夏商周断代工程确立的纪年:夏朝,公元前2070～前1600年;商朝,公元前1601～前1050年;周朝,公元前1501～前776年。

其三,《汶川县旅游发展总体规划》称,相传大禹于公元前2297年农历六月初六,诞生在绵池镇石纽山刳儿坪。

其四，根据历史文献推算，黄帝元年为公元前2697年或2698年。

其五，互联网上有文《人类文明探源工程：伏羲朝、炎帝朝、黄帝朝年代表》称，伏羲元年为公元前64430年，女娲元年为公元前63314年，共工等十四世在公元前62513年至公元前6549年之间，炎帝十世在公元前6548年至公元前6009年，黄帝元年为公元前6008年，传十世，共计2520年。

不难看出，其一、其二这两个纪年元年，时间尺度偏短。其三、其四这两个纪年元年，时间尺度虽然略有增加，但是依据有所不足，主要是缺少相关客观信息的支持。其五纪年的主要依据是《易稽览图》里的说法："甲寅伏羲氏，至无怀氏，五万七千八百八十二年。神农五百四十年。黄帝一千五百二十年。少昊四百年。颛顼五百年。帝喾三百五十年。尧一百年。舜五十年。禹四百三十一年。殷四百九十六年。周八百六十七年。秦五十年。"问题是，在远古曾经有过"万邦林立"的时期，各族群并存于世，彼此之间并非简单的单一的直线承继关系。显然，上述纪年都是不能令人满意的。

有鉴于此，我们需要从新的角度来思考和解决问题，并建议根据龙凤文化与天文历法学和气候学的关系，以及其他各种来自远古的信息和客观的相关信息（例如考古发掘的文化遗址文物），去确定中华文明各个族群所发生的重大事件的时间，并以这些比较准确和客观的时间为相应族群的纪年元年，重构出中华文明先夏史纪年表。

## （二）重构先夏史纪年表

中华文明先夏史纪年表如下：

第一阶段：人类（直立人）诞生暨发明用火、穿衣打扮时期

1. 火把氏（300万～200万年前）

直立人与直立猿的第一个区别在于直立人开始使用火，并由此而导致人类彻底直立起来，以及智力的进一步发展。因此，第一个举起火把的人，可以命名为"火把氏"。能否使用火是判断是否人类的最主要标准，目前已知最早使用火的人是五六十万年前生活在北京周口店的北京人。笔者研究发现，居住在桑干河流域大同火山群附近的大同火山人（其已知代表即阳原泥河湾人），用火时间可能比北京人还要早数十万年或更长的时间，约在300万～200万年前，那里才是诞生人类的温床。

2. 皮草氏（200万～100万年前）

直立人与直立猿的第二个区别在于直立人开始穿衣，并由此而导致体毛开始退化，以及智力的进一步发展。因此，第一个发明穿衣的人，可以命名为"皮草氏"。火的长期使用，促使人类形成对火的依赖，为了在雨天出行保护火把不熄灭，由此开始制作防雨材料，并进一步发明衣服，既可御寒，也可御热（避免火烤伤），从而导致人类的体毛逐渐退化。有了保护火种的技术，人类就可以迁徙到离开自然火源（大同火山群）稍远一些的地方。关于人类发明穿衣的时间，目前尚无出土实物来判定，笔者暂定在200万—100万年前，实际发生时间也可能晚一些。

3. 化装氏（100万～20万年前）

直立人与直立猿的第三个区别在于直立人开始化装，并由此导致体毛彻底退化，以及智力的进一步发展。因此，第一个发明化装自己的人，可以命名为"化装氏"。根据智因设计进化论，许多动物都有化装（包括伪装、拟态）自己的能力，人类与动物的区别在于，动物化装自己的主体是基因（实际上是

DNA 智力系统），而人类化装自己的主体是大脑（即神经元智力系统）。自从人类发明穿衣之后，人类就发现不同的服装具有不同的展示作用，于是人们就开始有意识地尝试着用各种材料和各种技术手段来装扮自己。这种行为进一步促进体毛的彻底退化，并且发展出各种新的技术手段，这为后来发明人造住宅技术和钻木取火技术提供了技术储备。与此同时，这也促进了人类思维的不断复杂化，为日后巫术（内含科学和文化）的形成提供了思想储备。

直立人经过火把氏、穿衣氏、化装氏三个发展阶段，其体貌发生了脱胎换骨的变化，其大脑智力也发生了飞跃式变化，直至发展成为与今天人类没有什么差别的智行人。

有必要指出的是，刚刚举起火把的直立人，其外貌和大脑智力水平与直立猿并没有太大的差异，仍然是浑身长毛，直立行走或半直立行走，脑容量相差也不多，行为方式也接近，这正是学术界长期把直立人与直立猿混为一谈的主要原因所在。但是，自从直立人举起火把之后，直立人的智力水平（由神经元智力系统控制）就开始持续提高，直立人的体貌（由 DNA 智力系统控制）也开始配合智力水平提高而发生着相应的变化。其主要表现是，彻底直立行走，头骨扩张、脑容量增加，体毛基本退化，头发变长，男性胡须变长，女性骨盆加宽，婴幼儿生长期延长，手指更加灵巧，牙齿及其周边结构更趋近现在的人类，面部表情进一步丰富，发音器官更适合发出复杂的音节和声调，神经元智力系统从条件反射思维发展出因果关系思维，面部识别能力进一步提高，而嗅觉则有所退化。

随着直立人的人口增加，直立人开始从发源地向外扩张迁徙。但是，人类大规模的迁徙活动，发生在智行人阶段。当智行人迁徙到新的居住地之后,由于定居地的自然环境差异,智行人的体貌(主要是肤色、鼻骨、头骨等)也出现了差异性变化,并形成了四大种群,即黄种人、黑种人、白种人、红种人,这时的人类可称之为种群人。

第二阶段:远古三氏(智行人、信息人)文明时期(20万~7万年前)

智行人的体貌与今天的人类已经没有什么大的区别,他们的智力水平已经非常接近今天的人类,其标志就是脑容量的扩张基本完成,剩下的只是经验和知识的积累。中华民族最早记忆中的远古三氏即有巢氏、燧人氏、盘古氏,他们代表着智行人的三个发展阶段,此后人类才进入具有历史纪年性质的三皇五帝时期。关于人类发明人造建筑、人工取火技术和萌生历史意识的时间,笔者暂定在20万~7万年前,实际发生时间可能更早。

1. 有巢氏

发明人造居住建筑物,架木为巢,把若干木棍上端架在一起,外面用草、树叶、兽皮包裹起来,防雨防风、保护火源,这标志着人类活动范围在扩展。此前人类居住在天然洞穴里,从此可以远距离迁徙到没有天然山洞的地方。由于用火,为了排烟(避免有毒气体危害),需要选择具有自然通风功能的洞穴,或者人造通风结构。与此同时,为了筑巢,开始伐木,加工木材,并制作相应的工具。

2. 燧人氏

发明人工取火技术,这标志着人类活动范围可以进一步扩展。在钻木取火的同时,也发展出钻孔的专用工具,这为首饰加工及其机械提供了技术准备。为了迁徙,开始制造渡水器具,例如独木舟、木筏、绳索。

3. 盘古氏

盘古开天故事,实际上标志着人类开始萌生历史意识,有制度的传说信息始于此,人类对古老年代的记忆可以追溯到这一时期。人类萌生历史意识,其重要前提是词汇量必须达到相当多的程度(已知人类发声器官进化的情况大约出现在 7 万年前),只有这样才能表达复杂和丰富的信息内容。当人类拥有历史意识之后,历史经验的积累就会更多,这又直接促使着结绳记事、图案和文字的发明。

第三阶段:三皇文明时期(70000～15000 年前)

1. 女娲氏

正是由于有了历史记忆,才会发现婚姻禁忌。女娲造人的传说,实际上是制定婚姻规范,禁止同族男女之间的性行为,此举可提高后代健康质量。女娲补天传说的背景,实际上是火烧五色石制作颜料,用于绘身(促使体毛进一步退化)、美化居住地、巫术祈祷等。这是陶器、冶金发明前的技术准备阶段。此前,为了保存和运输火种,人们在草编的容器外涂抹泥浆制成存放火种的容器,这也是促成陶器发明的重要因素。相传女娲为风姓,风与凤相通,据此推测其后裔即少皞(以凤凰为主图腾)。再以后,其族裔还有风后(黄帝臣)。

2. 伏羲氏

发明结绳记事,其符号信息载体称为八索,并由此发展出八卦抽象符号,并推动了文字的产生("三坟"是泥版载体、"五典"是竹木载体,"八索"是结绳记事,"九丘"是实物模型,可惜这些文字信息载体均不易保存)。发明渔猎工具(网、弓箭),开始驯化、饲养家畜。开始观测星空,这是天文历法的前期技术准备阶段。众所周知,灿烂的星空是启迪人类神经元智力系统的指路航灯。对比之下,由于亮度高的恒星主要集中在北半球,北极星和北斗星的最佳观测位置也是在北半球的中高纬度地区,因此天文历法的发祥地也是在北纬 30～40 度一带。在古史传说里伏羲氏与太昊(大暤)经常混为一谈,这表明伏羲氏的后裔有大暤。

### 3. 神农氏

发明农业,起源于放火烧山捕猎,从鼠洞里残留的野谷得到启发(草药的发明,实际上是从动物那里继承下来并进一步发展起来的)。为了加工谷物,开始制造炊具,例如石磨盘、陶器等。由于男性是农业的主力,男性的社会地位得到提高,母系社会开始让位给父系社会。在古史传说里神农氏与炎帝经常混为一谈,这表明神农氏的后裔有炎帝;由于炎帝又与赤帝相混淆,因此神农氏的后裔还应包括赤帝(蚩尤)。

第四阶段:五帝族群前古国时期(公元前 13000～前 5416 年)

黄帝、炎帝、赤帝(蚩尤)、大暤、少暤,他们都是拥有领地和势力范围的部落联盟,并且逐渐形成最早的国家(简称前古国)。此阶段的文化和技术成果,主要包括历法、文字、宗教,以及纺织技术和玉石加工技术,中国人这时已经创造并使用钻床、车床、镗床、刨床、锯床等一整套加工工具(参阅柳志青、柳翔《人类工业源于中华》等文)。

1. 炎帝朝代女娲东海纪年元年为公元前 13000 年。

2. 黄帝、炎帝战争纪年在公元前 13000～前 5416 年间。

3. 赤帝(蚩尤、共工)族纪年在公元前 7000～前 5800 年间。

4. 炎帝朝代精卫元年在公元前 5416 年。

5. 大暤、少暤纪年的起始时间早于帝尧朝代洪水元年。

6. 黄帝与蚩尤第一次丝绸战争在公元前4000~前2300年间。

7. 炎帝红山女神庙纪年公元前3000年。

第五阶段：先夏古国时期（公元前5416~前2070年）

从五帝前古国时期到夏朝之前，文明不断发展，人口不断增加，人类活动范围越来越广阔，从而出现万邦林立、万国并存现象，可以称之为先夏古国时期。此阶段的文化和技术成果，主要表现在地方区域的社会管理制度的进一步完善、城池的建造、人造光源、牛耕技术、水利工程技术、大地测量技术、天文精密观测，以及青铜器的出现。

1. 帝尧朝代洪水元年为公元前5416年。

2. 帝舜（帝俊）朝代烛光元年在公元前5000~前4000年。

3. 帝颛顼朝代约在公元前4500年。

4. 帝舜朝代流放四族（共工、讙兜、三苗、鲧）纪年，大约在公元前4000年左右。

5. 帝禹（帝台）朝代的众帝之台纪年大约在公元前3500~前2500年间。

6. 帝禹朝代国土资源考察纪年元年为公元前2216年。

7. 帝喾、盘瓠、帝丹朱、后稷、契、益，暂缺。

有关上述纪年的论证和说明见下文。不难看出，这份中华文明纪年表，最突出的特点就是以历史事件可能发生的时间为纪年参数。接下来，以上述这些已知事件发生的时间段为基准，再对照其他远古神话传说和出土文物的关系，就可以逐步构建出更加完整的中国先夏史来。值得注意的是，黄帝与蚩尤第一次丝绸战争发生的时间段，以及炎帝女神庙存在的时间段，是与帝尧朝代、帝舜朝代、帝禹朝代相互重叠的，这就表明他们实际上是并存的族群和古国,而这可能更符合历史的真实。

## (三)帝尧朝代的洪水纪年

1. 尧是烧陶部落

尧,繁体字为堯,像是在有支架的平台上摆放着土制的东西,显然这正是烧制陶器的象形。尧的发音与窑相同,烧的繁体字是燒,浇的繁体字是澆,其本意均与烧制陶器有关;而尧又正巧称"陶唐氏"(唐通塘、膛、堂,意思是放东西的空间)、号"放勳"(意思是用火熏东西),显然表明尧是以烧陶而著名的部落,而且是因为烧陶技术水平高才崛起的。其实,我国民间早就知道尧是烧陶的部落,因此烧陶业才会把尧帝也列入祖师爷之一。

根据唐县网站介绍:据境内明伏、西下素、钓鱼台等沿唐河两岸出土的石刀、石斧、陶片及 2 米以上文化层分析认定,这里早在六七千年以前就有人类聚居活动,属仰韶文化遗址。相传公元前 2377 年农历二月初二日,尧帝放勳诞生于今唐县尧山(即顺平县之伊祁山),伊祁为姓。公元前 2360 年,帝尧放勳被封为唐侯,治所阳邑(今固城,一说在长古城),亦称唐,即在唐县境内,称古唐侯国。公元前 2353 年其兄帝挚(少皞)将帝位让给尧,也是在唐县举办的"禅让"仪式,并在伏城建都城,后因水患,由此地赴平阳(今山西省临汾西)执帝位。虞舜执政后,将尧子丹朱封为唐侯,治所鸿郎城(今洪城)。

此外,山西省临汾市(古称平阳)亦有尧都、尧庙、尧陵名胜。尧庙位于临汾市区南 3 千米处。相传尧建都平阳(今临汾市),有功于民,庙是后人为祭祀尧王所建。创建年代已无可考。现存建筑原为清代遗物。前有山门,内有围廊、牌坊、五凤楼、尧井亭、广运殿、寝宫等建筑。尧王及其四大臣被喻为

"五凤"。"一凤升天,四凤共鸣",五凤楼就因此得名。尧井相传为尧所掘,为记其功,上筑一亭。广运殿是供奉尧王的主殿,高达27米,殿宇四周设环廊,42根石柱,柱础雕刻工精,殿内金柱子肥硕,直通上层檐下,础石上云龙盘绕。龛内塑有尧王像及其侍从。庙内存有碑碣10余通,记载尧王功绩及庙宇建造经过。广运殿1998年毁于大火,后于1999年重建。

2.尧朝洪水元年为公元前5416年

众所周知,帝尧时期发生的重大自然事件之一是洪水"怀山襄陵"。《史记·五帝本纪》记有:"尧曰:嗟,四岳,汤汤洪水滔天,浩浩怀山襄陵,下民其忧,有能使治者?"讙兜推荐共工可以治水,被帝尧否定;四岳推荐鲧可以治水,帝尧虽然不满意但仍然接受了。

由于帝尧所在地位于太行山区,能够"浩浩怀山襄陵"的洪水,显然并非一般的雨水,而是与大规模的海侵事件有关。我们知道,公元前10000年前左右,全球气候寒冷,海平面下降约100米,当时的渤海成为陆地;此后,全球气温转暖,海平面逐渐上升,渤海又重新出现(沧海桑田的传说即源于此),而且范围比今日还要广阔。根据1984年6月第一版的《中国自然地理图集》第111页"华北平原的成长"图,可知渤海的海平面在7400年前达到最高点,当时渤海的海岸线西侵至今日太行山脚一带。因此,这个时间可以作为帝尧洪水纪年的气候学证据,亦即帝尧洪水纪年元年为公元前5416年(1984年之前的7400年)。

3.帝尧恒星纪年的天文学证据

帝尧时期的天文观测和历法制定,已经具有一定的科学水准。当时的天文学家,通过观测鸟、火、虚、昴四颗恒星,来确定春夏秋冬四季。其中,《书·

尧典》的"日中星鸟",孔传:"鸟,南方朱鸟七宿。"《书·尧典》的"日永星火",这里的"火"星指恒星大火,亦即二十八宿的心宿(苍龙星座之心)。根据天文学的岁差原理,可推算出尧典四星的观测时间发生在公元前5000年前至公元前6000年前之间,可称之为尧朝"四星元年"。

值得注意的是,根据《山海经》、《史记》、《淮南子》等古籍和流传在民间的远古神话传说,在中华民族的记忆中,帝尧时代还出现过两件非同小可的自然灾变,一是"洪水滔天",二是"十日并出"。许多学者都相信,帝尧时代的洪水泛滥,以及共工振滔洪水、精卫填海等传说,均与第四纪最后一次冰川结束后的气温上升所导致的海岸线西侵变化有关。

### (四)炎帝朝代的女娃纪年

#### 1. 炎帝朝代的重大事件

炎帝朝代是中国先夏时期非常重要的一段历史。事实上,司马迁撰写《史记》,就是从炎帝开始叙述的。遗憾的是,由于史料文献遗失,司马迁未能给出炎帝朝代的纪年元年究竟在哪一年。在这种情况下,我们只能根据炎帝朝代发生的重大历史事件,来寻找并确定炎帝朝代的若干事件的纪年。炎帝朝代发生的大事主要有:

其一,发明刀耕火种式农业、发现草药,该过程有着老鼠等动物的参与,有兴趣的读者可参阅《老鼠与农业的发明》一文(文史杂志2005年第5期)。其二,发明烟道通风排烟技术,这是非常重要的发明,大大减少和避免了煤气中毒,有助于提高灶的燃烧效率,而且为烧陶和冶金的发展提供了技术储备。其三,炎帝与蚩尤、黄帝的战争。其四,炎帝少女女娃游于东海。其五,女娃化作精卫填海。需要说明的是,上述事件发生的时间,前后可能有着很长的时间间隔;在不同时间段,号称炎帝的人,可能并不是同一个人。

2. 炎帝朝代女娃东海纪年元年公元前 13000 年

纵观上述炎帝朝代重大事件不难看出,发明农业、解决通风排烟问题,都不是一朝一夕的事情,因此难以据此确定炎帝朝代的纪年。关于炎帝与蚩尤、黄帝的战争,鉴于至今尚未能从相应的古战场发掘出能够确定年代时间的出土文物;在寄希望于考古新发现的同时,我们可以先从炎帝朝代女娃部落的活动来判断其发生的时间。

前文指出,精卫填海和愚公移山的故事,都属于先夏时期洪水泛滥及其治水故事系列。因此,如果说帝尧朝代洪水纪年元年是公元前 5416 年,那么炎帝朝代精卫元年也可以确定在公元前 5416 年。

《山海经·五藏山经·北山经》记有:"又北二百里,曰发鸠之山,其上多柘木。有鸟焉,其状如乌,文首、白喙、赤足,名曰精卫,其鸣自詨。是炎帝之少女名曰女娃,女娃游于东海,溺而不返;故为精卫,常衔西山之木石,以堙于东海。漳水出焉,东流注于河。"

在华夏民族的古老记忆里,炎帝有三种身份。其一是夏季之帝,《礼记·月令》:"孟夏之月,其帝炎帝,其神祝融。"其二是神农,即农作物和草药的发明者。其三是与黄帝争夺天下的部落联盟首领,即此处的炎帝及其少女女娃。

大约在一万年前,由于海平面比今日低数十米到上百米,我国渤海的全部以及黄海、东海的大陆架均为陆地。所谓"女娃游于东海",即炎帝族的一支嫡系部落向东部拓疆,迁徙到当时的海边居住。所谓"溺而不返",是说由于气候变暖,海平面上升,女娃部落遭到灭顶之灾。所谓"故为精卫"云云,是说女娲部落的幸存者退到太行山脉居住,她们装扮成精卫鸟,举行巫术仪式,将太行山的木石象征性地投入东海,以期将海水埋平,恢复往日的美好家园。事实上,炎帝族与黄帝族的长期战争和冲突,正是在上述海侵事件导致的生存地域减缩的大环境变迁的基础上展开的。

有鉴于此,我们可以根据一万多年前海平面降到最低点的时间,来确定炎帝朝代女娲东海纪年的元年。《从黄岩洞石器工具论中国之中石器时代的若干问题》一文指出:"更新世晚期(距今 10 万～1 万年前)全球进入最后一次冰期,我国为大理冰期。当时,年平均气温大幅度下降,我国东部和日本气温下降摄氏 7～8℃。距今 2～1 万多年前,冰川性海面下降达最高峰,海平面比现在海平面下降 132 米左右。我国东海海面下降最大数大于 130 米,大陆架边沿线已撤到了当今水深 158—160 米地带。$C_{14}$ 测定最低海平面的出现为距今 1.5 万年前。当时,不仅平均水深 18 米的渤海和平均水深 44 米的黄海是一片坦荡的平原,就连水深较大的东海和南海也分别有 1/2 和 1/3 以上的海区出露成陆。"据此可知,炎帝朝代女娲东海纪年元年为公元前 13000 年。

接下来,我们还可以进一步推论,黄帝族与炎帝族的战争,应该发生在公元前 13000 年至公元前 5416 年之间。这是因为,在公元前 13000 年前,处于海平面持续下降和海岸线持续东退的时间段,沿海陆地面积不断在扩大,人类生存环境也在不断增加,因此,在这个阶段不同族群之间没有必要发生旷日持久的对立和战争。对比之下,公元前 13000 年至公元前 5416 年之间,则处于海平面持续上升和海岸线持续西进的时间段,沿海陆地面积不断在缩小,人类生存环境也在不断缩小,因此在这个阶段不同族群之间为了争夺生存空间很有可能发生旷日持久的对立和战争。此后,海平面开始下降,陆地面积又重新开始增加,人类生存空间也随之增加,炎帝族一部分与黄帝族融合,另一部分不断南迁到秦岭、神农架、衡山一带。

## (五)黄帝与蚩尤水战纪年

《山海经·大荒北经》记有:"有人衣青衣,名曰黄帝女魃。蚩尤作兵伐黄帝,黄帝乃令应龙攻之冀州之野。应龙畜水,蚩尤请风伯、雨师,纵大风雨。黄帝乃下天女曰魃,雨止,遂杀蚩尤。魃不得复上,所居不雨。叔均言之帝,后置之赤水之北。叔均乃为田祖。魃时亡之,所欲逐之者,令曰'神北行'!先除水道,决通沟渎。"

黄帝族与蚩尤族的战争,可能持续了一段很长的时期,其战场大体在太行山一线,北起涿鹿,南越黄河。经文"应龙畜水,蚩尤请风伯、雨师,纵大风雨。黄帝乃下天女日魃,雨止,遂杀蚩尤。魃不得复上,所居不雨"云云,在记述中国古代的一场水利气象战的同时,也在客观上记录了先夏时期的自然气候变迁。第一阶段为"应龙畜水",即上游的人筑坝截留水资源,不给下游的人用(不排除抬高水位后再突然放水,以冲毁下游农田、城池)。第二阶段为"蚩尤请风伯、雨师,纵大风雨",即天降大雨,冲毁水利设施,淹没农田。第三阶段为"黄帝乃下女魃,雨止,遂杀蚩尤",即气候由潮湿多雨转变为干旱少雨,黄帝趁势出兵,一举击败蚩尤。事实上,在历史上某种气候变化对甲地区有利而对乙地区有害的情况经常发生,严重时可导致民族、国家力量的此消彼长。第四阶段为"魃不得复上,所居不雨",即气候变得更加干旱,严重影响到农业生产和人民的生活。第五阶段为"叔均言之帝,后置之赤水之北",女魃被安排到赤水之北居住,即赤水以北为干旱区,其他地区的气候和降雨量恢复正常。所谓"魃时亡之,所欲逐之者,令曰:'神北行!'先除水道,决通沟渎",意思是当旱灾发生时,要进行驱逐旱魃的巫术,并提前疏通排水渠道。

综上所述,蚩尤族应该是以种植水田农作物为主要谋生方式的族群,而黄帝族则是主要以种植旱田农作物为主要谋生方式的族群。因此,在雨水充沛的历史阶段,蚩尤族的势力范围就会扩展;而在降雨较少的历史阶段,黄帝族的势力范围就会扩展。相传黄帝与蚩尤九战九败,这个阶段是雨水充沛时期,也是蚩尤族扩张时期。此后,黄帝一战而胜蚩尤,表明气候转为干旱期,蚩尤族难以生存,不得不退回雨水多的南方。也就是说,根据先夏时期古气候变迁信息,就可以推算出黄帝与蚩尤因水而战的发生时间,估计其时间段大约在公元前7000~前3000年间。

## (六)蚩尤族(赤帝)纪年

《左传·昭公十七年》记有郯子的一段话:"昔者,黄帝氏以云纪,故为云师而云名。炎帝以火纪,故为火师而火名。共工氏以水纪,故为水师而水名。大暤氏以龙纪,故为龙师而龙名。我高祖少暤挚之立也,凤鸟适至,故纪于鸟,为鸟师而鸟名。"

由于郯子将共工与炎帝并列,而且炎帝以"火纪",共工以"水纪",据此可知共工族与炎帝族并非同族,而且也不是如后世人们所说的炎帝族后裔(同样的错误还包括《路史》把蚩尤说成是炎帝族裔)。笔者推测,共工族很可能出自先夏时期最著名的族群蚩尤,或者至少有着很高比例的蚩尤族血脉,因此黄帝族与蚩尤族的战争才会长期延续在共工族身上,例如颛顼与共工之战和禹攻共工国山等。而且,"共"与"洪"相通,"工"与"鸿"相通,发音均为

"红"，亦即"赤"色。蚩尤，"蚩"与"赤"同音，亦即古人所说的赤帝。共工族的主要成员是相繇（又名相柳，被禹杀死），"繇"与"尤"同音，或可表明他们有着共同的渊源；根据相繇"人面蛇身九首（代表九个部落或氏族）"可知，其族群乃是蛇图腾。有趣的是，古史相传蚩尤部落联盟的构成也是九的倍数"蚩尤兄弟八十一人"或"七十二人"。

需要纠正的是，长期以来学术界都把"赤帝"误认为"炎帝"，错误出自高诱对《淮南子》的注解上。《淮南子·时则训》称："南方之极，自北户孙之外，贯颛顼之国，南至委火炎风之野，赤帝、祝融之所司者万二千里。"高诱注："赤帝，炎帝，少典之子，号为神农，南方火德之帝也。"

实际上，赤帝应该是指蚩尤，蚩尤的发祥地在南方，炎帝的发祥地在北方（参阅本书相关章节）。《太平御览》813卷引《河图》云："赤帝有女讹、铁飞之异。"这种异闻与炎帝毫无关系，而与蚩尤却有相似之处，因为相传蚩尤就是"铜头铁额"。《集解》应劭亦称："蚩尤，古天子。"孔安国亦曰："九黎君号蚩尤。"

《五藏山经·中山经》："又东五十五里，曰宣山，沦水出焉，东南流注于视水，其中多蛟。其上有桑焉，大五十尺，其枝四衢，其叶大尺余，赤理黄华青膚，名曰帝女之桑。"

袁珂认为此处帝女即赤帝之女，宣山即愕山，在今河南省泌阳县境内。《广异记》："南方赤帝女学道得仙，居南阳愕山桑树上。正月一日衔柴作巢，至十五日成。或作白鹤，或女人。赤帝见之悲恸，诱之不得，以火焚之，女即升天。因名帝女桑。今人至十五日焚鹊巢作灰汁，浴蚕子招丝，象此也。"剥掉上述传说的神话外衣，其真实的信息是有关养蚕的活动，帝女桑是一棵品质优良的桑树,也是一棵神圣的桑树,在祭祀桑树之神和蚕神的巫术仪式中,古人曾经以少女为牺牲(活祭或模拟)。与此同时,这也表明赤帝族是以养蚕和改进养蚕技术而闻名于世的。

后人之所以剥夺了蚩尤的赤帝资格,主要是因为蚩尤、共工战败,即成者王侯败者寇。其实,蚩尤之名可能是外族的称呼,带有贬义;其自称应该是"赤繇","赤"即赤帝,"繇"的象形文字原本应当与丝织活动有关。遥想当年,蚩尤、共工也是驰骋南北、显赫一时、文化发达的族群,同样是我们的祖先;他们活动的区域,大体以今日河南省为中心,向北到山西省、河北省,向东到山东省,向西到陕西省,向南到长江南北。考古发掘的河南省裴里岗文化(距今9000~7800年)、舞阳贾湖文化(距今约8000年),可能就是蚩尤族创造的。后来,黄帝族、炎帝族不断南下,进入黄河以南的伊洛地区,并与蚩尤、共工融合,这就是龙的造型身躯由娃娃鱼转变成为蛇形的原因所在。如果可以认定,河南省裴里岗文化、舞阳贾湖文化,是蚩尤(赤帝)族创造的,那么蚩尤族纪年约在公元前7000至前5800年之间。

### (七)黄帝与蚩尤的丝绸战争纪年

1. 黄帝与蚩尤的第一次丝绸战争纪年

清马啸《绎史》卷五引《黄帝内传》称;"黄帝斩蚩尤,蚕神献丝,乃称织维之功。"据此似可表明,养蚕最初是蚩尤族发明的(其势力范围在今天山西省的南部、山东省西部,以及河南省和长江流域),因为战败而不得不向黄帝族(居住在今天陕西省以及河套地区)交出养蚕技术,这可能是最早为了争夺养蚕技术而发生的战争,堪称有历史记录的第一次丝绸战争。由于1926年在山西省夏县西阴村仰韶文化遗址，确实出土有先夏时期的蚕茧，因此《黄帝内传》的这一记载，也就多了几分可信性。

对比之下，关于黄帝族养蚕活动，宋代学者罗泌《路史》是这样说的："（黄帝）元妃西陵氏，曰嫘祖；以其始蚕，故祀先蚕。"意思是嫘祖在黄帝族里是最早开始养蚕的代表性人物，显然这并不排除其养蚕技术是从别的族群获得的情况。

众所周知，中国驯化野蚕为家蚕的历史非常早。而且，由于蚕的一生有着多次神奇的形体变化，因此蚕在远古就被视为"龙精"、"天驷星"等神灵的化身，人们不仅养蚕缫丝吃蚕蛹，隆重地祭祀蚕神，还用陶、玉、骨、铜做成蚕、蛹等形状的饰物，并由此萌生羽化而登仙的观念。与此同时，桑树也具有了特殊的文化内涵，古人相信桑林是与天相通的地方，扶桑是太阳栖息的神树。

1975～1978年在浙江余姚河姆渡村的新石器时代遗址（公元前5000～前4000年），发现一批纺织用的工具和象牙质盅形器，该盅形器周围用阴纹雕刻着类似蚕的图形和编织花纹。1926年在山西夏县西阴村的仰韶文化遗址（公元前4000～前3600年）发现一个半截的蚕茧，茧壳长约1.36厘米，茧幅约1.04厘米，蚕茧被锋利的工具切去约六分之一，多数学者认为这表明当时已经在驯化野蚕为家蚕了。

1983年在河南荥阳城东青台村仰韶文化遗址的发掘中，在瓮棺中发现有炭化的丝织物（用来包裹儿童尸体），该遗址属仰韶文化秦王寨类型，在公元前3600至前3000年。1958年在浙江吴兴钱山漾遗址（公元前3310年）发现一批丝、麻纺织品，其中有平纹绸片和用蚕丝编结的丝带以及用蚕丝加捻而成的丝线。河北正定南杨庄遗址（公元前3400年）、山西芮城西王村遗址（公元前 3000 年)出土有新石器时代的陶蛹。此外,陕西神木石峁出土有新石器时代的玉蚕,时间大约在公元前 2300 至前 2000 年。甘肃临洮冯家坪齐家文化遗址出土的二连罐所绘的群蚕图,时间则在公元前 2000 年。

根据上述有关养蚕业的出土文物可知,人工养蚕技术,明显是由东南地区向西北地区逐渐传播的。由于蚩尤族的活动范围在黄帝族的东南方,因此我们有充足的理由认为蚩尤族先于黄帝族掌握了养蚕技术,《黄帝内传》"黄帝斩蚩尤,蚕神献丝,乃称织维之功"的记载是符合逻辑的,也是比较可信的。这也就意味着,黄帝与蚩尤的第一次丝绸战争,可能发生在公元前 4000 年(夏县出土蚕茧的时间,当时这里是蚩尤的势力范围)至公元前 2300 年之间(神木出土玉蚕的时间,此地曾是黄帝的势力范围)。

2. 历史上的其他丝绸战争

《山海经·海外北经》记有:"欧丝之野在大踵东,一女子跪据树欧丝。"袁珂先生在《山海经校注》一书指出,殴与呕通,欧丝即吐丝,并认为此处寥寥数字即蚕马故事之雏形。《搜神记》卷 14《太古蚕马记》称:古时一少女为见远征在外的父亲,许愿嫁给能把父亲接回家的马;其父回家了解真相后,将马射杀,晾马皮于院;少女踏在马皮上,马皮忽然卷起少女飞去,数日后人们在一棵大桑树上找到少女,她与马皮已化为蚕,其茧硕大异于普通蚕茧。

据此可知,所谓"女子呕丝",乃是古人祭祀蚕神时的一种巫术表演,由女巫(养蚕是女子之职)模拟蚕吐丝的样子,蚕马故事、帝女桑的记述则均与古人选育和改良桑蚕品质的活动有关,而煮元宵吃的习俗或谓亦源于煮蚕茧、祭蚕神。进一步说,蚕马故事也隐约透露出,养蚕技术的传播与战争有关。

事实上,丝绸战争(获得丝绸技术、争夺丝绸贸易)在中国历史上发生过多次，著名的三星堆的突然消失，可能就与丝绸战争或者丝绸贸易有关。

中国的丝绸是一种长期领先世界的高科技含量商品，很早就成为欧亚各国王室贵族渴求的能够显示地位和财富的实用奢侈品。遗憾的是，由于先秦文献史料丢失，我们已经不清楚商王朝对东西方丝绸贸易的态度了。根据殷商人喜欢经商的特点，估计会支持丝绸贸易的。

有迹象表明，周王朝对东西方丝绸贸易似乎采取了积极的态度。《竹书纪年》："十七年，王西征昆仑丘，见西王母。其年，西王母来朝，宾于昭宫。"穆天子西征见西王母，此后西王母多次来中原，可能都与丝绸贸易密不可分。

《人类文明编年纪事·经济和生活分册》(德国学者维尔纳·施泰因著)记载："公元前1110年，埃及使者到中国(很可能对埃及文化产生了影响)。"据光明日报1993年3月21日文，欧洲学者在古埃及一女性木乃伊上发现了丝绸，属于二十一王朝时期，即公元前1080年至前954年之间。

四川盆地的丝绸业有着悠久的历史，"蜀"就是柞蚕的象形文字，而蜀国创始人蚕丛也是以蚕业兴起的。因此，三星堆王国对丝绸贸易，应该是会采取积极态度的。众所周知，东西方丝绸贸易的通道，既有北线丝绸之路(河西走廊、天山南北、西亚)，也有中线丝绸之路(三江峡谷、云南、缅甸、印度)，以及南线丝绸之路(由浙江、福建、广东、广西出海)。显然，三星堆王国的丝绸出口，主要是走中线丝绸之路。由于丝绸贸易有着巨大的利益，历史上由此而发生的丝绸战争恐怕也不是少数。例如，殷商王国与周王国，殷商王国与三星堆王国，周王国与三星堆王国，以及三星堆王国与百越百濮，可能都发生过丝绸贸易冲突甚至战争。

由于三星堆王国参与丝绸贸易，并且经常发生贸易冲突和战争；与此同时,远方来的客商,有可能携带着对当地人威胁极大的病菌、病毒、传染病。上述两个原因,很可能就是导致三星堆王国突然灭亡的主要因素。

## (八)帝舜朝代的烛光纪年

### 1. 帝舜朝代发生的大事

根据《山海经》、《尚书》、《竹书纪年》、《左传》、《史记》等历史文献记载,帝舜朝代(与帝尧朝代在时间上有重叠)发生的大事主要有:其一,舜娶帝尧二女即娥皇、女英,也可以视为舜被招为婿。其二,舜与弟象的周旋。袁珂先生《山海经校注》指出,这是帝舜时期驯化野生大象故事的曲折反映,为的是保护农作物不被大象践踏,以及驯服大象为人服务,例如运输、战争等。其三,继帝尧朝代之后,建立帝舜朝代。《竹书纪年》称,尧德衰,为舜所囚。其四,创建一整套政府管理机构,包括 12 名州政府官员和 10 名中央政府官员。值得注意的是,袁珂认为《拾遗记》重明鸟(鸡、凤)可能与舜有关,如其不谬,则舜部落应是少暤部落联盟里的一支。在《山海经·大荒四经》里,帝舜被称为帝俊,其文字象形也是鸟类。

其五,《舜典》记有:"流共工于幽州,放欢兜于崇山,窜三苗于三危,殛鲧于羽山,四罪而天下咸服。"或谓,幽州在燕(今北京一带),崇山在沣阳县(今湖北省黄陂县南),三危即今敦煌一带,羽山在今山东省蓬莱一带。《史记·五帝本纪》则称帝舜流放的四凶分别是:帝鸿氏之裔浑沌(欢兜),少暤氏之裔穷奇(共工),颛顼氏之裔祷杌(鲧),缙云氏之裔饕餮(三苗)。其六,舜娶登比氏,生有二女,分别名宵明、烛光。这是我国古籍有关人造光源油灯的最早记载,此前火把照明的缺点是烟大、照明时间短。其七,帝舜南巡而死,葬九嶷山。其八,舜族迁徙南方。需要说明的是,上述事件发生的时间,前后可能有着很长的时间间隔;在不同时间段,号称帝舜的人,可能并不是同一个人。

2. 帝舜朝代烛光纪年元年

纵观上述帝舜朝代的重大事件,第六条涉及人造光源油灯的发明,这应该是有可能找到客观时间依据的。《山海经·海内南经》记有:"舜妻登比氏生宵明、烛光,处河大泽,二女之灵能照此所方百里。一曰登北氏。"

所谓"登比氏生宵明、烛光",也就是说,登比氏乃人工光源的发明者,其名原当作"灯比氏"。她发明的灯有两种,其一为宵明,当属于强光源,可用于夜间户外;其二为烛光,可能属于弱光源或方便移动的光源,既可用于夜间室内照明,也可用于户外行走时;制造光源的材料,当取自牛羊和鱼类(特别是娃娃鱼油为优质灯油,为此娃娃鱼一度几被捕杀殆尽,娃娃鱼为龙的原形)等动物的膏脂或其他矿物燃料。这两种光源由登比氏的两个女儿分别掌管,并以光源的特点给她们起名,这种命名方法是古代经常使用的。

所谓"处河大泽,二女之灵能照此所方百里",明确指出登比氏二女的工作主要是照明河道和湖泊。据此,宵明、烛光可能包括船用照明灯、航道标志灯、码头照明灯,以及灯塔用灯(登比氏的登字有上升到高处之意)。这也就表明,在帝舜时代,人们的夜间活动已经相当多,而且水上交通相当繁忙,以至于需要夜间照明,来确保航运的安全。与此同时,在河流、湖泽上使用人工光源,也可能与捕鱼有关,因为有些鱼类具有趋光习性,此外还可用于夜间捕鸟、拾鸟卵、收集鸟羽时的照明。

袁珂注:"《海内西经》:'大泽方百里,群鸟所生及所解。'即此大泽。该节及以下二节亦应移于此节之前,始与方位大致相符。"实际上,所谓"处河、大泽",即今黄河流经的河套一带,前套、后套古均为大泽,两套之间河道密布,黄河之水在这里流势平稳,对发展水上交通极为有利,而河套南北曾是古人栖息的青山绿水、良田沃土和风吹草低见牛羊的天然牧场,并有候鸟换羽的大面积湖泽、湿地。

舜妻除帝尧二女娥皇、女英之外,又有登比氏,这表明所谓"妻"者实际上是相互通婚的部落,一个部落可以与若干个其他部落通婚;同时也表明帝舜可以指一个朝代,这个朝代可能有多个名"舜"的首领,而并不特指一个唯一的"舜"。

舜又称虞舜,姚姓,有虞氏,名重华,字都君。姚,指女子貌美妖艳;若从字形结构来看,亦可指有预兆能力的女性。虞,古代管理山泽的官,样子像是戴着虎头帽的猎人。舜,指一种草;但是,舜的原字形的上半部分,像是一个容器里放着"炎",下半部分表示双足行走跳跃。舜之所以得名"重华",与相传舜为"双瞳"(重明、重瞳)的内涵是一样的,均与人造光源(照明)以及使用窥管(发现远方目标)有关。华,光辉。都,在这里指绚丽。

从舜的上述名称可知,舜是以光明著称的部落(族群),而这种光明又与捕猎活动有关。显然,这里透露传递的信息,正如笔者所说,舜通过捕猎娃娃鱼,制作油灯,从而闻名于世。因此可以说,舜部落的崛起,很可能正是得益于人造光源油灯的发明。

有趣的是,《史记》称舜继承尧位之前,从事过三种工作:舜耕历山,舜渔雷泽,舜陶河滨。其中,"耕历山"是为了解决粮食问题,这很好理解。那么"渔雷泽"是为了什么呢? 笔者已经指出,雷泽里的龙就是娃娃鱼,因此"渔雷泽"正是为了捕捉娃娃鱼,以便获得灯油。接下来"陶河滨"乃是制造油灯的专用陶器"豆"。而且，正是在这一点上，让帝尧选中了舜，因为尧部落（族群）是以烧陶为重要产业的。事实上，油灯的出现促成陶器"豆"的广泛需求，这样尧部落与舜部落的联合，对双方都是有重大好处的。

有鉴于此，如果我们今天能够在考古发掘中找到最早的陶器油灯"豆"，那么就可以用这个时间作为帝舜朝代烛光纪年的元年。这里的问题是，最早的陶器油灯"豆"究竟是什么样子的？笔者推测，最初油灯的造型可能是低足浅盘和高足深盘，由于深盘有时候又与浅碗或者浅杯不易区分，因此除了"豆"类陶器之外，其他造型的陶器也可能属于油灯。例如，山东省大汶口文化的滕州北辛遗址和兖州王因遗址出土的三足杯，就可能是用作油灯的。如果能够确定这一点，那么帝舜朝代烛光元年就应该在公元前5000年。

值得注意的是，周处《风土记》称"舜，东夷之人，生姚丘"。山东省历城县有舜井，相传这里就是"舜耕历山"的地方。山东省泗水县，位于曲阜县东，这里被认为是伏羲、虞舜的故乡，古代东夷文化的发祥地。与此同时，山西省桓曲县城，在黄河小浪底水库之北50里，相传这里即当年的舜王城，此地位于晋南中条山山脉东端，与王屋山相连。历山是中条山山脉的主峰，舜王坪为历山之巅，海拔2321米，是一处面积达5400多亩的亚高山草甸区，传说即舜王躬耕之地。

至于舜的故乡一说在山东省的泗水县，一说在山西省的桓曲县，笔者推测可能是因为舜族迁徙的缘故，即舜族发祥地在山东省泰山丘陵一带（当然这并不一定就是最古老的发祥地，因为古人远距离迁徙可能发生过多次），后来有一部分向西迁徙到中条山和华山一带（从仰韶文化的演变发展里，或许能够找到线索），他们取代了尧族的影响力，成为当地部落联盟的首领。至于舜族为什么能够取得优势地位，其重要原因就是舜族掌握了先进的人造光源技术。正是由于舜族是迁徙来的，因此势必要对某些原住民进行排挤，而这个过程可能是漫长的，这就是古代文献记录的舜流放"四凶"。据此可知，帝舜朝代流放四凶纪年，大约在公元前4000年左右。

3. 舜族南迁与蜀人先王

根据历史文献资料，舜族在入主中原后，仍然有一部分人继续南迁。南迁的原因，可能是主动的迁徙（舜南巡），也可能是被迫迁徙（禹流放舜），或者两种情况兼有。

《括地志》称："又越州余姚县，顾野王云舜后支庶所封之地。舜姚姓，故云余姚。"值得注意的是，浙江省余姚县河姆渡出土了公元前5000年前的古文化遗存，当时这里的人已经有着相当发达的文明与文化。此外，这一带也是先夏时期防风氏活动的区域，相传大禹治水来到会稽山召开部落大会，防风氏迟到被杀。"防风"一词，可能与东南沿海预防台风有关，也可能与人造光源如何防风吹灭的技术有关。如系后者，那么防风氏可能也是出自舜族。有趣的是，舜以发明人造光源著称于世，而"烛"的字形恰恰是由"火"和"蜀"组成的。众所周知"蜀"字象形的是"蚕"，或许油灯的灯芯如蚕状，或者当时已经能够制造蜡烛，而蜡烛白白的形象与蚕非常相似，因此才会用来表示"烛光"。

笔者认为，有多种资料证明，蜀文化源于舜文化，蜀先王源于舜族。

其一，蚕丛氏的特征之一是改进养蚕技术，而帝舜发祥地正是养蚕技术的发源地。

其二，蚕丛氏的特征之二是眼睛装饰异形为"纵目"，而舜也具有眼睛异形为"双睛(双瞳、重明)"。所谓"双睛"乃使用窥管的形象。

其三,三星堆出土众多凸目青铜面具,其造型源头可以追溯到舜目双睛。烛龙"直目",也属于眼睛异形。与此同时,烛龙是人造光源的发明者或使用者,而舜族正是人造光源的发明人。

其四,三星堆出土众多象牙,而舜的弟弟名象,舜族是最早捕猎和驯养野生大象的部落。三星堆出土的大铜立人像,就是舜的弟弟的造型。

其五,舜文化崇拜数字七"璇玑玉衡,以齐七政",三星堆文化也崇拜数字七。

其六,舜族最早观测日月五大行星(七曜),三星堆出土的轮形器代表的是五大行星,表明三星堆人也在观测五大行星。

其七,鱼凫氏之名表明该族群具有鸟崇拜、鸟图腾性质,而帝舜的原型也是重明鸟;凫是一种能够捕鱼的水鸟,重明鸟是一种能够捕杀猛兽的鸟。

其八,《山海经·大荒南经》记有舜的后裔巫载民进入四川盆地。所谓巫载民"巫载民盼姓,食谷;不绩不经,服也;不稼不穑,食也",表明他们入川后成为贵族统治阶层。

其九,《大荒南经》关于巫载民"爰有歌舞之鸟,鸾鸟自歌,凤鸟自舞。爰有百兽,相群爰处。百谷所聚"的记载,与《海内经》所记西南黑水之间的都广之野"百谷自生"、"鸾鸟自歌,凤鸟自舞"、"爰有百兽,相群与处",几乎完全相同。都广,又称广都,明代学者杨慎《山海经补注》指出:"黑水广都,今之成都也。"据此可知,创造成都一带上古文化(包括三星堆等多处文化遗址)的族群,应该就是帝舜的后裔巫载民,其迁徙路线当是自长江三峡逆流而上。有趣的是,帝舜南巡至今日的湖北省和湖南省,正在长江三峡的下游附近。

## （九）帝禹朝代发生的大事

根据《山海经》、《尚书》、《竹书纪年》、《左传》、《史记》等历史文献记载，帝禹朝代（与帝舜朝代在时间上有重叠）发生的大事主要有：其一，道九山，道（导）九川，治理洪水淹没的土地。其二，召开部落代表大会，杀防风氏。其三，逐共工并杀其臣相柳，修建众帝之台（金字塔群）。其四，划分九州，铸造九鼎，确定各州贡物（中央政府地位得到进一步提升）。其五，实施人类历史上第一次大范围国土资源考察活动，考察报告即《五藏山经》。需要说明的是，上述事件发生的时间，前后可能有着很长的时间间隔；在不同时间段，号称帝禹的人，可能并不是同一个人。

1. 帝禹朝代三门峡鬼门纪年

三门峡的鬼门、神门、人门，相传是大禹治水时将挡住黄河的大山凿成几段，使河水分流，状如三道闸门；民间故事说大禹凿山时杀死一条恶龙，血溅山崖，故两岸山崖被染成红色；大禹用的斩龙剑落在河中，化为通天巨石，即三门峡的砥柱峰。当地附近有七口井，相传亦是大禹凿三门峡时所挖。鬼门的崖头有两个圆坑，比井口还大，活像一对马蹄印，相传为大禹跃马过三门时留下的印迹，俗称马蹄窝。

根据鬼门岛上曾经有先夏时期人类活动（出土仰韶文化陶器和龙山文化石斧、陶器），以及鬼门的地形地貌（原本与黄河岸相连）等因素来看，三门峡（由人门、神门、鬼门组成）的鬼门系人工开凿而成，其功能是将三门峡的黄河水道截弯取直，有利于洪水宣泄，因此鬼门应该就是大禹治水的工程遗迹之一。

如果上述判断能够成立,而且能够确定三门峡鬼门的开凿时间,那么这个时间就可以成为帝禹朝代三门峡鬼门纪年的元年。可惜,由于20世纪50年代修建三门峡水库,三门峡的人门、神门、鬼门均被淹没在水库里(同时被淹没的还有著名的三门峡漕运遗迹),给今天如何确定鬼门开凿时间增加了极大的困难。

2. 帝禹朝代众帝之台纪年

《山海经·大荒西经》记有:"西北海之外,大荒之隅,有山而不合,名曰不周负子,有两黄兽守之。有水曰寒暑之水。水西有湿山,水东有幕山。有禹攻共工国山。"

不周山是共工族活动势力范围里一处极其重要的地方,因此要"有两黄兽守之"。所谓"两黄兽",可能是由人装扮的保护神,或者是竖立着的共工部落保护神的塑像,也有可能是共工国战神相柳的造型。凡此种种,均表明不周山是共工族的圣山。所谓"禹攻共工国山",记述的是禹族与共工族的战争,战场就在共工族的圣地不周山,共工族已经退守在自己的最后领地,结果可想而知。

根据《海外北经》和《大荒北经》记载,禹族彻底战胜共工族,并且在共工族的领地建造了中国的金字塔群"众帝之台",这些金字塔的名称被记录在《海内北经》里:"帝尧台、帝喾台、帝丹朱台、帝舜台,各二台,台四方,在昆仑东北。"其形状为四方台型,所谓"各二台"的"台"字,可能是"重"字之误(两个字的繁体字形相近),即众帝之台均为两层结构,属于阶梯型金字塔,与埃及早期的金字塔和美洲金字塔相似。此外,《大荒北经》还记有共工台:"有系昆之山者,有共工之台,射者不敢北乡。"《大荒西经》则记有轩辕台:"有轩辕之台,射者不敢西乡射,畏轩辕之台。"它们建造的时间,可能早于大禹治水时建造的众帝之台。

毋庸置疑,如果我们今天能够发现众帝之台的遗址,并且能够确定其建造时间,那么这个时间就可以成为帝禹朝代的众帝之台纪年的元年,估计时间段大约在公元前3500~前2500年间。

值得注意的是,《山海经·五藏山经·中山经》记有鼓钟山,是帝台宴请百神或四方贵宾的地方,届时钟鼓齐鸣,主宾举杯畅饮。我国河南舞阳曾出土一批8000年前的骨笛,浙江余姚出土有7000年前的埙,其他出土先夏乐器尚有陶号角、骨哨、陶哨、陶号、陶哨铃、四孔器、陶响器、龟响器、陶钟、石磬、陶鼓、木皮鼓等。姑瑶山的帝女,袁珂认为即炎帝之女瑶姬,瑶姬未嫁而亡,葬于巫山;但与此地相距甚远,或许此处帝女乃帝台之女。

"帝台"只见于《山海经》,而未见于其他古籍。从"帝台"活动范围推测,帝台有可能是蚩尤(赤帝)或者共工的后裔。但是,若从时间段来说,帝台更有可能是帝禹在《五藏山经》里的另一种称呼,正如帝舜在《大荒四经》里被称为帝俊一样(这样做有点类似后世的避讳)。进一步说,在古史记载中,也只有在帝禹时代曾经大规模建造众帝之台,因此将其称为帝台乃是名副其实、顺理成章的;而且,《五藏山经·中山经》记述的帝台事迹,诸如帝台觞百神、帝台之石(棋)祷百神、帝台之浆,也符合帝禹的身份。

如其不谬,这也就同时解决了《五藏山经》的一个大谜团:《五藏山经》既然是帝禹时代的国土资源考察报告,那么里面就应该也有帝禹活动的记录,然而字面上却没有;但是,如果帝台实际上就是帝禹的另一种说法,那么这个问题就迎刃而解了。

**3.帝禹朝代国土资源考察纪年元年为公元前 2216 年**

在中国人的古老记忆里,面对先夏时期的大洪水,鲧受命治水采取的是"堵"的办法,结果惨败;此后,禹又受命治水则采用了"疏导"的办法,终于获得成功。为什么鲧和禹会采取不同的治水办法?为什么鲧就想不到用疏导的办法来对付洪水泛滥?

这里涉及两个根本性质的因素。第一,鲧治水所处的时间段,正是海平面不断上升向西淹没陆地的阶段;在这种情况下,以古人的技术手段,无论如何修建堤坝堵挡洪水,最终都是无济于事的,因此必败无疑。对比之下,禹治水所处的时间段,则是海平面不断下降,被淹没的陆地重新出现的阶段;在这种情况下,需要做的事情,主要不是堵挡洪水,而是如何排除陆地上的积水,使其重新变成可以居住和耕作的地方,因此禹治水当然要采用疏导的办法了。正如《诗经·长发》所云:"洪水茫茫,禹敷下土方。"

其次,同样重要的因素是,俗话说"水来土掩",堵挡洪水泛滥,对测量地形高低的技术准确度要求不高,反正是哪里来水就在哪里修建堤坝设堵就是;据此可知,鲧治水的时候,还没有或者缺少高精密度的大地测量技术,因此鲧即使想疏导洪水,从技术上说也是做不到的。对比之下,疏导大区域里的积水,则需要能够精密测量地形和水位高低的技术,否则就不可能在正确的地方开挖渠道,也就不可能把积水顺利地排泄到江河、湖泊、海洋里;也就是说,禹之所以能够顺利地疏导洪水,应该是已经找到了足够精密的大地测量技术。

事实上《楚辞·天问》所说的"应龙何画?河海何历?"透露的正是大地测量技术在开挖排水渠道工程上的使用。晋王嘉《拾遗记》卷三说得更明白:

"禹尽力沟洫,导川夷岳,黄龙曳尾于前,玄龟负青泥于后。"

大地测量技术涉及众多技术领域,它们包括标准尺的确定、远视仪器、绘图比例尺、数学计算技术等等。种种迹象表明,上述技术恰恰是在帝禹朝代出现并完善的。《拾遗记》称大禹治水凿龙门,曾得到羲皇(伏羲)传授的玉简,长一尺二寸,这应该就是禹假托伏羲之灵而确定的标准尺。

有鉴于此,我们有理由推论,禹族的崛起,实际上得益于新的高精度的测绘技术的发明和推广使用。我国很多地方都流传着禹治水的故事,这里的"禹"可能并非指同一个人,而是指由禹族人组成的众多具有测绘技术的施工队。

值得注意的是,帝禹朝代实施的人类历史上第一次大规模国土资源考察活动,其考察报告即《山海经·五藏山经》,其中《东山经》明确记录着山东半岛尚被海水分隔着;而1984年出版的《中国自然地理图集》(地图出版社)第111页《华北平原成长图》,也明确标识出4200年前山东半岛确实被海水分隔着。据此,我们可以确定帝禹朝代国土资源考察纪年元年为公元前2216年。

# 九、刘秀(歆)《上〈山海经〉表》

侍中奉车都尉、光禄大夫臣秀领校秘书言：校秘书太常属臣望所校《山海经》凡三十二篇，今定为一十八篇。已定。

《山海经》者，出于唐虞之际。昔洪水洋溢，漫衍中国，民人失据，崎岖于丘陵，巢于树木。鲧既无功，而帝尧使禹继之。禹乘四载，随山刊木，定高山大川。益与伯翳主驱禽兽，命山川，类草木，别水土。四岳佐之，以周四方。逮人迹之所希至，及舟舆之所罕到。内别五方之山，外分八方之海，纪其珍宝奇物，异方之所生，水土草木禽兽昆虫麟凤之所止，祯祥之所隐，及四海之外，绝域之国，殊类之人。禹别九州，任土作贡；而益等类物善恶，著《山海经》。皆圣贤之遗事，古文之著明者也。其事质明有信。

孝武皇帝时尝有献异鸟者，食之百物，所不肯食。东方朔见之，言其鸟名，又言其所当食。如朔言。问朔何以知之，即《山海经》所出也。孝宣帝时，击磻石于上郡，陷，得石室。其中有反缚盗械人。时臣秀父向为谏议大夫，言此贰负之臣也。诏问何以知之，亦以《山海经》对。其文曰："贰负杀窫窳，帝乃梏之疏属之山，桎其右足，反缚两手。"上大惊。朝士由是多奇《山海经》者，文学大儒皆读学。以为奇可以考祯祥变怪之物，见远国异人之谣俗。故《易》曰："言天下之至赜而不可乱也。"博物之君子，其可不惑焉。臣秀昧死谨上。

# 十、郭璞注《山海经》序

　　世之览《山海经》者，皆以其闳诞迂夸，多奇怪俶傥之言，莫不疑焉。尝试论之曰：庄生有云：

　　"人之所知，莫若其所不知。"吾于《山海经》见之矣。夫以宇宙之寥廓，群生之纷纭，阴阳之煦蒸，万殊之区分。精气浑淆，自相濆薄。游魂灵怪，触像而构。流形于山川，丽状于木石者，恶可胜言乎？然则总其所以乖，鼓之于一响，成其所以变，混之于一象。世之所谓异，未知其所以异；世之所谓不异，未知其所以不异。何者？物不自异，待我而后异，异果在我，非物异也。故胡人见布而疑黂，越人见罽而骇毲。夫玩所习见而奇所希闻，此人情之常蔽也。今略举可以明之者。阳火出于冰水，阴鼠生于炎山，而俗之论者，莫之或怪；及谈《山海经》所载，而咸怪之：是不怪所可怪而怪所不可怪也。不怪所可怪，则几于无怪矣；怪所不可怪，则未始有可怪也。夫能然所不可，不可所不可然，则理无不然也。案汲郡《竹书》及《穆天子传》：穆王西征，见西王母。执璧帛之好，献锦组之属。穆王享王母于瑶池之上，赋诗往来，辞义可观。遂袭昆仑之丘，游轩辕之宫，眺钟山之岭，玩帝者之宝，勒石王母之山，纪迹玄圃之上。乃取其嘉木艳草、奇鸟怪兽、玉石珍瑰之器，金膏烛银之宝，归而殖养之于中国。穆王驾八骏之乘，右服盗骊，左骖騄耳。造父为御，犇戎为右。万里长骛，以周历四荒。名山大川，靡不登济。东升大人之堂，西燕王母之庐，南轹鼋鼍之梁，北蹑积羽之衢。穷欢极娱，然后旋归。案《史记》说穆王得盗骊、騄耳、骅骝之骥，使造父御之，以西巡狩，见西王母，乐而忘归，亦与《竹书》同。

《左传》曰："穆王欲肆其心，使天下皆有车辙马迹焉。"《竹书》所载，则是其事也。而谯周之徒，足为通识瑰儒，而雅不平此，验之《史考》，以著其妄。司马迁叙《大宛传》亦云："自张骞使大夏之后，穷河源，恶睹所谓昆仑者乎？至《禹本纪》、《山海经》所有怪物，余不敢言也。"不亦悲乎？若《竹书》不潜出于千载，以作征于今日者，则《山海》之言，其几乎废矣。若乃东方生晓毕方之名，刘子政辨盗械之尸，王颀访两面之客，海民获长臂之衣，精验潜效，绝代县符。於戏！群惑者其可以少寤乎？是故圣皇原化以极变，象物以应怪，鉴无滞赜，曲尽幽情，神焉廋哉！神焉廋哉！盖此书跨世七代，历载三千，虽暂显于汉，而寻亦寝废。其山川名号，所在多有舛谬，与今不同。师训莫传，遂将湮泯。其道之所存，俗之所丧，悲夫！余有惧焉，故为之创传，疏其壅阂，辟其茀芜，领其玄致，标其洞涉。庶几令逸文不坠于世，奇言不绝于今，夏后之迹，靡刊于将来；八荒之事，有闻于后裔，不亦可乎？夫翳荟之翔，叵以论垂天之凌；蹄涔之游，无以知绛虬之腾；钧天之庭，岂伶人之所蹑；无航之津，岂苍兕之所涉；非天下之至通，难与言《山海》之义矣。呜呼！达观博物之客，其鉴之哉！

# 十一、时曼成《山海经存·跋》

汪双池先生未刻遗书二十余种,藏于婺源余乡贤公秀书家二百余岁矣。其元(玄)孙彝伯明经始出其书于长安。赵展如中丞倡捐集赀,次第刊行,此其一也。曼成与明经交最久,尝读其大父黼山年丈所编《汪先生年谱》,知汪先生工绘事,贫,佣于江西景德镇画瓷。禀规矩,寡言笑。时方居丧,食蔬断肉,市侩群讪侮之。间为诗歌以见志,同人以为谤,不合而去。此殆当时所涉笔者欤?考其图,较吴氏、郝氏本为尤详。顾缺六、七两卷,明经有遗憾焉。与其友查子圭绘以补之。明经告余曰:"当兵燹时,大父凡百不顾,先命偕健仆,负汪先生遗书以出,并谕之曰:'遗书藏我家历五世矣,当共之性命,不可失也。'卒避于深山石室中,幸免焉。"是盖先生手书真迹冥冥中或有鬼神呵护耶?不然,何以董氏所抄副本尽遭兵火而无存也。今明经克承先志,抚本石印,义也,亦孝也。以书见视,属识数语。以仆谫陋,挂名简末,良用愧赧。顾念藏书苦心,世守弗替,尊师重道,有足以风末俗者,则又不可不出。爰志其缘起如此,庶使后之览者,知莘源沱川间皆有紫阳之遗风焉。

光绪二十一年乙未仲冬仪征后学时曼成谨跋

# 十二、《山海经》"巫书说"批判

## ——重申《山海经》为原始地理志

由于内容虚实参半，《山海经》的性质在学术界一直存在争议。古代学者大致分两派，强调其真实性的一派主张《山海经》归属史部地理类或五行类，而强调其虚构性的另一派则主张归入"小说"类。随着现代学术的发展，分科越来越多，越来越细。不同学科的学者大多根据《山海经》中包含本学科的内容来判断《山海经》的性质。于是，关于《山海经》性质的说法越来越多。"地理志"、"博物志"、"综合志书"、"图腾志"、"历史"、"神话渊府"、"巫书"，甚至于出现了"百科全书"的说法。由于各个学科之间很少沟通，上述彼此不同，乃至于互相对立的说法竟然相安无事，长期共存。

其中在文学界影响最大的是鲁迅倡导的"巫书"说。翻检十几种中国文学史著作，谈到《山海经》性质者大都定为巫书。但是，学界也有反对的声音。林辰发现《山经》所记物产与所记神灵祭祀内容在数量上存在悬殊差距，又认定《山海经》全书只是沾染了当时社会的巫术色彩，其本质并非巫术。所以，林辰说："《山海经》是'古之巫书'说，其立论逻辑是：夸大《山海经》的怪诞的一面，从而把书中的少数视为多数，将非本质的记载，说成是本质的记载。"这种批评意见非常尖锐，可惜以读后感形式发表在非正式学术刊物上，十几年来影响寥寥。林辰对"巫书"说的清理比较简略，对《山海经》性质的研究也没有展开讨论。

本文将全面检讨"巫书说"的来龙去脉及有关论据，加以分析批判。同时，我不同意《山海经》可以分属不同学科的说法，当然不同学科可以研究它。一般书籍都应该有一个基本性质，进而归属某个现代学科。简单地根据《山海经》中包含各种内容，就认为它可以分别归属不同学科，我觉得那是局限于单一学科眼光或回避矛盾的结果。因此，本文最后将依据史料和地理学界的研究成果重申《山海经》的性质是原始地理志。

## （一）对"巫书"说主要证据的审核

把《山海经》视为巫书，源于鲁迅《中国小说史略》：

《山海经》今所传本十八卷，记海内外山川神祇异物及祭祀所宜，以为禹益作者固非，而谓因《楚辞》而造者亦未是；所载祠神之物多用糈（精米），与巫术合，盖古之巫书也，然秦汉间人亦有增益。

鲁迅自幼喜爱《山海经》，成年后买过多种版本。他对《山海经》的喜爱和研究主要是出于文学兴趣。所以，他对其中的超自然内容，特别是神话，非常关注。《山海经》的地理志性质经过《禹贡锥指》和《四库全书总目提要》的批判已经动摇。而据其记录神话最多判断为"小说"或神话书也不符合实际，所以鲁迅提出的这一推测性结论（"盖古之巫书也"）是值得重视的。《山海经》的确具有一定的巫书色彩，山神祭祀活动与巫、祝密切相关，鲁迅的推测有一定的合理性。但是，鲁迅的推测并不符合《山海经》的全部内容。他概括《山海经》所记是"海内外山川神祇异物及祭祀所宜"，有明显偏差。《山经》记录"异物"虽多，但是以金银铜铁玉等矿产为主，鸟兽草木也是虚实参半，绝对不都是"异物"。《海经》以下多是远方奇异国族，神灵不多。

当大陆文学界全面发展鲁迅的推测，并断定《山海经》是"古之巫书"的时候，"巫书"说的缺陷就逐步严重了。鲁迅之后，力主"巫书"说的是袁行霈和袁珂两位先生。他们的主要论文是《＜山海经＞初探》（袁行霈先生，1979）和《〈山海经〉"盖古之巫书"试探》（袁珂先生，1986），袁珂先生在《中国神话史》（1988）和《中国神话通论》（1991）等著作中也反复强调此说。我将以两位袁先生所提供的主要论据，分析"巫书"说存在的问题。

袁行霈先生主张《山经》成书于战国初年或中期，《海经》成书于秦或西汉初年，《荒经》以下五篇是刘歆从《海经》分离出来的。袁先生认为：古代巫觋社会地位重要，通晓神话、祭祀、占卜、舞雩、地理、博物、医药等多种学问和技能，而《山经》记录的山川之号、祯祥变怪、鬼神之事、金玉之产正是巫的神话、地理、博物知识。《山经》的药物与药效，是巫觋的医术。巫舞也见于《山经》。所以，《山经》是"巫觋"之书。而战国晚期至秦汉时代，方士之学盛行，夸言海外荒远之地，正与《海经》所言"海上殊方异域，神人所居，怪异所在"相合，所以《海经》是"方士"之书。

我以为，袁行霈先生总结古代巫觋的知识技能是正确的。但是，忽略了其他职业的人也必须具有这些知识技能。以祭祀知识来说，国之大事，惟祀与戎。最重要的祭祀是天子和国君负责的，并不只是巫觋垄断的知识技能。以地理知识而言，政府更加需要，军事家更加需要。《山经》的内容其实更加符合古代国家政府的需要（下文详论，此处不赘），而不仅仅是巫觋的需要。因此，袁先生从古代巫觋的知识技能与《山经》内容的一致性来立论就存在漏洞。另外，袁先生认为古代巫觋地位重要，但是忽略了这些巫觋的主人。巫觋固然重要，但是在战国时代已经完全从属于政府。他们的知识技能是用来为政府服务的。当时"祀"的重要性已经远远无法跟"戎"相提并论。《山海经》所记物产的军事政治意义在《五藏山经》的结尾处以大禹的口气说得很清楚：

天下名山，经五千三百七十山，六万四千五十六里，居地也。……天地之东西二万八千里，南北二万六千里，出水之山者八千里，受水者八千里，出铜之山四百六十七，出铁之山三千六百九十，此天地之所分壤树谷也，戈矛之所发也，刀铩之所起也。能者有余，拙者不足。封于太山，禅于梁父，七十二家。得失之数，皆在此内，是谓国用。

这段话也见于《管子·地数》。不论二书何者首创此论，它都能揭示《山经》的性质和功能不在于巫术，而在于国事。

《海经》（包括《荒经》以下）的内容在今天看来的确很像幻想，跟方士之学有类似之处。但是，战国或更早时期的海荒知识由于交通不便，往往得之传闻，其中幻想色彩必然浓厚。战国时代的《穆天子传》就是一个例证。方士之学可能就是利用原来的传闻发展起来的，《海经》的时代比秦汉早（我不同意袁行霈先生关于《海经》年代的判断）。因此，不能根据《海经》与方士之学的某些一致之处就判断是它是"方士之书"。我以为，《海经》的知识也是当时国家的需要。例如《周官·夏官》云：

职方氏掌天下之图，以掌天下之地，辨其邦国都鄙，四夷八蛮七闽九貉五戎六狄之人民与其财用，九谷六畜之数要，周知其利害。

虽然职方氏掌握的远方国族知识未必真实有用，但是，在交通限制下，彼此几乎无交往，这些幻想色彩浓厚的"知识"在当时并不能得到验证，从而得以长期存在。

袁珂先生对《山海经》性质的论述似乎存在一些互相抵牾之处。其《山海经笺疏·序》中说它是"史地之权舆"、"神话之渊府"。其《〈山海经〉"盖古自巫书"试探》说:"……它是神话与各种文化历史知识杂糅、具有多学科性质的书籍。"但是,这些抵牾之处在"巫书"说之下都统一了起来,因为巫师的知识就是虚实相间的。袁珂先生这篇文章论证鲁迅猜想的方法跟袁行霈先生不同。首先,袁珂先生认为《山海经》托名大禹作,而大禹是巫师之祖("巫称禹步"),所以应该是巫师托名祖师而作。这个论据比较牵强。大禹也是夏朝开国之君,依据同样的逻辑,也可以推论是后代君主托名而作。其次,袁珂先生受到少年时代所见巫师"打保符"活动悬挂各种鬼神图画并在仪式活动中唱出图画内容的启发,认为:以图画为主的《海经》"所记的各种神怪异人,大约就是古代巫师招魂之时所述的内容大概"。这个论据基本属于猜测,没有说服力。最后,袁珂先生认为《山经》主要本于九鼎图像,而九鼎是奉享"上帝鬼神"和"使民知神奸,不逢不若"的,都与巫术有关。学界对于杨慎提出的《山海经》起于九鼎的说法基本不予采信。夏代铸九鼎只是吉史传说。即使周代铸造九鼎,但是九鼎图也无法包括《山经》那样丰富的内容。尤其不可能包括《山经》中存在的大量禽兽的叫声——"其名自叫"、"其声如婴儿"。所以,袁珂先生的这条证据也不能成立。

袁珂先生在《中国神话通论》中提出四个论据。第一,《山海经》记载巫师活动的地方很多。对此,林辰批判说夸大了巫师活动的数量。第二,《山经》各篇末尾记载了祭祀山神的典礼和祭物,"皆为巫术活动的具体表现"。对此,林辰批评说不仅夸大,而且误解这些祭祀之礼。但是,林辰认为这些都是"各氏族的风俗",不一定都是巫师操作。我不同意林辰的说法,因为《山经》的各条山系都是跨省区的,上古时代没有哪个氏族占据这样大的地盘。每个山系的神灵具有同样的模样,享受同样的祭祀之礼;南、西、北、东、中的所有神灵还具有结构上的对应关系,显示出内在的统一性。所以,我判断这些祭礼是国家统一规定的仪式(详后)。第三,袁珂先生认为神话是古代宗教的重要内涵,《山海经》所集神话最多,可见与巫教关系密切。我以为完整的神话在《山海经》中不过八条,占全书中所比例不大。而且,这样的知识在战国或更早时代应该是普通人都能掌握的,不必是巫师专有。第四条证据和《〈山海经〉"盖古之巫书"试探》中第一条证据相同,我不再赘述。

通过以上逐条审核《山海经》"巫书"说的证据,我认为它们或者事实清楚,但是推论有漏洞;或者事实本身就不可靠。因此,我认为《山海经》"巫书"说不能成立。

我在前边讨论过程一直运用"国家立场",而学界有一种说法认为《山海经》是民间著作。如果我不能说明《山海经》的国家性质,那么我的讨论就是无的放矢。为此,有必要进一步从正面论证《山海经》的性质。

## (二)《山海经》性质之我见

我认为《山海经》是远古时代的地理志。上述两位袁先生都不否认《山海经》中包含地理知识,只是根据这些地理知识的幻想色彩浓厚,认为它们不具有实用价值。所以,要确定我的看法,需要克服有关《山海经》地理记载不可靠的三个障碍。

第一,《山海经》中大多数地名不见于汉晋以来记载,难以指示其具体地理位置。这可能是因为古今地名变化导致的,也可能是因为这些地名本来就是作者得自传闻,与真实存在的地名之间存在差异。

第二，《山海经》的地理叙述往往存在很大误差，这在我们看来是确定《山海经》地理志性质的又一大障碍。但是，历史地理学家谭其骧《<五藏山经>的地域范围提要》研究《山经》记载的山脉走向与里距的可信程度，其结论是：1. 各山之间的方向完全正确或完全错误的都不多，多数都是稍有偏离。2. 就整经（篇）而言，所载方向一般都基本正确，或稍有偏离，错误的只是个别例外。3. 各山之间里距一般都不正确。各经末尾所载全经总里距一般都大于实距，有时可达七八倍至十几倍，小于实距的是个别例外。4. 晋南、陕中、豫西地区记述最详细最正确，经文里距与实距相差一般不到二倍；离开这个地区越远，就越不正确。虽然存在这些误差，但是谭其骧依然断言："……《山海经》其他部分可以说都是语怪之书，而《五藏山经》则无疑是一部地理书。"对于《山海经》的地理志性质，地理学界没有争议。

第三，在《山海经》地理叙述中又掺杂了大量的神怪内容。鸡头龟身蛇尾的旋龟，九尾狐狸，三头一身的人，三身一首的人等。还有各种超自然的神灵，像鸟身龙首的山神，状如黄囊的帝江等。这些在现代人看来属于想象虚构的内容是确定《山海经》地理志性质的最大障碍。但是，我以为这是鬼神信仰盛行的远古时代的真实写照，《山海经》是原始的地理志，跟现代地理志当然存在差异。在这方面，王庸《中国地理学史》的观点颇为通达："后世以地理知识进步之目光观《山海经》，诚有如《提要》所谓'百不一真'之概。然吾人试设想原人心理之态度以观《山海经》，则彼离奇怪诞，模糊恍惚之事，在古人心目中，实皆深信而不疑。且其所述事物，虽非全出亲见亲闻，实皆有相当根据与来历，非若小说家之空中楼阁，多凭想象者可比。"在承认《山海经》为原始地理志的前提下，他也没有忽视其中的虚构内容。他的结论是："总之《山海经》一书,大体虽为原始地理志性质,而内容复杂,方面至多。"我想,王庸的看法,可以驱除神怪内容对判断《山海经》地理志性质的障碍。

因为上述问题的存在,清代《四库全书总目提要》评《山海经》:"书中序述山水,多参以神怪。……案以耳目所及,百不一真。"于是,否定《山海经》的地理志性质,把《山海经》定为"小说之最古者"。四库馆臣以"耳目所及"为根据,其结论似乎是铁板钉钉,无可质疑。其实,他们的看法存在一个大疑问:虽然地理学是实践性学科,但是,简单的"耳目所及"是无法看到古代地理景观的。《山海经》描述的远古时代地理景观与今天大不相同,当然不能直接用"耳目所及"来直接验证。何况清代前期历史地理学并不发达,要想确定《山海经》所述地理内容的真实性的确存在困难。余嘉锡《四库提要辨证》对于四库馆臣指责《山海经》"道里山川,率难考据"作出的回答是:"亦其时治之者未精尔。后来毕沅、郝懿行二家,其于道里山川,多能言之凿凿,绝非凭空杜撰。"

从今天的眼光来看,《山海经》的内容的确大大超出了现代地理志的范围,尤其是其中叙述了许多超自然因素,使其科学性质大打折扣。生物学家郭郛《山海经注证》力图恢复《山海经》关于动植物记录的科学性质,因此,不得不大量删除其中神怪内容。但是,我仍然坚持其地理志性质。其中主要有三个方面的根据。

第一,《山海经》的主要内容及框架结构属于地理志性质。全书完全按照地理方位,逐一介绍山岭、河流、物产、神怪,以及海内外各种人群,是典型的地理志架构。

第二,《山海经》中的怪异内容是远古地理志的共同时代特征。由于远古时代的精神生活中宗教迷信居于统治地位,科学不够发达,所以怪物对于当时的人们是一种"真实"存在。他们在地理志中记录这些现象是十分正常的,决非故意造假虚构。这种情况不仅出现在《山海经》,其实欧洲古代地理书也是这样。直到清初,传教士南怀仁等作《坤舆全图》,其中也罗列不少怪物。因此,不能因为《山海经》中存在怪异内容而否定其地理志性质。而且记述怪物并非《山海经》的目的,也不是《山海经》的主要内容,虽然后代一般读者最关心此类内容。人们对于《山海经》多记怪物的印象很大程度上是因为忽略了其中不太吸引人注意的客观性地理知识,比如《五藏山经》大量客观性质的山名、水名、里距,以及矿物、植物知识。

第三,《山海经》中系统的山神崇拜和宗教祭祀活动是远古时代地理学的天然内容之一。周人把山海资源视为天赐宝藏,为了保有这一切,自然需要那些负责掌管地理资料的官员与神灵打交道。这是当时流行的自然崇拜的一个组成部分。山神祭祀仪式是出于控制矿产资源的目的而采取的宗教措施。《管子·牧民》云:"顺民之经,在明鬼神,祇山川。……不明鬼神,则陋民不悟;不祇山川,则威令不闻。"《管子》的作者通过发展鬼神信仰来教化民众,通过祭祀山川来强化政令的传播与执行。在这种思想指导下,为控制矿产资源,《管子·地数篇》又云:"苟山之见其荣(引者注:矿苗)者,君谨封而祭之。距封十里而为一坛,是则使乘者下行,行者趋。若犯令者,罪死不赦。"这正体现了这种山川祭祀的实用目的。因此,《山海经》虽然包含宗教内容,但是,它仍然是一部实用性地理志著作,而不是专门的所谓"巫书"。其实,这些纯粹宗教性的内容在书中只是很少一部分,全书主要内容仍然是地理志。所以,笔者以为仅仅根据《山海经》叙述了神怪就否定其地理志性质是不正确的。

从理论上说,《山海经》属于一个十分古老的知识系统,其中客观知识和主观想象混融一体,虚实难分。即使到了《汉书·艺文志》,其图书分类系统也是把科学性质的著作(天文学、地理学、医学等)与巫术著作(占卜、堪舆、神仙)都列入"数术略"。《山海经》就被归入所谓"数术略形法家"。我们确定《山海经》属性的正确方法应该根据其在原始文化系统中的具体位置和实际功能,而不应根据后来人的观念体系来定。因为后代各种知识系统中,客观知识(天文学、地理学、数学)逐步独立于神秘观念之外,与《山海经》所处的原始文化环境大有不同。所以,后代不同学者根据自己时代的观念来确定《山海经》的性质就出现很多分歧。《隋书·经籍志》把《山海经》列入地理类之首。但是,宋代《道藏》收录《山海经》,是把它看做宗教性著作的。《宋史·艺文志》把它归入五行类,视为堪舆巫术。《四库全书总目提要》把它归入小说家。现代学者的归类更是五花八门。这一系列的矛盾反映了后代学者根据各自的知识系统来定位这部古书存在的困难。《山海经》的写实因素和虚构因素在不同时代、不同学者那里各有侧重,这是《山海经》学术史上对于此书不同定性的根本原因。所以,后代学者对于《山海经》归属问题的不同看法反映了《山海经》在不同时代所发挥的不同功能,也反映了不同时代社会文化和知识体系的发展状况。

### (三)《山海经》的国家属性

我认为,《山海经》是地理志,而且是国家统一编制的自然地理志和人文地理志。

《五藏山经》记录各种矿产资源非常之多,仅金属就有金、黄金、赤金、白金、铜、金铜、赤铜、银、赤银、赤锡、金锡、铁等，其中"多铁"的地方 37 处，"多铜"的地方 25 处，"多金"（其中大多都应该是铜）的地方 140 处，"多玉"的地方 214 处。这一切显示出《山经》的作者，或编辑者十分重视矿产资源。《五藏山经》中记录山区物产的先后顺序也值得注意，它对每一山的介绍中一般都是先介绍矿产，金、玉、铜、铁、锡等，然后才涉及草木、动物等。先列矿产、后列草木动物，这应该是按照其对于国家的重要性的顺序排列的。这些矿产对于当时的普通民众并没有特别意义，所以，《山海经》不是民间著作。

《五藏山经》的结尾处以大禹的口气总结全书的价值说：

天下名山，经五千三百七十山，六万四千五十六里，居地也。……天地之东西二万八千里，南北二万六千里，出水之山者八千里，受水者八千里，出铜之山四百六十七，出铁之山三千六百九十，此天地之所分壤树谷也，戈矛之所发也，刀铩之所起也。能者有余，拙者不足。封于太山，禅于梁父，七十二家。得失之数，皆在此内，是谓国用。

这段话充分说明了《五藏山经》所做记录的政治意义。地理空间和物产资源是建国的基础，是百姓生活的根据，又是战争发生的根源。有能力者拥有的资源绰绰有余，无能力者资源短缺。国家的得失兴衰，无不仰仗于它所拥有的地理资源。由此可见，作者的写作目的极其鲜明，就是要使国家了解这一切，掌握这一切。

古代国家对于地理资源的实际控制与上述观点完全一致。山、海资源在古代长期由国家专控，即所谓"山海之禁"。主要是控制山区的矿藏——铜、铁之类，和海水煮盐。前者是武器和铸币的原料，后者是赋税重要来源，都直接关系到国家兴衰。《逸周书》云："古者诸侯不过百里，山、海不以封。"诸侯国的规模控制在百里以下，同时其中的山、海还不属于诸侯。为的是防止诸侯控制山海资源，萌发造反之心。同时，《五藏山经》又记录全国山脉分布，河流走向，关系到各地之交通（至于其准确与否是另外的问题），也具有军事意义。《周官·夏官》中有专门官员："司险掌九州之图，以周知其山林川泽之阻，而达其道路。"另外，《五藏山经》中记载的怪物，往往有关于战争、丰歉等的征兆。《周官》中的"山师"、"川师"通过了解和控制这些信息来实现对于权力的控制。

《山海经》内容的重要性还可以从《周官》的政治制度看出一二。《周官》的年代有争议。按照钱穆的考证，《周官》为战国晚年书。其内容反映了周代社会的一些方面。《周官》中有各种掌管地理资料，以便利用其中资源开展工作的官职。例如：

《天官》云："司书掌邦之六典……邦中之版，土地之图。"

《地官》云："大司徒之职，掌建邦之土地之图，与其人民之数，以佐王安扰邦国。以天下土地之图，周知九州之地域广轮之数，辨其山林、川泽、丘陵、坟衍、原隰之名物，而辨其邦国都鄙之数……"

《地官》又云："遂人掌邦之野，以土地之图经田野，造县鄙形体之法。""土训掌道地图，以诏地事，道地慝，以辨地物……"

《夏官》云："司险掌九州之图，以周知其山林川泽之阻，而达其道路。"

《夏官》又云："职方氏掌天下之图，以掌天下之地，辨其邦国都鄙，四夷八蛮七闽九貉五戎六狄之人民与其财用，九谷六畜之数要，周知其利害。"

地图以及其中标记的各种资源成为多个政府职能部门掌握的必备信息，可以看出《周官》的作者是多么重视地理知识。而且，这种资料的使用范围还分成不同的等级,司书只掌握本邦国的"邦中之图",司险才"掌九州之图",只有大司徒和职方氏才"掌天下之图",其内容也最为全面。由此可知,这套等级制可能属于机密等级,高级官员才能掌握更加全面的地图。因此,不会让普通人接触这些地理资料,尤其是其中大司徒和职方氏所掌握的"天下"一级的地理资料。仔细体味职方氏所掌握的材料,它与《山海经》全书所写内容具有某种一致性。既有国内的,也有国外的。既有自然知识,又有人文知识。这就暗示了与《山海经》同类型的图书的重要性。

从《五藏山经》中系统的山神崇拜和祭祀山神仪式看,它是系统的国家宗教,跟各地自然生长的、彼此差异巨大的民间信仰无关。

古代全国性的山川祭祀活动由天子掌握。《礼记·祭法》云:"山林川谷丘陵能出云,为风雨,见怪物,皆曰神。有天下者祭百神,诸侯在其地则祭之,亡其地则不祭。"《礼记·王制》又云:"天子祭天下名山大川……诸侯祭名山大川之在其地者。"则祭祀山川之神固为国家祀典之重要组成部分,天子祭祀全国所有山川,诸侯只能祭祀自己辖区内的山川。《山海经》中东、南、西、北、中山范围遍及全国。可是其中的全部山神具有相当系统化的外形。《南山经》中的山神的形状分别是"鸟身而龙首"、"龙身而鸟首"以及"龙身而人面",都有超现实的龙的部分形体,它们之间相当一致。《西山经》中的山神则分别是"人面马身"、"人面牛身"、"羊身人面",都是用人和常规家畜的一部分彼此组合而成,它们之间也存在一致性。《北山经》的各位山神情况稍微复杂,有"人面蛇身"、"蛇身人面"的,也有"马身人面"、"彘身而载玉"、"彘身而八足蛇尾",基本采用兽身人面的造型。《东山经》的山神形状分别是"人身龙首"、"兽身人面载觡"、"人身而羊角",多数采用人身兽面,与《北山经》的神相反。《中山经》的山神形态则是"人面鸟身"、"人面兽身"、"状如人而二首"、"人面而三首"等。《五藏山经》各位山神的形状基本上都是采用人、兽、龙三者进行组合的结果。这些位于不同地区的神灵彼此相近,不可能是来自不同地区的地方宗教、民间宗教的神灵,而应该是同属于一种宗教体系,这和前文所言天子对全国山川的祭祀权力是一致的。考察对于这些山神的祭祀方式,也发现它们具有一致性,显然是国家的系统的祭典的模样。

国家控制神灵祭祀权,也是为了巩固对于矿产资源的占有。当时人相信矿产资源等都是山川神灵所赐,人们必须十分虔诚地祭祀山神才能得到矿产资源。

既然是国家地理志,那么为什么不见于当时其他著作的称引?正是由于《五藏山经》记录了全国重要的自然和人文资源,所以,它属于国家重要材料,甚至可以说是机密,当然不能让一般人随便知悉。私人著作引述它更是不太可能,这是《山海经》在战国时代知者甚少的直接原因。有学者根据其书名直到司马迁《史记》才第一次出现来判定《山海经》成书于秦汉时代是过分使用"默证"造成的错误。

春秋战国时代,周天子的权威彻底丧失,中国的战乱分裂局面持续了大约500年。周代王官之学流散了,《山海经》大约也随之流入某些诸侯国。各诸侯国需要了解和掌握本国内部和他国的各种资源,当然包括本国和他国的地理知识。举凡山川原野,道路交通、物产人文等等。这是战国时代《楚辞》、《吕氏春秋》等书的身份高贵的作者们能够接触《山海经》,并引用《山海经》内容的机会。根据《史记·屈原贾生列传》,屈原曾担任左徒。褚斌杰先生考证:左徒在楚国是兼掌内政、外交的重要官员。所以,屈原创作《离骚》、《天问》、《远游》得以引用《山海经》内容。公元前256年，秦灭东周，得到了所有"图书"资料。《吕氏春秋》是秦相国吕不韦主持，自然也有机会得到《山海经》。

但是，普通士人依然不能见到《山海经》。因为，地理资料是各国的高级机密，绝对不允许外人插手，尤其不允许敌对国插手。《管子·地数》中，管子答桓公问天财地用，云：

山上有赭者其下有铁，上有铅者其下有银。一曰"上有铅者其下有鉎银，上有丹沙者其下有鉎金，上有慈石者其下有铜金"。此山之见荣者也。苟山之见其荣者，谨封而为禁。有动封山者，罪死而不赦。……此天财地利之所在也。

伯高答黄帝"欲陶天下而以为一家"之方法时，不仅仅是用政治手段封山禁山，而且加上宗教手段。其文云：

上有丹砂者下有黄金，上有慈石者下有铜金，上有陵石者下有铅、锡、赤铜，上有赭石者下有铁，此山之见荣者也。苟山之见其荣者，君谨封而祭之。距封十里而为一坛，是则使乘者下行，行者趋。若犯令者，罪死不赦。

其下文举蚩尤获得葛卢之山、雍狐之山的"金"（铜）以后造成的战乱为例，说明君主垄断矿产——实际就是战略物资——的必要性。这段话揭示了山岭祭祀的政治目的就是通过设立祭坛禁止他人获得矿山资源发动叛乱。它表达了《管子》作者对于地理知识及其代表的国家资源的极端重视。

正是出于现实需要，各国也极力刺探对手情况。荆珂刺秦王，就是用燕国督亢之地图作为诱饵。这时的封山祭祀，也与控制矿山这样的理性思考关联起来。原来的宗教祭山活动，现在成了现实政治活动。所以，在战国时代那样的政治局面下,任何全国性质的地理知识自然也会遭到控制。出于政治目的,控制《山海经》的流行也是自然而然的。顾颉刚在《禹贡(全文注释)》中认为:"《禹贡》的著作时代正是《山海经》风行的时代",即战国后期。但他对于《山海经》曾经风行没有提出任何证据。所以,王成祖批评此说"显然是一种主观设想"。笔者认为:相对于春秋以前的《山海经》完全封闭于周天子那里,而战国时代的《山海经》已经散布于各诸侯国,那么未尝不可以说:《山海经》的流传范围大了。但是,还没有到风行的地步。诸侯国的执政者也不希望它从自己手里再流传出去。

秦国于公元前256年灭东周,后来又统一全国,如愿以偿获得了"天下之图"以及相关资料。等到刘邦攻入咸阳,这些资料自然落入汉军手中。《汉书·萧何传》云:"沛公(刘邦)至咸阳……何独先入收秦丞相御史律令图书藏之。沛公俱知天下阨塞,户口多少,强弱处,民所疾苦者,以何得秦图书也。"这里的"图书"就是地图和相关的书籍。《隋书·经籍志》沿袭此说,并有所增益:萧何"得秦图书,故知天下要害。后又得《山海经》"。那么,此时的《山海经》应该仍然是满足国家统治需要的重要著作,是一般人无法得到的"中秘书"。

# 十三、《山海经》西王母的正神属性考

西王母故事的演变历程比较复杂,学界的认识不尽相同。但是,有一点比较一致,那就是认为最早的西王母材料——《山海经》中的西王母是一个可怕的凶神。这方面只有刘宗迪认为她不是凶神。我在研读《山海经》的时候,对这种"原始西王母凶神说"产生了一些疑问,同时对刘宗迪的部分论证也存疑。本文将细读经文,对西王母的原始性质进行一番新的考证和辨析。

## (一)有关西王母原始性质的旧说的缺陷

现代学术界较早讨论西王母属性演化的是茅盾。他在 20 世纪 20 年代受到进化论和古史辨学派的影响,认为原始的西王母形象经历过三个大的演变时期。他认为《山海经》作于东周到战国,其中的西王母"豹尾虎齿,蓬发戴胜",是半人半兽。她"司天之厉及五残",是一位凶神。第一个演变时期是战国时代的《穆天子传》和汉代初年的《淮南子》。在《穆天子传》中,西王母很像人间帝王,能与穆王歌谣和答。在《淮南子》中,她又变为拥有不死药的吉神和仙人。第二个演变时期是《汉武故事》,其中,西王母拒绝给汉武帝不死药,而给了一个"三千年一著子"的桃子——这相当于次等的不死药。第三个演变时期是魏晋时代。在《汉武内传》中,西王母成为"年可三十许"的丽人,是群仙的领袖。至此,西王母的原始神话彻底转化为道教传说。

茅盾的说法影响很大,《山海经》中的西王母作为凶神似乎成为一个普遍的结论。但是,我对此有两个疑问。

第一,《山海经》原文只描述了她的外形是"豹尾、虎齿",没有明言西王母的吉凶性质,也没有她赐福或降灾的故事情节供我们推测她的神格。茅盾对经文中西王母性质的解说来自郭璞,因为郭璞把"司天之厉及五残"解释为"主知灾厉、五刑残杀之气也"。但是郭璞的说法正确吗?茅盾对郭注的理解正确吗?

第二,从凶神到吉神的转换,存在巨大差距。茅盾对它们之间演化的原因所做的解释没有任何直接材料,只是根据文化进化论的一般原则做了一个说明:

因为"文雅"的后代人不能满意于祖先的原始思想而又热爱此等流传于民间的故事,因而依着他们当时的流行信仰,剥落了原始的犷野的面目,给披上了绮丽的衣裳。这是"好奇"的古人干的玩意儿,目的在为那大部分的流传于民众口头的太古传说找一条他们好奇者所视为合理的出路。

这段话也许可以解释为什么西王母不再是"豹尾虎齿",但是没有说明为什么战国人会把一个令人恐怖的"凶神"转化为一个美丽动人的"人王"和掌管不死药的"吉神"。这前后之间的差距实在太大了,完全是对立的关系!那个最早的改造者依据什么把一个凶神改造成吉神?如果当时他的根据不足,他怎么可能说服其他人接受他的这个篡改呢?这是一个问题,需要作出合理的解释;否则这个演化理论就不能成立。

为了澄清认识,我们还是回到《山海经》原文中去。

### (二)《山海经》中的西王母的形象

《山海经》中涉及西王母的材料主要有三条。分别见于《西山经》、《大荒西经》和《海内北经》。上述各篇的成书时间先后,学界认识不一。一说认为《山经》(包括《西山经》)较为可靠,成书年代最早,大致在东周或战国初期,《荒经》(包括《大荒西经》)最晚,或许在汉代完成。例如茅盾和日本学者小南一郎就是这种看法。另一说则相反。例如,袁珂认为《荒经》(包括《大荒西经》)最早,《山经》(包括《西山经》)次之,《海内经》(包括《海内北经》)最晚。由于《山海经》各篇成书年代问题过于复杂,资料也不够,双方的说法也只是一个说法而已。另外,他们各自对于上述材料里面西王母性质的细微变化的解读并未超出原始凶神的范围,所以,本文不讨论各篇目的先后问题,而把它们视为一个整体来加以解读。

为了准确理解经文,我根据袁珂《山海经校注》把西王母材料的上下文全部引出,并给各段编码(M1、M2、M3)如下:

M1:《大荒西经》:"西海之南,流沙之滨,赤水之后,黑水之前,有大山,名曰昆仑之丘。有神,人面虎身,有文有尾,皆白,处之。其下有弱水之渊环之,其外有炎火之山,投物辄然。有人戴胜,虎齿,有豹尾,穴处,名曰西王母。此山万物尽有。"

M2:《西山经》:"又西北三百五十里,曰玉山,是西王母所居也。西王母其状如人,豹尾虎齿而善啸,蓬发戴胜,是司天之厉及五残。有兽焉,其状如犬而豹文,其角如牛,其名曰狡,其音如吠犬。见则其国大穰。有鸟焉,其状如翟而赤,名曰胜遇,是食鱼,其音如录,见则其国大水。"

M3:《海内北经》:"西王母梯几而戴胜(杖)。其南有三青鸟,为西王母取食。在昆仑虚北。"

上述三条材料中的西王母形象是基本一致的:M1 说她是"人",M2 中说她"其状如人",这些都表明西王母基本是人的形状。

　　这里的"蓬发戴胜",郭璞注云:"蓬头乱发。胜,玉胜也。"在一般情况下,把"蓬发"二字解释为"蓬头乱发",是可以的。按照这种解释,西王母颇有些原始野蛮的色彩。不过,我怀疑这种解释在《山海经》中可能不很确当,因为这个西王母同时还戴着玉胜——胜原本是古代织布机上缠经线的横杆滕,两头有滕花。以滕为原形发展来的发饰玉胜,则可以卷头发——既然戴玉胜,似乎不应该再是蓬头乱发了。郭璞的上述解释存在自我矛盾。所以,这里的"蓬发"不能解释为蓬头乱发。蓬,可以是蓬大的意思。查《山海经》中《海内经》有云:"北海之内,有山,名曰幽都之山,黑水出焉。其上有玄鸟、玄蛇、玄豹、玄虎、玄狐蓬尾。"玄狐作为动物,其尾巴不存在乱不乱的问题,所以它的"蓬尾",郭璞注为:"蓬,丛也……。《说苑》曰:'蓬狐文豹之皮'。"这里的"丛"是众多的意思。郝懿行云:"《小雅·何草不黄》云:'有芃者狐。'言狐尾蓬蓬然大,依字当为蓬,《诗》假借作芃耳。"蓬尾,就是尾巴蓬大。既然蓬是蓬大,那么,西王母的"蓬发"似乎应该是头发很多的意思,所以她戴了玉胜。这样解释,"蓬发"与"戴胜"之间就不存在内部矛盾了。而西王母戴了"胜"的"蓬发"也就自然呈现出向上膨起的样子,正如浙江绍兴出土的东汉时代的画像铜镜所画的西王母样子。所以,"蓬发戴胜"的意思是西王母头发浓密,戴着玉胜。这表明西王母气度庄严,跟野蛮原始之气毫无关系。

　　当然,西王母也有一点动物特征——豹尾、虎齿。这是旧说判断西王母为半人半兽神的依据。我觉得这个判断有些过头了。M1中"人面虎身"、"有文有尾"的"神"才是真正的半人半兽的神。西王母基本是人的形状,只是有一点动物特征而已。毕沅《山海经新校正》认为西王母是国名,"豹尾、虎齿、蓬发"只是"见其民俗如文身、雕题之属耳","戴胜言其民俗尚此饰也"。毕沅的解释完全违背《山海经》经文,不可取。

我也不同意那种把"豹尾、虎齿"解释为装饰物的说法。刘宗迪说《大荒西经》是根据古代历法月令图而来的述图文字,其中西王母的形象乃是古月令图上所画的秋冬之交的蒸尝仪式上的祖妣之尸,《海内北经》和《西山经》后来沿袭了《大荒西经》的说法。"豹尾、虎齿、蓬发,或为祖妣之尸的扮相,豹尾、虎齿盖表明神尸身穿兽皮,以象征人类未有衣裳之时衣裘寝皮之义。"这种说法事实上取消了《山海经》中西王母崇拜的真实性。这里不讨论《大荒西经》是否是述图文字的问题。退一步说,即使那幅所谓的古月令图里有这样一个装饰的人物,但《大荒西经》作者之所以误解性地把这个图画人物解释为"西王母",应该是这个图画人物正好可以印证原有的神话传说。"豹尾、虎齿"依然还是动物性的特征。至于这里的"豹尾、虎齿"是不是吃人的标志,需要综合考虑西王母的神性职能,留待本文第四小节讨论。

M2 多了一条"善啸",小南一郎认为这是"像野兽吼叫那样的'啸'"。这是不对的。《山海经》中有叫声的动物很多,没有一种动物的叫声被称为"啸"。《说文》云:"啸,吹声也。"《诗经·召南·江有汜》云:"不我过,其啸也歌。"郑笺云:"啸者,蹙口而出声。"可见,啸就是用嘴吹口哨,并非一些人理解的歌吟。魏晋时代颇有一些求仙人物都学习"啸"。因此,"善啸"只能表明西王母是神仙。

M3 中的西王母少了"豹尾、虎齿",动物特征略少;而多了"梯几",郭璞注云:"梯,谓凭也"。梯几,就是手放在几案上。几案是古时候德高望重者所用的器具。所以,这里西王母的人性特征更加明显。

这三条材料虽然略有差别，但是其西王母都主要是以人的形象出现的天神。所以，这三条材料之间应该是互相补充的关系，而不一定是先后演化的关系。《山海经》中主要以人形出现的天神西王母，动物特征很少，至于所谓原始野蛮特征的"蓬头乱发"则是后人解说失误。这些就是西王母后来能够演化为美貌人王或女神的形象基础。

## （三）《山海经》中的西王母的居处

西王母的形象基本是人形，可是直觉上"豹尾、虎齿"毕竟很可怕。我觉得这需要参考她在神国的地位来理解。其实"豹尾、虎齿"代表的是一种威严，是其地位神圣的标志，并非是吃人的标志。

首先分析西王母的住处。在《山海经》中，西王母的明确住处有二，昆仑山和玉山。另有一个是不太明确的"西王母之山"，我们只能从山名推测它是西王母的居所。

M1 和 M3 都说她住在昆仑山。在 M1 前面，《西山经》解说昆仑是"帝之下都"，是天神在人间的都城。其中有可以战胜水的沙棠，可以解除忧愁的薫草。M1 承上省略，说昆仑山"万物皆有"。另外，《海内西经》云："海内昆仑之虚，在西北，帝之下都。昆仑之虚，方八百里，高万仞。上有木禾，长五寻，大五围。而有九井，以玉为槛。面有九门，门有开明兽守之，百神之所在。在八隅之岩，赤水之际，非仁羿莫能上冈之岩。"这样一个天堂般的神圣之地，当然不容人类轻易涉足。所以，M1 中此山守卫极其严密。山下有炎火之山环绕，又有弱水之渊环绕，山上还有人面虎身的神守卫。那么，住在这里的西王母当然是一个神圣的、不许凡人接近的天神。不过，这位女天神在昆仑山上的地位似乎不高,因为 M1 说她只是"穴处",似乎没有住在巍峨的宫殿里。

在 M2 中,西王母住的是玉山。郭璞注:"此山多玉石,因以名云。《穆天子传》谓之群玉之山。"由于古人相信玉能通天,多玉之山当然也是天神居住的。这也是一个令人向往的地方。玉山只有西王母一个神,可能是她的大本营。经文说"是西王母所居也",没有说她"穴居"。

在《大荒西经》里,西王母还有一个不太明确的住地,在大荒之中的灵山以西:

M4:"西有王母之山、壑山、海山。有沃之国,沃民是处。沃之野,凤鸟之卵是食,甘露是饮。凡其所欲,其味尽存。爰有甘华、甘木且、白柳、视肉、琟、璇瑰、瑶碧、白木、琅玕、白丹、青丹,多银、铁。鸾凤自歌,凤鸟自舞,爰有百兽,相群是处,是谓沃之野。

有三青鸟,赤首黑目,一名曰大鵹,一曰少鵹,一名曰青鸟。"

这段文字存在讹误。"西有王母之山",郝懿行、王念孙、孙星衍、袁珂都举证认为当为"有西王母之山"。那么,这里应该是西王母的第三个住地。另外,还有一个讹误。"有三青鸟"以下文字不该另起一行,应该接着上文。在郝懿行《山海经笺疏》中正是如此。这里的三青鸟是为西王母取食物的鸟,那么,从壑山以下包括沃之野,都是它们取食的范围。这个"沃之国"是人间天堂,人类幻想的一切美好事物几乎应有尽有。

上述三处神圣之地,昆仑、玉山和西王母之山,无论如何不像是一个凶神居住的地方。居住在这些地方的西王母也不像是一个凶神。

## (四)西王母在神国的具体职掌

关于西王母在神国的具体职掌,M2 说她"司天之厉及五残"。厉和五残是什么？郭璞注云："主知灾厉、五刑残杀之气也。"这个解释是现代所有主张西王母是凶神的重要依据。但是，郭注存在不妥之处。厉为灾厉，可通。但是，把五残解释为"五刑残杀"的缩略语，是不对的。他大概是用后来的"五行观念"把西方看做"刑杀之气"的代表而得出的结论。事实上，《山海经》中并没有完整的五行观念。

郝懿行对郭璞有纠正。其《山海经笺疏》云："厉及五残，皆星名也。"先说五残星。《史记·天官书》云："五残星，出正东东方之野。"《正义》云："五残，一名五锋，出正东东方之分野。状类辰星，去地六七丈。见则五分毁败之征，大臣诛亡之象。"原来，这颗星一旦出现，就预示人间有灾难。它是灾难的预兆。郭璞释为"五刑残杀之气"是不对的。

郝懿行所说的"厉"比较复杂。由于古籍中未见以"厉"为名的星，所以郝懿行进行了一个复杂的推论："《月令》云：'季春之月……命国傩。'郑注云：'此月之中，日行历昴。昴有大陵、积尸之气。气佚，则厉鬼随而出行。'是大陵主厉鬼。昴为西方宿，故西王母司之也。"意思是作为二十八宿之一的西方的昴星宿包括了一组星辰，就是大陵。大陵之中又有积尸星。那么，这里就是厉鬼之气聚集的地方。这些气一旦逸散，厉鬼就会出现。所以，大陵星决定着厉鬼的活动——"主厉气"。而西王母在西方，因此，应该主管西方的某些星宿。她是通过掌握西方昴宿中的大陵星中的厉鬼之气而掌管厉鬼的。郝懿行实际上是把"厉"解释为聚集"厉鬼之气"的大陵星。这个解说似乎过于曲折了。其合理之处在于说明了大陵星主厉气，但由此推论"厉及五残，皆星名也"，把"厉"说成大陵星的别名，稍显过分。毕竟古籍中未见所谓"厉星"。刘宗迪则简单地推论：既然"五残"是星名，而 M2 中五残与厉并举，那么"厉亦必为星名"。我觉得其说过于武断,上古时代的语法未必如此严整。所以,这个"厉"还是直接解释为厉鬼较好,厉鬼,即恶鬼。这方面,《左传·成公十年》有例子:"晋侯梦大厉,被发及地,搏膺而踊。"那么,《山海经》中"天之厉",就是天上的厉鬼,天上的恶鬼。当然它们也是危害人间的,所以,郭璞说"厉"是灾厉也是可以的。我们不必勉强解释为从来不见经传的"厉星"。

"司天之厉及五残"的意思是:西王母掌管天上的厉鬼,和一颗预示人间灾难的星辰。就是说,西王母能够预知灾害和死亡。灾害和死亡,当然很可怕。若是直接给人间降下灾祸和死亡,更加可怕,假如西王母是这样的,那当然是一个凶神。可是,天上的厉鬼是待在大陵星里面的,平时并不随意逸出。而五残是预示灾难和死亡的星辰,并非灾难本身。我们再看郭璞的注。郭璞尽管对"五残"的解释不准确,但是对于西王母的职掌说得很清楚:"主知(着重号为引者所加)灾厉、五刑残杀之气也。"西王母是预知灾害和死亡,而不是直接降灾或杀人。茅盾等人对郭璞注的理解遗漏了"知"这个动词。这种预知灾害和死亡的能力实际是人类最大的希望。因此,西王母实际上掌握的是死亡的秘密,是人类最希望接近的天神。刘宗迪说:"……西王母'司天之厉及五残',谓西王母有伺察和控制灾害之气的神力,非谓其为降灾兴祸之恶魔也,恰恰相反,其'司天之厉及五残',正是为了消灾祛祸,赐福人间。"这正是后代资料里西王母成为掌握不死药的神仙的基本前提。

另外,根据 M2,玉山上有一种怪兽狡,能够预示大丰收。还有一种怪鸟胜(据郭璞注)遇,能够预示水灾。它们似乎都归属于西王母。这表明西王母还具有预知丰收和水灾的神通。这当然也是人类迫切希望得到的秘密。

综上所述,西王母的神职就是预知各种灾害、死亡和丰收。因此,西王母本质上是一个具有正面性质的神，甚至是一个具有潜在吉利性质的神（她可能掌握着自己居住的昆仑山上的不死药，经文没有直接说。详见下文），绝非凶神。在《山海经》中，也没有任何有关西王母降灾、危害人类的事情。正是基于她的正面性质，人们才会想象她居住在前边那些美丽、神圣的地方。这样，她后来才能顺利演化为明确的人人向往的吉祥女神。

那么，为什么西王母又是"豹尾、虎齿"，显得十分可怕呢？豹子、老虎都是吃人的野兽，"豹尾、虎齿"是不是西王母凶神本质的外在标志呢？

我认为西王母的"豹尾、虎齿"西王母神圣地位的标志，体现的是西王母的威严。或者说这是一种防卫措施，目的是防止人类随意接近。昆仑山是"帝之下都"，"万物皆有"，但是昆仑山下有炎火之山，有弱水，山上还有各种令人生畏吃人的神兽……只看这些，似乎昆仑山是一个恐怖之地。其实那里是人间最美的天堂。这些恐怖之物的存在，只是为防止人类接近。——任何一个能够避免信徒证伪的宗教都是这样处理自己的圣山和天堂的。同样的道理，拥有灾害和死亡机密的西王母也必须具有令人生畏的特征，不许人类随意接近。否则，灾害和死亡岂不变成人人可以战胜的儿戏了吗？神话作为一种本质属于虚构的信仰解说岂不太容易被证伪了吗？西王母的"豹尾、虎齿"不是吃人的工具，而是一种预防措施。因此，"豹尾、虎齿"不能作为西王母是凶神的证据。我想，这显示出《山海经》的作者们对于死亡的态度是非常严肃的。他们既希望获得西王母的帮助战胜死亡，又深知战胜死亡之不易。所以，才给这位神灵想象出"豹尾、虎齿"的模样，防止人类追求不死的欲望过分膨胀。这在事实上也保证了西王母的信仰不会轻易被证伪，从而得以长期延续。

## （五）《山海经》西王母与后代西王母职能的一致性

根据前文所考，《山海经》中的西王母是一个预知灾害、丰收和死亡的女神，其基本属性是正面的，甚至是吉利的，是人们从内心深处渴望接近的。不止是个人需要，国家也需要。灾害是每一个君主都要避免的，而丰收又是他们都需要的。刑罚（五方毁败、诛杀大臣）是国家政权的重要职能，如何使用刑罚，关乎国家命运。岂可不慎？因此，君主当然是关注西王母的。

在这方面，周穆王西行与西王母交往的故事出现年代最早。《竹书纪年》云："十七年，西征昆仑丘，见西王母。西王母止之，曰'有鸟人。'[其年]，西王母来见，宾于昭宫。"《穆天子传》说，穆王到达西王母之邦，与西王母在瑶池饮酒唱和。不过，这两条材料没有说明穆王是抱着什么目的见西王母的。

其实，中国从战国到汉代有一些传说，分别叙述尧和大禹求教、求福于西王母。贾谊《新书·修政语》上篇云："尧曰：'……身涉流沙，地封独山，西见王母。"《荀子·大略》云："尧学于君畴，舜学于务成昭，禹学于西王母。"《易林》卷一"坤之噬嗑"卦比较特别："稷为尧使，西见王母，拜请百福，赐我善子。"这是说的最清楚的，是去求福，求贤才了。小南一郎认为："这些中国的圣王就学于西王母的，不仅仅是知识，还有给中国带来平安的方法。"

我认为这些圣王见西王母的后代传说，都是基于《山海经》中西王母能够预知灾害、丰收和死亡的神力。

在后代传说中，西王母的最大职能是掌握不死药。目前，我们见到的汉代画像石、画像砖上，西王母是常见人物。通常，她身边都有一个捣不死药的兔子。《汉武故事》和《汉武内传》所讲述的汉武帝见西王母的最大目的就是寻求不死药。在这方面,《山海经》的西王母跟不死药有关系吗?

袁珂认为,西王母所掌管的灾疫和刑罚,都是有关人类生命的。西王母既可以夺取人生命,当然也可以赐予人生命。虽然,袁先生说西王母掌管灾疫和刑罚,不是很精确,但他的推论还是有一定道理的,他指出有这种可能。当然这只是一种可能,并非确然。否则,任何宗教里的死神都是可以赐予生命的了——而这不合常识。

《山海经》中西王母的确有可能掌握不死药。经文多次谈到不死药。其中昆仑山有不死树、不死药,只是经文没有明言西王母掌握不死药。但是,有一些细节暗示她具有这种职能。昆仑山是人类不能上去的,因为那里是神的居所,有不死药等神圣宝物。西王母住在那里,应该能够得到不死药。另外,前文所引《海内西经》叙述昆仑山的时候说:"非仁羿莫能上冈之岩。"羿上昆仑干什么? 应该是找不死药。找谁呢? 经文没有说,似乎记录不完整,或流传中造成了经文的缺失。郭璞注云:"言非仁人及有才艺如羿者不能得登此山之冈岭巇岩也。羿尝请药西王母,亦言其得道也。"这就是说,羿是从昆仑山西王母那里得到的不死药。郭璞的根据也许是汉代以后的传说,例如《淮南子·览冥训》中所说"羿请不死之药于西王母"之类的材料。这里有两种可能:第一,这些后代材料是从完整的《山海经》来的,弥补了今本《山海经》的缺失。第二,《海内西经》中羿不是到西王母那里,而是到别的什么神那里取不死药,那么郭注和《淮南子》中的相关内容就是后人根据《山海经》自然引发的。无论如何,汉代以后的西王母传说都和《山海经》具有某种一致关系。

《山海经》西王母与后代西王母职能的一致性保证了神话的自然演化过程。

## （六）结论

《山海经》中的西王母并非凶神，而是一个能够预知灾难和死亡的正面性质的神。她天堂般的居处，表明了人类对她的尊敬和向往。她的"豹尾、虎齿"异象传达的是一种威严和难以接近，并非表示她具有危害人的性质。这些就是西王母在战国以后发展为性质明确的吉神的基础。

茅盾对《山海经》西王母性质的"凶神"解读不符合经文，对郭璞注的理解也存在欠缺。他根据一般进化原则推理西王母从凶神转化为吉神的说法既没有材料依据，也不符合常理。

# 十四、从《清明上河图》到《帝禹山河图》

中国人绘画的历史,肯定比使用文字的历史更悠久。事实上,中国的象形文字,原本就是一幅幅图画。在早期的中国象形文字里,有许多地名用字,这些地名字的图形结构往往就是对当地的地形地貌的描绘,也可以称之为地图。

在中国古代绘画门类里,含有地理、地形、地貌和人文景观的绘画作品,通常被归入山水画或界画(以建筑物为主体),以及风俗画,例如著名的《清明上河图》、《五台山图》。

地图是地理科学范畴的词汇,如果在其中注入文化艺术内涵,那么就可以称之为艺术地图。同理,在绘画作品中如果有着丰富的地理、地形、地貌信息,同样也可以称之为艺术地图。巨画《帝禹山河图》,则是一种新形式的艺术地图。

## (一)清明上河图

北宋政和三年(公元1113年),当时的宫廷画院学生王希孟,年仅18岁,用一幅整绢创作出《千里江山图》(横1191.5厘米,纵51.5厘米),轰动一时。或许,张择端创作《清明上河图》即受此事件启发。

画家张择端,字正道,一字文友,东武(今山东省诸城市)人。宋徽宗时为宫廷画家,活动于政和、宣和前后(公元1111～1125年)。张择端少年时到京城汴梁游学,后学习绘画,擅长界画(主要表现建筑物及其地理方位内容的绘画种类),尤喜画舟车、市肆、桥梁、街道、城郭,自成一家。张择端的绘画作品除《清明上河图》外,还有《西湖争标图》,描绘端午节龙舟竞渡的场景。遗憾的是,现存历史文献并无张择端生卒年月的记载,而他从事绘画活动期间,也正值蔡京、童贯等奸臣当朝,宋江、方腊起义,宋徽宗禅位,金兵屡犯,北宋王朝旋即蒙受"靖康耻"(1126年底)。

《清明上河图》是我国古代风俗画与人物画、山水画和界画相结合的巨幅绘画作品,长卷绢本,纵25.5厘米,横525.5厘米,画面面积1.36平方米,描绘的是北宋京都汴梁(今河南省开封市)在清明节这一天的市井风俗景观。该作品以汴河船运场景为核心,采用"散点移动透视"的写实绘画技法,依次绘出沿途茅蓬村舍、扫墓送碳、南商北贾、市井桥梁、大街小巷、官府宅第、寺庙道观、百肆杂陈,以及当时社会各阶层人物500余人(包括服饰、动作、神态和相关的器物、牲畜)。《清明上河图》自问世后,经历代名人收藏,已成为中国古代绘画珍品,现收藏于北京故宫博物院,而民间复制品(包括绘画复制品,以及浮雕、刺绣等其他绘画艺术载体复制品)则广为流传。

## (二)敦煌五台山图

敦煌第61窟有一幅壁画,内容是五台山全景,高3.42米,横13.45米,总面积46平方米。画家(无名氏)从鸟瞰的视角,描绘出五台山地区地形地貌和寺庙景观(多达176座建筑物),朝拜人(多达400余人)的行貌,所绘地理范围从河北省井陉县到五台山,涉及沿途百余公里的山川地貌(其路线与穆天子西征的前段路途相同)。

我国著名建筑学家梁思成曾经三赴五台山,目的是寻找一座唐代木结构的寺院,名叫佛光寺,然而三次寻访均未果。一个偶然的机会,梁思成见到了敦煌第61窟的壁画"五台山图",上面清晰地标注着一个名叫"大佛光之寺"的寺院。

1937年6月(幸亏赶在日本法西斯发动全面侵华战争之前),梁思成先生以"五台山图"作为考察路线地图,与妻子林徽因一起带领中国营造学社几名成员进入五台山地区,寻找佛光寺。梁思成夫妇按图索骥,终于在第4次上五台山的时候,在深山密林中找到了这座建于唐大中十一年(公元857年)的寺院佛光寺,这是他们一生中最重要的发现之一,从此佛光寺被国际建筑界称作"亚洲佛光"。

## (三)帝禹山河图

画家孙晓琴根据笔者(王红旗)对《山海经》的远古信息解读以及地理方位的全面考证,于1999年9月9日绘制完成巨画《帝禹山河图》,将《五藏山经》记述的东西南北中5个区域26条山脉447座山,及其相关的258处水系、348处地望、673处矿物、525处植物、473处动物、95处人文活动场景,基本上全部绘于42平方米的画面之上。此图是根据古文献记载重新复原绘制的历史最古老、画面最大、文化内涵最丰富的艺术地图,具有极高的科学与艺术收藏价值。

《帝禹山河图》采用鸟瞰、侧视等多种视角和比例变换,描绘的地理范围,南至台湾海峡,北至蒙古高原,西抵天山山脉,东达日本列岛。根据《帝禹山河图》可以直观地了解到古今地形地貌的差异,这种差异主要表现在海岸线与湖泊上,因为山脉在几千年的时间里是不会有大的变化的。具体来说:

一、当时华北地区的海岸线比今日偏西,胶莱平原尚被海水分隔。

二、当时的黄河河套一带为湖泊或沼泽,如今这里是肥沃的良田(黄河百害,唯富一套,指的就是河套地区的良田)。

三、当时北方有许多大湖泊和湿地,如今它们基本上都已经干涸了。

四、今日的长江中游平原,当初是广阔的湖泊湿地(云梦泽)。

五、《山海经·五藏山经》很少记述今日华北平原和黄淮平原的人类活动情况,表明当时这些地区属于沼泽湿地,因此不太适宜人类的定居生活。

## (四)艺术地图,大有前途

《清明上河图》描绘的地理范围是一个城市的一条河(街道),涉及面积数十平方公里,其画面场景距今890余年。

《五台山图》描绘的地理范围是一个区域的群山和建筑群,以及相关的山脉(太行山山脉、五台山山脉),涉及面积数百平方公里,其画面场景距今约1500年。

《帝禹山河图》描绘的是华夏大地,涉及面积数百万平方公里,其画面场景距今4200年或者可能更远。需要指出的是,《帝禹山河图》系现代人根据历史文献复原再现那个时代的自然和人文景观,而《清明上河图》和《五台山图》则是当时的人根据当时的情况绘制的当时的场景并流传至今。

综上所述,艺术地图,无论是古人所绘,还是今人所绘,都属一种高度信息集成的绘画品种,可以记录并直观地表现某个历史时期在某个地理区域里,发生过或者存在着什么样的自然景观和人文景观。对比之下,普通的山水画,或者随意涂抹的山水画,由于它们缺少明确的地理方位信息和历史时间信息,因此其信息价值也就不可能很高。

从这个角度来说,艺术地图就像是一幅定格的历史新闻图片,具有时间、地点、事件新闻三要素。由于艺术地图具有这种其他绘画品种所没有的艺术特点,因此它也就具有不能替代的独特艺术价值和广阔的艺术前途。

事实上,我们需要创作绘制许多艺术地图。例如,《华夏远古文明图》、《炎帝事迹图》、《黄帝山河图》、《帝舜南巡图》、《大禹治水图》、《穆天子西征路线图》、《秦皇一统图》、《大汉雄风图》、《盛唐景观图》、《唐僧取经路线图》、《郑和下西洋路线图》、《万里长征路线图》,以及《人类文明景观图》、《世界华人景观图》,等等。

一朵梅花是美丽的,一只虾米是有趣的,一山一水是令人向往的,一笑一颦是令人回味的。但是,我们的宇宙,我们的自然,我们的生命,我们的乐趣,并不总是或全都是上述这些常见的事物。我们的艺术家有责任再现更多更广更深层次的各类事物及其场景,这是因为一个原子也同样是美丽的并且可以欣赏的,一条基因也是一种艺术的存在,而各个时代的山河人文景观同样属于艺术描述的对象!

# 十五、嫦娥的伟大献身精神

嫦娥奔月是中国远古神话传说，寄托着人类星际旅行的愿望，其文字记载首见于《淮南子·览冥训》："羿请不死之药于西王母，恒娥窃以奔月。（托身于月，是为蟾蜍，而为月精）。怅然有丧，无以继之。"高诱注："恒娥，羿妻；羿请不死之药于西王母，未及服食之，恒娥盗食之，得仙，奔入月中为月精也。"这里《淮南子》避汉文帝刘恒讳，将恒娥的"恒"字改为女字旁，"恒"与"常"通，"常"用于女性名称时亦作"嫦"。

对于嫦娥"窃仙药"的行为，历代文人亦多有微辞，他们认为嫦娥在月亮上"捣药"，以及变成丑陋的蟾蜍，都是对她的惩罚，她应该后悔才是。例如，唐代诗人陈陶《海昌望月》称："媚居应寂寞，捣药青冥愁。"李商隐《嫦娥》云："云母屏风烛影深，长河渐落晓星沉。嫦娥应悔偷灵药，碧海青天夜夜心。"

笔者认为，上述文人都误解了嫦娥奔月故事的科学文化内涵。事实是，嫦娥"窃药"和"奔月"，是在履行女巫职责，为了拯救生灵、禳解天灾而英勇献身。2009年10月3日中秋节，笔者夜观明月，触景生情，认为有必要再撰一文为嫦娥"窃药"正名。

《山海经·大荒西经》："有女子方浴月。帝俊妻常羲，生月十有二，此始浴之。"

所谓常羲"生月十有二"，即制定一年十二个月的历法；所谓"浴月"，实际上是演示月历的巫术形式。这表明我国目前使用的农历（属于阴阳合历），最迟在《山海经·大荒四经》时代就已经形成了（《大荒东经》同时还记有"羲和生十日",即十日为一旬,属于太阳历)。据此可知,常羲亦即嫦娥乃是观察月亮圆缺运行的天文巫师。

笔者在二三十年前就指出,嫦娥奔月与羿射十日、女娲补天、十日炙杀女丑、夸父逐日、共工撞倒不周山,还有至今仍然在我国流传的近百个有关多日多月并出的民间故事,记录的都是同一次天地大冲撞事件(天外星体撞击地球),以及当时人们所采取的巫术禳灾活动。嫦娥所"窃"之"药"实际上是一种深度迷幻有毒之药,其目的是通过象征着以身许月的"奔月"来禳除"带来灾难的怪月",并为此勇敢地献出了自己宝贵的生命。

许多科学家都相信,月球上的陨石坑有一部分是月球的卫星(笔者建议称之为"护星")落月时撞击形成的。与此同时,笔者认为还有另一种情况,即月球的护星被地球捕获,先是成为地球的临时卫星,然后渐渐地接近地球,并最终落到地球上。具体来说,7500年前至11000年前,曾经有一颗月球护星被地球捕获成为地球的临时卫星。此后这颗临时卫星与地球大气层剧烈摩擦发光,并分裂成数块,这就是十日并出、后羿射日、女娲补天、嫦娥奔月、共工撞倒不周山等神话传说故事的由来。有关详情可参阅八纮九野丛书《解读远古密码》(中国国际广播出版社)、《神秘的星宿文化与游戏》(解放军文艺出版社)、《全本绘图山海经》等书,以及《我们远古祖先经历过的天地大冲撞事件在民间留下的不灭印记》、《嫦娥:禳灾巫术的牺牲者》等文。

值得注意的是,瑶族民间故事称,古时天空只有日而无月和星,忽一天,空中出现一怪月,七棱八角,其热胜日,禾苗枯焦,人不得眠;有青年夫妇,雅拉善射箭,尼娥长织锦;雅拉登山射怪月,月之棱角被射去成为闪烁众星,而怪月毒热依然,人皆难安;尼娥织锦,锦上绣有桂树、白兔、白羊和自己的形象;雅拉接受尼娥的建议将锦射向怪月,蒙遮怪月,其光不再毒热,月光清幽,众皆欢笑;锦上所绣诸物俱活,地上尼娥飞人月中合为一体,尼娥以长发垂下,雅拉亦得以升入月中。显然,瑶族流传的雅拉、尼娥夫妻射月故事,比汉族流传的后羿射日、嫦娥奔月故事,更符合那个洪荒年代突发灾难事件的原貌。有趣的是,在美洲童话故事里,则说是神将一只兔子扔到多出的并给人间造成灾难的太阳上,使其变成了月亮,与嫦娥奔月变成蟾蜍玉兔有异曲同工之妙。

## 十六、圣诞树、摇钱树源于《山海经》里的生命树

中国人有摇钱树、三珠树,西方人有圣诞树、星星树,它们的渊源在哪里?它们折射出的东西方文化差异又是什么? 这些都是人们感兴趣的问题。

在中国民间年画中,经常可以见到摇钱树,一棵挂满了铜钱的大树,几个童子,有的持竹竿打树上的铜钱,有的在地上拾铜钱,有的抬着满筐的铜钱高高兴兴把家还。这样的场景至少在东汉后期就有了,在四川出土的东汉陶器里,有一种状如盆而无底的陶器,器皿的表面雕绘有各种吉祥图案,其中便有摇钱树,画着用长杆打钱树上铜钱的人,以及拾取落地铜钱挑走的人。也就是说,在两千年前,中国古人就把聚宝盆和摇钱树结合在一起,寄托着对财富的渴望。

关于摇钱树的来历,一般认为出自《三国志·魏志》所引《邴原别传》的一则故事,一个叫邴原的人,在路上拾得一串钱,由于找不到失主,他就把钱挂在一棵大树上。随后路过此地的人,见到大树上有钱,以为是神树,于是纷纷把自己的钱也挂在树上,以祈求来日获得更多的钱,从此人们就形成了摇钱树的习俗。

圣诞树顾名思义与圣诞节有关,西方人(主要指有基督教、天主教背景的民族)最重要的节日是圣诞节,这是一个纪念基督耶稣诞生的节日。相传基督诞生在两千年前,当时的一个名叫玛利亚的童贞女未婚受孕,圣种来自天主;那一年,罗马皇帝奥古斯都下令进行人口普查,玛利亚不得不急匆匆赶回祖籍地伯利恒;12月25日夜,玛利亚在早已住满人的客店的马厩里,生下了

基督耶稣；与此同时，一颗异样的新星出现在天空，队队天使从天而降。

在圣诞节摆上庆祝节日的圣诞树的习俗，大约盛行自18世纪的欧洲，届时基督徒们从树林里砍下塔形的松树或柏树，运回家中，在树上挂满彩带、玩具、礼品，以增加节日的喜庆气氛。关于圣诞树的来历，流行的说法是古时候，一个农民在圣诞夜款待了一个饥寒交迫的儿童，儿童临走时折下一支杉树枝，插在地上，树枝立即长成一棵树，这个神秘的儿童祝福农民说："年年此日，礼物满枝，留此美丽杉树，报答你的善心。"

不过，在许多情况下，一种民间习俗的渊源，往往比人们想象的时间要早。事实上，圣诞节的习俗有一部分就来自非常古老的冬至节，冬至是太阳从"远方"回头的日子，从这一天开始，太阳一天比一天升得更高，白天越来越长，阳光越来越热。为了提醒太阳及时"回头"，远古时代的人们甚至要向太阳神献上人牲。

那么，摇钱树和圣诞树的文化渊源究竟是什么呢？笔者认为它们都源自古老的巫术道具神树（包括星星树和生命树）。欧洲人很早就崇拜星星树，相信挂满星星的树是神秘的树，具有神奇的力量，并能够预示未来。显然，这种想法源自对星星的崇拜，特别是天空中的亮星和新星。不过，由于欧洲人有文字记载的历史并不长，因此我们不知道他们对星星树的崇拜究竟源自何时。

有趣的是，中国人对神树的崇拜却由来已久，撰写于三四千年前的中华文明宝典《山海经》里就记载着许多神树。根据笔者考证，《山海经》是由四个历史时期的典籍资料合辑而成，它们分别是帝禹时代的国土资源考察白皮书《五藏山经》，夏代的人文地理文献《海外四经》，商代的自然地理和人文地理文献《大荒四经》，周代的人文地理、历史地理资料《海内五经》。

《全书绘图山海经》解读的华夏远古文明中的神树大体可分为如下几类。

## （一）用于天文观测的神树

《海外东经》："下有汤谷。汤谷上有扶桑，十日所浴，在黑齿北。居水中，有大木，九日居下枝，一日居上枝。"

汤谷又称阳谷，郭璞注："谷中水热也。"扶桑又称扶木，《文选·思玄赋》注引《十洲记》："叶似桑树，长数十丈，大二十围，两两同根生，更相依倚，是以名之扶桑。"所谓"十日所浴"云云，表明这里是举行演示太阳运行巫术活动的地方，演示者即《大荒南经》记述的"生十日"的羲和，而汤谷、扶桑则是演示场景和道具。这是因为，古人直观看到火热的太阳升于东海之上，便推测想象太阳升起的地方是一处热水沸腾的山谷，并称之为汤谷。与此同时，由于古人采取甲乙丙丁戊己庚辛壬癸十天干记日，十日为一旬，周而复始，便认为天上共有十个太阳，它们轮流东升西落，其模拟场景即"九日居下枝，一日居上枝"。因此"扶桑"当有"不丧"、"无伤"之义，亦即该树不会被太阳炙伤。

《大荒西经》："西海之外，大荒之中，有方山者，上有青树，名曰柜格之松，日月所出入也。"

经文"柜格之松"，长期无解。其实，根据"日月所出入"可知，柜格之松当与天文观测活动有关，而"方山"很可能是一座四方台形的天文观测站。所谓松木上有柜格，大约是在一笔直竖立的松木上，横向平行插有或绑有若干横木，这些横木彼此相隔一定的尺寸；观测者每天都在距离柜格松的一个固定位置上，观测日月升起的高度在第几格的横木上，并据此判断一年的季节变化（最高的横木表示夏至，最低的横木表示冬至）。也就是说，柜格松可能是最早的天文仪器之一，亦即后世圭表的前身。事实上，圭字和表字，正是源自柜格松的象形。不过，由于这种观测方法眼睛容易被灼伤，以后人们才逐渐改为观测圭表影子的方向和长短，不再需要"柜格"了。《拾遗记》亦记有："帝子(少昊)与皇娥泛于海上，以桂枝为表，结熏草为旌，刻玉为鸠，置于表端，言鸠知四时之候，故《春秋传》曰司至是也，今之相风此之遗象也。"

## （二）树鸟

《海内西经》："开明南有树鸟，六首；蛟、蝮、蛇、蜼、豹、鸟秩树，于表池树木，诵鸟、鹛、视肉。"

所谓树鸟六首，其形貌即图腾柱，同时又是路标，即每一种"鸟"代表一个图腾，每个图腾鸟所指的方向即该图腾部落或氏族的栖息地，此外它还有指示时间的作用。所谓表池树木即在华池中树表，亦即华表，为聚众议事的场所。所谓诵鸟即传达首领旨意的官员，其身份由其所持鸟羽为代表，后世"拿着鸡毛当令箭"或亦源于此。

## （三）通天的天梯

《海内南经》："有木，其状如牛，引之有皮，若缨、黄蛇。其叶如罗，其实如栾，其木若区，其名曰建木。在窫窳西弱水上。"

所谓建木如牛，郭璞注："《河图玉版》说，芝草树生，或如车马，或如龙蛇之状，亦此类也。"其实，牛字本有大意，植物种之特大者，其名前可加牛字形容。所谓"引之有皮"者，即剥下的建木树皮有丝絮状如冠缨或黄蛇。所谓"其叶如罗"，或谓绫罗，或谓网罗，或亦可指其树的树叶呈星罗棋布状。栾木

已见《大荒南经》云雨山"群帝焉取药"。郝懿行认为区即刺榆。《海内经》记
有九丘建木，袁珂认为建木即"天梯"。

## （四）玉树

《海外南经》："三株树在厌火北，生赤水上，其为树如柏，叶皆为珠。一曰
其为树若彗。"

三株树又称三珠树，陶潜《读山海经》有"灿灿三珠树，寄生赤水阴"之句。
陶潜又名陶渊明（公元365或376年~427年），字符亮，寻阳柴桑人（今江西
九江），曾任彭泽令，因不肯为五斗米折腰而去职归隐田园。陶潜晚于郭璞，
他们所看到的山海经图均缺少山川地形地貌距离等地图要素，属于一幅幅插
图性质。

郝懿行认为，《庄子·天地篇》"黄帝游乎赤水之北，遗其玄珠"的故事，即
源于此处三珠树的记载。当年黄帝北渡赤水，登上昆仑丘，归途时不慎遗失
玄珠，黄帝先后派善于思考的人、眼力好的人、勤问的人寻找玄珠却都没有找
到，后来派一个名叫"象罔"的人，他迷迷糊糊地就把玄珠找到了。袁珂认为
这个古老的神话传说故事并非纯粹寓言："意者此生赤水上之三珠树，或为黄
帝失玄珠神话之别传，为所失玄珠所生树乎？"据此，三珠树实际上可能是人
工用珠玉装饰的玉树、神树、星星树，亦即后世的摇钱树和圣诞树。

《海内西经》："服常树，其上有三头人，伺琅玕树。"

郝懿行认为三头人与《海外南经》三头国属同类，并引《艺文类聚》（卷
90）及《太平御览》（卷915）引《庄子》曰："老子见孔子从弟子五人，问曰：'前
为谁？'曰：'子路为勇。'其次子贡为智，曾子为孝，颜回为仁，子张为武。老子

叹曰：'吾闻南方有鸟，其名为凤，所居积石千里。天为生食，其树名琼枝，高百仞，以璆琳琅玕为食。天又为生离珠，一人三头，递卧递起，以伺琅玕。凤鸟之文，戴圣婴仁，右智左贤。'"袁珂注："离珠，即离朱，黄帝时明目者，此一人三头之离珠又为日中三足神禽离朱演变而成者。"

郭璞注："服常木，未详。"《淮南子·地形训》记有"沙棠、琅玕在昆仑东"，吴任臣认为此处"服常疑是沙棠"。其实，服为服事、服役，常为旗帜，《周礼·春官·司常》："王建太常，诸侯建旂。"郑玄注："王画日月，象天明也。"据此，服常树实际上是一杆大旗，三头人即警卫队，他们负责看护琅玕等重要景点。所谓"三头"乃三种面具，以表示其工作状态，例如执勤、巡逻、休息等。

## （五）不死树

《海内西经》："开明北有视肉、珠树、文玉树、玗琪树、不死树。凤皇、鸾鸟皆戴瓥。又有离朱、木禾、柏树、甘水、圣木曼兑，一曰挺木牙交。"

根据《山海经》的惯例，凡是有视肉、不死树等物的地方，通常都是先祖陵墓的所在地，或者是后人祭祀先祖的场所。从开明北的场景可知，这里是黄帝族祭祀先祖的场所。珠树，袁珂认为即《海外南经》的三珠树。文玉，郭璞注："五采玉树。"玗琪，或谓即珊瑚树；其实，它们均为象征不死的神树或随葬玉器，已见于《海外南经》狄山帝尧、帝喾葬所。瓥，盾也，戴瓥即佩戴瓥状饰物，当是祭祀先祖时的特定装饰。此处"甘水"疑当作"甘木"，因前后叙述的都是具有巫术象征意义的神树。圣木曼兑又名挺木牙交，或谓即璇树。不过，从其名称来看，其形状类似圭表或柜格松，当有着某种天文巫术象征作用，可能具有沟通人与天的神力。

《大荒南经》："有不死之国,阿姓,甘木是食。"

郭璞注："甘木即不死树,食之不老。"其实上文"方食木叶"当移至此处,甘木树叶可能具有某种兴奋作用,服食者会进入飘飘欲仙的状态(这是巫师在举行巫术时所需要的);或者具有健身功效,食者可长寿;或者具有防腐作用,可使尸体不腐;凡此种种均可形成"不死"的传闻。

如果把上述五种神树的功能合一起来,那么它的形状正是星星树,即在树上装饰着象征神秘力量的星星,或者星星的替代物(闪闪发光的珠玉、金属片)。事实上,在四川广汉三星堆出土的三千多年前的青铜神树,树上的装饰物虽然包括鸟、兽、龙、蛇,但主要的还是鸟,而鸟在远古则是星星的象征物,例如用三足乌或金凤象征太阳。

无论是对于东方人来说,还是对于西方人来说,在他们文明初开的时代都会不约而同地认为,树的生命力非常旺盛,而星星则是宇宙的眼睛,两者的结合理所当然具有神秘的力量,这就是崇拜星星树的理由。问题是,为什么对星星树的崇拜,在中国演变成了对摇钱树的喜爱,而在欧洲则演变成了圣诞树的习俗? 其实,圣诞树的功能与摇钱树并没有本质的差异,区别仅在于西方人把星星树与宗教结合在一起,又把圣诞树变成了一项大宗商品;对比之下,中国人则把生命树变成了直白的赤裸裸的财富欲,以致失去了原本对生命树寄托的开放的想象力,结果反而没有形成多少商品价值。

# 十七、帝禹时代曾经实地考察济州岛

《山海经》自古号称世界奇书，它是一部非常有趣和特别神秘的书，也曾经是而且将继续是一部具有迷人信息和实用价值的书，因为它记录着丰富的先秦中华民族和远方异国的文明历程，以及自然环境生存资源信息和人文环境生存资源信息，内容涉及到天文历法资源、地理矿产资源、生物资源和人文资源等不可或缺的宝贵的生存资源信息，因此它长期被先秦历代王朝密藏不露，直到汉代才解密公开于世。即使到了今天，《山海经》记载的中华民族远古自然环境资源信息和人文环境生存信息，仍然在诸多方面和诸多领域有着不可替代的价值。

具体来说，《五藏山经》是帝禹时期的国土资源考察报告理由是其中没有涉及到帝禹时期之后的内容。《海外四经》是夏代的人文地理文献，理由是其中没有涉及到夏代之后的内容。《大荒四经》是商代的自然地理和人文地理文献，理由是其中没有涉及到商代之后的内容。《海内五经》是周代的历史地理文献，理由是其中记述有春秋战国时期的地名，并且热衷于追溯商代、夏代、帝禹时期甚至更古远的历史沿革。

历史巨画《帝禹山河图》就是对《五藏山经》记述远古信息的全景再现。其中《东山经》的第三条山脉所记诸山（亦即地理标志点），就在今日山东半岛的胶莱平原（7400～4200年前被海水淹没）和黄河、东海诸岛屿上。

笔者在《全本绘图山海经·五藏山经》中指出，《东山经》第三条山脉的孟子山或岐踵山，两者之一就是今日的济州岛；也就是说，早在公元前2200年前的帝禹时代,中国的地理资源考察队就已经登上了济州岛进行了实地考察活动。

《东山经》:"又东次三经之首,曰尸胡之山,北望𦍋山,其上多金玉,其下多棘。有兽焉,其状如麋而鱼目,名曰妴胡,其鸣自叫。又南水行八百里,曰岐山,其木多桃李,其兽多虎。又南水行五百里,曰诸钩之山,无草木,多沙石;是山也,广员百里,多寐鱼。又南水行七百里,曰中父之山,无草木,多沙。又东水行千里,曰胡射之山,无草木,多沙石。又南水行七百里,曰孟子之山,其木多梓桐,多桃李,其草多菌蒲,其兽多麋鹿;是山也,广员百里,其上有水出焉,名曰碧阳,其中多鳣鲔。又南水行五百里,曰流沙,行五百里,有山焉,曰跂踵之山,广员二百里,无草木,有大蛇,其上多玉。有水焉,广员四十里皆涌,其名曰深泽,其中多蠵龟。有鱼焉,其状如鲤,而六足鸟尾,名曰鮯鮯之鱼,其鸣自叫。"

笔者认为,东次三经诸山在东次二经诸山的东面,按方位东次三经的前几座山当在今日山东半岛的胶莱平原一带。但是,东次三经诸山彼此都被海水分隔,而今日山东半岛并无此种地貌景观,黄海上也没有什么值得一提的海岛,这使许多学者都大惑不解,有的学者只好勉强将其说成是浙江、福建沿海的舟山群岛等地。其实,在据今 4200 年前至 7400 年前(或更早一些)之间,今日的胶莱平原被海水淹没,其中的高地则出露海平面为山为岛,东次三经描述的正是那个时代的地形景观,经文多处出现"广员百里"的说法则是对海岛地形的准确记述。

值得注意的是,东次三经前 4 座山(未计𦍋山)均为从北向南走向,至中父山之后转向"东水行千里"至于胡射山;考虑到海上距离的测量误差较大。胡射山有可能是今日朝鲜半岛西南海域的大黑山岛,而孟子山则可能是今日的济州岛。孟子山或作孟于山,这里发源的水名叫"碧阳",很像是瀑布的写照。广员又称广轮、广袤、广运、幅陨,古人以东西为广、南北为轮,《周礼·地官·大司命》:"以天下土地之图,周知九州岛之地域广轮之数。"

跂踵山广员二百里,其上有涌泉广员四十里,当地出产大蛇和甲壳上有文采的大龟,以及形貌有特色的鲐鲐鱼,根据上述情况我们有希望在今日东海(包括朝鲜半岛、日本列岛,以及琉球列岛)找到它。考虑到现存版本《五藏山经》记述的同一条山脉中,普遍存在着山与山的前后位置错位现象;因此跂踵山也可能与孟子山错位,也就是说跂踵山也有可能是济州岛。济州岛是东海诸小岛中面积最大的一座,方圆 1484 平方公里,岛上最高峰(也是韩国的最高峰)中央峰海拔 1950 米,系火山喷发而成(最近一次喷发在公元 1007年),当地人称汉拿山或瀛洲山,意思是身手可以抓住天上的银河。目前全岛计有 360 多座休眠火山,众多的瀑布和熔岩洞窟群,还有独特的柱状节理岩石,植物、昆虫种类繁多,水产品、海产品丰富。

有必要指出的是,帝禹时代的国土资源考察活动,乃是人类最早最大规模的地理大发现;对比之下,同时期的古埃及人则在忙着为法老修建金字塔状陵墓。笔者希望,今天的中国人能够发扬帝禹时代的探索开拓精神,勇于探索未知的世界,勇于创建前所未有的新学说、新理论,例如生命智力学暨智因进化论、人造地形气候学等。

# 十八、屈原与《山海经》

路漫漫其修远兮,吾将上下而求索——屈原这种持之以恒的求索精神,激励着无数后来人,笔者亦在其中,已成为中华民族的宝贵财富。在中学时,笔者知道人的大脑也是由物质构成的,就开始了求索一个问题:一种物质为什么能够认识另一种物质? 20 世纪 70 年代初,我读到了薛定谔的《生命是什么?》一书,该书第 10 页讨论的问题是"有机体的活动需要精确的物理学定律",当时我在这一页的页边写了一句话"物质怎样去认识物质本身"。

对这个问题的求索,至今已经持续了四十年之久。令笔者欣慰的是,笔者找到了答案,超越了达尔文的古典进化论,创建出全新的生命智力学暨智因进化论。生命智力学暨智因进化论的核心内容是,生命与生命智力同时起源、同步进化,生命智力的实质是使用间接信息达成期望效应。所有的生命都拥有生命智力,不同的生命拥有不同结构、不同形式和不同层次的生命智力,生物进化的实质是生命智力主导实施的生存方式多样化和生存技术复杂化。地球上的生命具有多种形式、多种层次的生命智力或生命智力系统,它们主要有 DNA 生命智力系统、细胞膜生命智力系统、细胞膜网络生命智力系统、神经元细胞生命智力系统、大脑细胞生命智力系统,等等。其中,DNA 生命智力系统主要由基因和智因组成,智因即正在形成过程中的新基因。"我"就是生命智力系统的自觉,"灵魂"属于高级层次的生命智力。

为了表达对屈原的敬意,2003 年笔者和夫人画家孙晓琴合作撰写出《屈原诗歌图解》一书。庚寅年五月初五端午节,为了寄托对屈原的怀念,特意撰写了《屈原熟读山海经:求索精神是中华民族宝贵财富》一文,从一个侧面探讨屈原与《山海经》的渊源,因为《山海经》同样体现着中国先民的开拓、探索精神,它记录着人类历史上第一次最大规模的国土资源考察活动,与其同时的古代埃及人则忙着给法老修建陵墓(金字塔)。

事实上,《山海经》乃天下第一奇书、华夏第一宝典,系由4200年前帝禹时代的国土资源考察白皮书《五藏山经》、夏代的方国部落分布汇总《海外四经》、商代的自然地理和人文地理汇集《大荒四经》、西周的人文地理和历史地理汇编《海内四经》,以及东周的人文地理和历史地理补遗《海内经》(不排除其中有春秋战国方士补充的内容)合辑而成,是人类最古老最珍贵的地理文献资料。

因此,对中国人来说,凡雄才大略者,都要读《山海经》,毛泽东如此,秦始皇如此,吕不韦如此,屈原如此,墨子如此,老子如此,管仲亦如此。毛泽东有诗"不周山下红旗乱"为证,吕不韦有《吕氏春秋》为证,秦始皇与《山海经》可参阅笔者《秦始皇爱读山海经》一文,墨子与《山海经》可参阅笔者《墨子与山海经》一文,老子以周王室图书馆馆长身份当然读过《山海经》,管仲以其《管子》为证。那么,屈原熟读《山海经》,有什么凭证呢? 这可以从屈原著作中大量引用《山海经》的内容为证。

## (一)《天问》与《山海经》相同的内容

《天问》是屈原的代表作,全诗373句,1560字,多为四言,兼有三言、五言、六言、七言,偶有八言,起伏跌宕,错落有致。在古今中外的各种文学作品里,《天问》是一篇非常独特的诗篇。这是因为,该作品乃是一种空前绝后的文学形式,全文自始至终,完全以问句构成,作者或一句一问,或两句一问,或四句一问,一口气对天、对地、对自然、对社会、对历史、对人生提出 173 个问题,层层设问,用提问的方式表达自己的观念和价值取向以及求索精神,情理交融,声情并茂,妙笔生花,令人读来兴趣盎然,绝无枯燥之感。因此,清代学者刘献庭在《离骚经讲录》中赞其为"千古万古至奇之作"。

不少学者早已注意到,《天问》与《山海经》有很多相同的内容。这里仅列举一二:应龙何画? 河海何历? 鲧何所营? 禹何所成? 昆仑县圃,其尻安在? 烛龙何照? 长人何守? 一蛇吞象,厥大何如? 启棘宾商,九辩九歌,何勤子屠母,而死分竟地? 女娲有体,孰制匠之? 胡终弊于有扈,牧夫牛羊? 上述屈原提出的问题,在《山海经》里均有所记述。

## (二)《九歌》与《山海经》相同的内容

《九歌》全诗,传世版本分为十一篇,共计 253 句;其中《东皇太一》15 句,《东君》24 句、《云中君》14 句,《大司命》28 句、《少司命》28 句、《湘君》38 句、《湘夫人》40 句,《河伯》18 句、《山鬼》27 句,《国殇》18 句,《礼魂》5 句。

《九歌》是屈原的代表作之一,创作(包括改编)于屈原任职三闾大夫期间,时约在公元前 314 年至公元前 296 年之间,其内容是楚国祭祀鬼神的巫教歌舞演出中的歌词。王逸在《楚辞章句》指出:"(屈原)出见俗人祭祀之礼。歌舞之乐,其词鄙陋,因为作《九歌》之曲。"从《九歌》洋溢出来的欢快气息来看,屈原在创作《九歌》时的心情相当不错。

这是因为,屈原在任左徒之职时,既忙于政务,几无暇于文学创作;又要与小人谗陷相周旋,亦无心情从事文学创作。相对之下,出任三闾大夫之职就不同了,因为三闾大夫的工作就是主持巫教巫术仪式。也就是说,屈原撰写《九歌》(包括《招魂》),实际上是一种职务文学创作活动,既无衣食之虑,又有采风之便利,再加上文笔从容,因此写起来相当轻松。

众所周知,《九歌》原系古老的歌舞剧,相传是夏朝开国之君帝启从天上获得的,《山海经·大荒西经》:"西南海之外,赤水之南,流沙之西,有人珥两青蛇,乘两龙,名曰夏后开。开上三嫔于天,得《九辩》、《九歌》以下。此天穆之野,高二千仞,开焉得始歌《九招》。"这里的"开"即"启",汉代学者避讳而改。《九歌》描述的湘君、湘夫人、河泊等,在《山海经》里早有记载。

## (三)《离骚》与《山海经》相同的内容

《离骚》是屈原的代表作之一,该篇诗作长达 375 句、近 2500 字,是我国古典文学中最早最长的抒情诗,堪称中国历史第一抒情长诗。离骚一词,司马迁解释为离忧,王逸解释为别愁,班固解释为遭遇忧愁,近人又有解释为牢骚、劳商的,劳商即楚国流行歌曲名《劳商》。从离骚的字词本身来说,上述解释都有道理,也都能成立。但是,如果从屈原写作这首诗篇的时间、内容及其所欲达成的目的来分析,他是在遭受小人谗陷,被楚怀王冷淡、疏远之际撰写的(公元前 313 年左右),是要写给楚怀王听的,意思是"我经历着思想波动,不得重用,便回去干老本行"。从这个角度来说,屈原用"离骚"作为篇名,取意为"陈述自己躁动不安的心情"。《离骚》描述的帝高阳(颛顼)、鲧、启、羲和、崦嵫山、鸾皇、高辛(帝喾)、巫咸、不周山、西海等,在《山海经》里早有记载。

## (四)《九章》与《山海经》相同的内容

《九章》是屈原的代表作之一,由九篇诗章组成,共计 646 句;其中《惜诵》59 句,《涉江》61 句,《哀郢》67 句,《抽思》89 句,《怀沙》81 句,《思美人》66 句,《惜往日》76 句,《橘诵》36 句,《悲回风》111 句。

笔者对《九章》各篇按创作时间先后重新排序为:《橘诵》、《惜诵》、《思美人》、《抽思》、《涉江》、《怀沙》、《惜往日》、《哀郢》、《悲回风》,其中《悲回风》亦是屈原的绝笔之作。

《九章》各篇或多或少都引用有《山海经》的内容,例如《涉江》所说"登昆仑兮食玉英",就出自《山海经·五藏山经·西山经》西次三经密山的记载:"又西北四百二十里,曰密山,其上多丹木,员叶而赤茎,黄华而赤实,其味如饴,食之不饥。丹水出焉,西流注于稷泽。其中多白玉。是有玉膏,其原沸沸汤汤,黄帝是食是飨。是生玄玉。玉膏所出,以灌丹木;丹木五岁,五色乃清,五味乃馨。黄帝乃取密山之玉荣,而投之钟山之阳。瑾瑜之玉为良,坚粟精密,浊泽而有光;五色发作,以和柔刚;天地鬼神,是食是飨;君子服之,以御不祥。自密山至于钟山,四百六十里,其间尽泽也。是多奇鸟、怪兽、奇鱼,皆异物焉。"根据《全本绘图山海经·五藏山经》,密山在今日的黄河河套附近,稷泽即今天的后套,四千多年前为沼泽湿地,如今早已是良田,古人所谓"黄河百害,唯富一套",说的就是此地。

## (五)《招魂》与《山海经》相同的内容

《招魂》一文的作者,历史上有不同说法。司马迁认为是屈原的作品,他在《史记·屈原贾生列传》称："余读《离骚》、《天问》、《招魂》、《哀郢》,悲其志。"王逸在《楚辞章句》里认为是宋玉的作品:"《招魂》者,宋玉之所作也。宋玉怜哀屈原,忠而斥弃,愁懑山泽,魂魄放佚,厥命将落。故作《招魂》,欲以复其精神,延其年寿,外陈四方之恶,内崇楚国之美,以讽谏怀王,冀其觉悟而还之也。"

其实,宋玉、景差曾经为屈原招魂,宋玉或景差曾经为楚顷襄王招魂,屈原曾经为自己招魂,屈原曾经为楚怀王招魂,在历史上都可能发生过,而他们的这些作品可能都以《招魂》为名。但是,具体到流传至今的《楚辞·招魂》一文,则应当是屈原为楚怀王招魂时所作。首先,司马迁在《史记》中明确指出屈原作品有《招魂》一篇。其次,招魂是一项严肃的活动,一般来说都是奉命而作,招魂的对象是死者或重病将死者。据此可知,《招魂》是屈原奉命为楚怀王招魂而创作,它是屈原任职三间大夫期间所写的最后一篇职务作品。再者,《招魂》描述的主人公生活,不符合屈原的身份和实际情况,而是符合楚王的身份。

《招魂》所说的巫阳,是《山海经》记述的九巫之一。《招魂》描述的东方"长人",南方"雕题黑齿",西方"流沙"、"赤蚁若象"、"玄蜂若壶",北方"增冰峨峨"等内容,在《山海经》里早都有记载。

## (六)《卜居》与《山海经》相同的内容

《卜居》全文47句,以问卜的形式记述了屈原与太卜郑詹尹的对话,传达出屈原对人生道路,以及对从政态度的困惑与选择。在"宁正言不讳以危身乎?将从俗富贵以偷生乎?"两者之间,屈原最终仍然是选择了前者。

值得注意的是，《卜居》记录了屈原这样的一句话："宁超然高举以保真乎，将哫訾、栗斯，喔咿儒儿以事妇人乎？"笔者在《屈原诗歌图解》翻译为："我宁可超然高举以保全真性呢，还是像哫訾、栗斯这类宠物那样，扭扭捏捏撒娇作态讨好贵妇人呢？"

有趣的是，历史上关于饲养宠物的记载，最早见于《山海经》。例如，《五藏山经·北山经》北次一经的边春山："杠水出焉，而西流注于泑泽。有兽焉，其状如禺而文身，善笑，见人则卧，名曰幽鴳，其鸣自呼。"蔓联山："有兽焉，其状如禺而有鬣，牛尾、文臂、马蹄，见人则呼，名曰足訾，其鸣自呼。"灌题山："有鸟焉，其状如雌雉而人面，见人则跃，名曰竦斯，其鸣自呼也。"

根据幽鴳"见人则卧"、足訾"见人则呼"、竦斯"见人则跃"可知，它们很可能都是当地居民（位于今日黄河前套附近的吕梁山北部）饲养的宠物；而从用字及其发音来看，《山海经》记载的"足訾"、"竦斯"，无庸置疑正是《卜居》所说的"哫訾、栗斯"。

需要指出的是，达尔文的古典进化论不能够解释人工选择、基因工程、人造生命和剖腹产等人类行为。对比之下，笔者创建的生命智力学暨智因进化论则可以解释所有的生物现象。有关论述可参阅笔者《解读远古密码》等专著，以及《生命智力的起源及其进化法则（智因进化论）》、《超越古典进化论，开创生命智力学暨智因进化论的新时代》等文章。

## （七）巴族巫师屈原与《山海经》中的远古祭祀

笔者在《屈原诗歌图解》一书的"屈原年谱"中指出，公元前343年屈原出生于楚国秭归的巴族巫师家族，取名之意为正则（巴族没有自己的文字）；因出生在虎年虎月虎日的吉日,被认为是天生应继承巫师之职,故取法名灵均。屈原的远祖可追溯到太昊、少昊,"昊"即高高在上的太阳,亦即高阳,其后裔有巴人(今土家族)。

屈原以巴族大巫师身份,在巴楚联盟抗秦时出任要职。后来,由于楚国投降派占上风,屈原遭到贬黜、流放,晚年屈原回到楚国郢都。公元前278年秦兵攻陷郢都,屈原与民众逃到汨罗江一带避难,大约十年后去世。有必要指出的是,根据笔者对屈原生平的研究,屈原并没有"自沉于汨罗江",该误传源于屈原采取的是"船棺水葬",有关论述可参阅《屈原诗歌图解》一书,以及笔者其他的相关文章。

从屈原的作品可知,他对巫师工作及其祭祀活动都相当熟悉,而且很有兴趣。据此可知,《山海经》记载的远古祭祀内容,屈原应该会熟读并牢记在心。

最后需要说明的是,在先秦诸子百家里,以屈原的著作引用《山海经》内容最多。这是因为,正如前文所分析,《山海经》一书早在公元前516年,就被王子朝送给了楚国,成为楚国密藏典籍,因此屈原有机会研读《山海经》、熟读《山海经》。

# 十九、秦始皇爱读《山海经》

前文已经说过，对中国人来说，凡雄才大略者，都要读《山海经》，毛泽东如此，秦始皇如此，吕不韦如此，屈原如此，墨子如此，老子如此，管仲亦如此。那么，秦始皇爱读《山海经》，有什么凭证呢？诸君请听笔者一一道来。

## （一）秦始皇酷爱收藏地图

秦始皇酷爱收藏地图，有荆轲刺秦王事件为证。当年荆轲欲刺秦王嬴政，能够接近秦王的唯一机会就是当面献上燕国的地图。笔者赋诗一首描述此事："荆轲刺秦王，匕首图中藏；历险得宝图，成就秦始皇。"意思是，秦始皇得到燕国地图（包括其他地图和地理书），有助于其成就统一天下之丰功伟业。事实上，秦兵之所以能够横扫六国，一个重要的原因就是秦王嬴政非常重视地图的军事价值、政治价值和经济价值，为此他甚至不惜冒着生命危险接见荆轲。据此可知，历代地理文献汇编的《山海经》及其《山海图》当在秦王收藏之列。进一步说，羊知道到哪儿吃草，老虎知道去哪儿捕猎，鸟知道迁徙的路线；根据智因进化论，这表明动物的生命智力信息系统都掌握着一份生存环境地图，何况人类呢！

## （二）白起攻陷楚都，战利品应有《山海经》

根据笔者研究，由于《山海经》乃军事战略秘典，即使大名鼎鼎的孔子也未曾一睹《山海经》之真面目。事实上，先秦诸子只有极少人读过《山海经》，管子读到《山海经》得益于其身世，老子乃周王室图书馆馆长当然能读到《山海经》，墨子家族乃制作图书世家自然也有机会读到《山海经》。

屈原能够看到《山海经》，说来话长。长话短说，公元前516年，王子朝携周室典籍奔楚，定居在今日南阳地区，他送给楚王的重礼之一便是《山海经》（可能是副本），其余周室典籍均密藏于山中或地下，老子曾参与此事，详情可参阅长篇小说《老子隐迹》一书（中国对外翻译出版公司）。屈原以巴族精神领袖身份与楚国联合抗秦，进入楚国最高决策层，当然能够阅读到军事秘典《山海经》。

公元前278年，秦昭王派大将军白起攻楚，攻陷楚都郢，楚国被迫迁都至陈（今河南省淮阳）；当时的战利品应该就有《山海经》，并被收藏于秦王朝图书馆内。吕不韦和秦王嬴政有吞灭六国之雄心，当然不会错过读《山海经》而知天下形势和地利的机会。公元前206年，刘邦率兵先入咸阳，秦王朝图书馆的大量文献典籍被萧何收取，并成为汉王朝图书馆的重要文献资料来源；至此《山海经》一书才逐渐被汉代学者所知，可惜司马迁在写《史记》时，由于不能很好地解读《山海经》的内容而未能引用其资料信息。

### （三）秦始皇望海寻仙

秦王嬴政读到《山海经》时，或许还有《山海图》；如果《山海图》已失传，他一定也会让画师根据《山海经》的内容复原再现《山海经》记录的画面，秘密陈列在密室之中，一有时间就会沉浸在那波澜壮阔、神奇迷人的场景之内。笔者相信，在秦始皇陵里也有一幅天下景观图至今仍然在熠熠生辉，与地理模型（以沙石为山脉、以水银为江河）的天下地形地貌图交相辉映（以实物为地理模型乃中国古老的传统,称为"九丘"）。

令笔者暗暗叫绝的是,秦始皇统一天下后,随即陆续北巡、东巡、南巡,其所至海岸线,与《五藏山经》无不相合。公元前220年,秦始皇北巡,当会去考察黄河河套,因这里是河宗氏所在地,古人所知的黄河源头渤泽即今日的前套地区（见本书插页《帝禹山河图》）。公元前219年始皇东巡,至山东半岛最东端的成山头,在蓬莱命方士徐福入海求仙药。在《五藏山经》里,成山头属于东山经第四条山脉,是当时秦版图陆地最靠东的地方,可向东望见黄海、东海里的海岛（包括海市蜃楼）。笔者夫人的老家即蓬莱,2003年我们来此一游,笔者有诗曰:"蓬莱阁上放眼望,徐福一去归无程;若问仙岛何曾有,冰山移似仙人宫。"

公元前218年,始皇东游,至之罘,刻石。芝罘岛东、西、北三面突入海中,其南有一道沙埚与烟台陆路相连,相传系秦始皇考察之罘岛时的辇道。此后,汉武帝太始三年（公元前94年）东巡至成山头拜日,返程登芝罘,浮大海而还。

公元前215年始皇又到渤海东临碣石（秦皇岛即得名于此）,命卢生入海求仙人。在《五藏山经》里,这里属于北山经第三条山脉的燕山山脉和七老图山脉的交汇处。当年渤海没有污染,碧波荡漾,伴随着拉网小调,足令人浮想联翩。笔者1967年曾从秦皇岛沿海步行至北戴河,路上听到渔民拉网小调,余音绕梁,数年不绝。

公元前210年秦始皇南巡,回程时再次来到山东半岛琅邪（今山东省胶南县南）、之罘（烟台）。笔者与夫人2003年亦游至之罘,并作诗曰:风刮五六日,渔船满港停;芝罘岛渔妇,知否天山风? 古来多少帝,刻石了无踪;享尽人间乐,神仙梦难成。

事实上,秦始皇之所以相信海中有仙药、仙人,以他如此聪明过人,绝非是轻信方士之言,而是因为《山海经》里多处有着明确的相关记载,有兴趣的读者可自己去阅读全套《全本绘图山海经》,就知笔者所言不虚。当然,秦始皇向往海洋,也不单纯是为了自己的长生不老,他同时想到的还有开疆拓土,统一更辽阔的国土;正所谓醉君之意不在仙,在乎天下也。

# 二十、寻找"不周山"启事

丢了东西，要写寻物启事；走失了人，要贴寻人启事。现在，丢失了一座山，因此也要写一篇寻山启事，广而问之，广而求之。如有知情者，盼望见告，功莫大焉。

这是一座赫赫有名的山，它在我们民族的记忆中，曾经辉煌过，如今却迷失了踪迹。它记录的那一段可歌可泣的华夏历史，似乎也随风而逝，远离了我们的视线。

但是，它既然是一座山，就不会蒸发得无影无踪。与此同时，中华民族的伟大复兴，要求我们今天要把历史长河中的一颗颗散落的珍珠重新串连起来。

亿万中华儿女，藏龙卧虎，隐凤栖鹤，一定有人知道它就静静地在那里。或许，它在今天早已经换了名字，因此人们未能与古老的记忆对上号。或许，你看到过它，只是没有认出它。或许你听说过它，只是没有想到要去寻找它，验证它的存在。它就是不周山，又名不周负子山，一座民族的圣山，一座环形一周而有缺口的山。

如果你住在它的附近，请你告诉我。如果你知道它的存在，请你告诉我。如果你有它的消息，请你告诉我。如果你是旅游者，请你告诉我，你是否见到过这样一座有缺口的环形山？

## （一）这是一座民族的圣山

许多古老的民族都有自己的圣山，本书中《大荒北经》记载的不咸山，亦即今天的长白山，就是古代肃慎族和满族的圣山；长白山的圆池，又称"天女浴躬池"，相传天女在此沐浴而生下清朝始祖爱新觉罗·库里雍顺，因此这里成为清人祭祖的圣地。类似的圣山、圣地在我国非常多，例如，昆仑是黄帝族的圣山、圣地，不周山是共工族的圣山、圣地。

前文《大荒西经》篇中记有："西北海之外，大荒之隅，有山而不合，名曰不周负子，有两黄兽守之。有水曰寒暑之水。水西有湿山，水东有幕山。有禹攻共工国山。"

所谓"不周负子"，表明不周山是共工族的发祥地；当地的寒暑之水（冷泉和温泉），其功能和性质，类似不咸山（长白山）的圆池。在那洪荒岁月里，"沐浴生子"是一种虔诚的巫术，今日的圣水浴、泼水节、洗礼等风俗，都可能源于此种古老的习俗。

显然，不周山是共工族活动范围里的一处极其重要的地方，因此要"有两黄兽守之"。所谓"两黄兽"，可能是由人装扮的保护神，或者是竖立着的共工部落保护神的塑像，也有可能是共工国战神相柳的造型。凡此种种，均表明不周山是共工族的圣山。山西省长子县的西山，民间相传就是赫赫有名的不周山，而精卫填海的故事也发生在这里。

## （二）这里是一处古战场

前文所谓"禹攻共工国山"，记述的是禹族与共工族的战争，战场就在共工族的圣地不周山，共工族已经退守在自己的最后领地，结果可想而知。

《海外北经》记有："共工之臣曰相柳氏，九首，以食于九山。相柳之所抵，厥为泽溪。禹杀相柳，其血腥，不可以树五谷种。禹厥之，三仞三沮，乃以为众帝之台。在昆仑之北,柔利之东。相柳者,九首人面,蛇身而青。不敢北射,畏共工之台。台在其东。台四方,隅有一蛇,虎色,首冲南方。"

《大荒北经》记有:"共工之臣名曰相繇,九首蛇身,自环,食于九土,其所呕所尼,即为源泽,不辛乃苦,百兽莫能处。禹湮洪水,杀相繇,其血腥臭,不可生谷,其地多水,不可居也。禹湮之,三仞三沮,乃以为池,群帝因是以为台,在昆仑之北。"

根据上述记载,禹族彻底战胜共工族,并且在共工族的领地建造了中国的金字塔群——众帝之台,这些金字塔的名称被记录在《海内北经》里:"帝尧台、帝喾台、帝丹朱台、帝舜台,各二台,台四方,在昆仑东北。"其形状为四方台型,所谓"各二台"的"台"字,可能是"重"字之误(两个字的繁体字形相近),即众帝之台均为两层结构,属于阶梯型金字塔,与埃及早期的金字塔和美洲金字塔相似。此外,《大荒北经》还记有共工台:"有系昆之山者,有共工之台,射者不敢北乡。"《大荒西经》则记有轩辕台:"有轩辕之台,射者不敢西向射,畏轩辕之台。"它们建造的时间,可能早于大禹治水时建造的众帝之台。

## (三)它是一座环形山

根据袁珂先生研究(见《中国神话大词典》),共工属于炎帝族,共工与禹的战争,乃炎帝与黄帝长期战争的一部分。《吕氏春秋·荡兵》称:"兵所自来者久矣,黄炎故用水火矣。共工氏固次作难矣。"

共工族是一个历史非常悠久的民族,它曾经与黄帝的后裔颛顼争夺天下。《淮南子·天文训》记有:"昔者共工与颛顼争为帝,怒而触不周之山,天柱折,地维绝(郭璞注引古本《淮南子》为'天维绝,地柱折')。天倾西北,故日月星辰移焉;地不满东南,故水潦尘埃归焉。"

毛泽东在《渔家傲》一词"不周山下红旗乱"的注释里认为:"共工是胜利的英雄,你看,'怒而触不周之山,天柱折,地维绝。天倾西北,故日月星辰移焉;地不满东南,故水潦尘埃归焉',他死了没有呢? 没有说,看来是没有死,共工是确实胜利了。"事实上,所谓"共工怒而触不周之山",可能是一种远古的战争巫术,即失利的部落,要在本族的圣山、圣地举行巫术仪式,以期获得祖先或民族保护神赐予新的力量。一般来说,巫术主要有祈祷和鞭策两种形式,前者的心理是乞求神的帮助,后者的心理是强迫神来帮助。看来,与颛顼争帝的共工是一位脾气刚烈的首领,他不会轻易认输,而是通过"怒触"不周山,从而获得了改天换地的巨大力量。

关于不周山的名字,郭璞注谓:"此山形有缺不周币处,因名云。西北风自此山出。"意即不周山是一座有缺口的环形山,也是西北风的风口。有趣的是,共工又名康回,见《楚辞·天问》"康回冯怒,地何故以东南倾";"回"字有环形的意思,"康"为广大,因此"康回"之名的含义也是大环形山,当得自共工族以环形山为圣山的习俗,以及共工撞倒不周山的传说。

前面说过,所谓"不周负子,有两黄兽守之",记述的是共工族对不周山的崇拜风俗,显然这与不周山的独特地形地貌有关。有趣的是,美洲印第安人也有对环形山的崇拜习俗,而种种迹象表明美洲印第安人曾受到中华文明的影响。美国学者埃里克·乌姆兰德在《古昔追踪》(江苏科技出版社)一书第131 页记有:"(位于美国北加利福尼亚的沙斯塔峰是一座人迹罕至的火山),当地的美洲印第安人对火山口的锥形凹地一直怀有敬畏之情,相信这座山是某一个强大的种族的栖身之处。"

## （四）它是火山口，还是陨石坑？

众所周知，环形山是一种特殊的地质地形结构，形成这种地貌的原因通常只有两种情况，第一种情况是，火山爆发后形成的圆锥状火山口。第二种情况是，天外星体撞击地球地壳表面所造成的陨石坑。那么，不周山究竟是火山口，还是陨石坑呢？

据《中国综合地图集·中国地震和火山图》（中国地图出版社，1990 年），我国北方的火山，主要分布在东北地区，内蒙古中部和东部一带，以及山西省北部的大同地区；此外，青藏高原北部，天津市南面，太原和石家庄之间，亦有火山。

在我国古代传说里，炎帝族和黄帝族的活动中心主要在黄河流域的中下游地区，两族的古战场大体在陕西省、山西省境内，河北省、河南省的北部和西部，以及内蒙古南部一带。共工族的活动区域，主要在今日河南省北部、河北省西部，以及山西省境内。由于在此范围内，确实曾经有过火山活动并存留有相应的火山口。也就是说，我们不能排除不周山是火山口的可能性。由于不周山又被想象成为天柱或地柱，如果此说事出有因，那么它应当是一座平地拔起的高山，山顶有着巨大的凹陷结构，形成环状地貌。

天文地质学是近年国际上新兴的一门学科，研究的对象是天文因素对地球地质结构的作用，其中一个热门话题就是天外星体撞击地球事件及其生态效应。目前在全球已经发现并确认的巨型陨石坑约二百多个，绝大多数都是几百万年甚至几千万年前形成的。年代比较近的是著名的美国亚利桑那州陨石坑，直径 1200 米，约形成于 3 万年前。

遗憾的是,我国科学工作者虽然发现了数十处非火山口的环形地貌结构,但是至今尚没有一处被严谨的科学技术手段认定为陨石坑。这也从一个侧面表明,我国在陨石坑研究领域还处于比较落后的状况,或者刚刚起步,而且投入的科研经费和投入的科技力量都非常有限。在这种情况下,我们当然也不能排除不周山是陨石坑的可能性。事实上,所谓共工撞倒不周山引起天倾西北、地陷东南的大变化,描述的正是天外星体撞击地球事件,与女娲补天、后羿射日、夸父逐日所描述的天地动荡基本相同。

### (五)不周山,你在哪里?

无论不周山是火山口,还是陨石坑,它都应当是一座自然地形地貌非常醒目的山,不会在几千年的时间里消失得无影无踪。而且,由于古人没有从天空俯瞰大地的技术,因此古人能够看到的环形山,我们今天也同样能够用肉眼看出来,这就意味着不周山的尺寸应当在人的视角之内,一般来说其直径不会超过10千米。

在古史传说里,不周山位于西北。一般来说,这个"西北",是相对"中原"而言的。但是,这对于我们寻找不周山来说,范围还是太大了。

准确记载不周山方位的文献,首推《山海经》。中华民族有一部文明宝典,它就是千古奇书《山海经》。许多学者经过长期深入的研究后,一致指出,《山海经》是远古人类文明与文化信息、自然环境信息的真实记录。例如,中国科学院动物所研究员郭郛先生,在《中国古代动物学史》(即李约瑟主编的《中国科学技术史》第七卷,科学出版社1999年出版)一书中认为,《山海经》记载的290种动物,都是古代真实生存过的动物。

其中,《西山经·西次三经》描述的是阴山至天山一带的地形地貌,其中包括昆仑丘、钟山、三危山、天山和不周山等著名的山。根据《帝禹山河图》,不周山位于钟山的东面、昆仑丘的东北方,其地理方位"北望诸毗之山,临彼岳崇之山,东望泑泽,河水所潜也,其原浑浑泡泡。爰有嘉果,其实如桃,其叶如枣,黄华而赤拊,食之不劳。"所谓诸毗之山,当指阴山山脉;所谓岳崇之山,可能指昆仑丘,也可能指现在山西省北部的吕梁山、五台山、恒山。

据此,不周山位于泑泽的西面,那里是黄河的源头,山上长有类似桃的果树(即桃的改良品种)。接下来的问题是,泑泽在哪里? 长期以来,许多人都认为泑泽就是今天的罗布泊;所谓"河水所潜",被解释为黄河从罗布泊发源后在大漠下"潜行"千里。

与此同时,也有学者指出,泑泽位于今日的黄河河套,河套在先夏时期原为湖? 白、沼泽或湿地(参见徐旭生的《中国古史的传说时代》)。笔者进一步指出,泑泽位于今日的黄河前套地区,亦即内蒙古的土墨特右旗至托克托县一带;这是因为,《北山经·北次一经》描述的是吕梁山的地形地貌及其物产和风土人情,其中记有多座山所发源的水系向西流入泑泽,当时的人们之所以认为这里是黄河的源头,乃是因为再向上则是沼泽湿地,难以分辨出河道来(参考《山海经地理复原图注》、《新绘神异全图山海经》、《全本绘图山海经》)。

综上所述,不周山的方位,最可能在阴山和吕梁山交汇的河套地区,那里也是中国金字塔众帝之台的所在地。根据《海外北经》记载禹与共工之臣相柳的战争,以及"不可生谷"的描述可知,禹与共工族的战争,与农业生产有关。《吕氏春秋·本味》记有:"饭之美者,玄山之禾,不周之粟。"这就表明不周山地区是一处重要的农作物产地,同时也说明河套地区已经开始从沼泽地转变为农田,此后河套地区逐渐变成黄河中游最肥沃的耕地,民谚曰"黄河百害,唯富一套"。

与此同时,为了找到不周山,找到中国的金字塔众帝之台,我们还有必要关注各种与之相关的线索和信息,它们包括大禹治水的遗迹(例如积石山、龙门、三门峡鬼门)、昆仑古城(可能位于鄂尔多斯高原)、失传的古代图书(周室典籍,被王子朝转移秘藏在今日南阳地区),以及北方岩画(研究阴山、桌子山、贺兰山岩画与古史传说的关系,进一步寻找山西省和河北省北部地区的岩画)和有关的传说故事,等等。屈原在《离骚》里唱道:"路不周以左转兮,指西海以为期。"朋友,如果你有不周山的消息,请你告诉我!

最新消息:或谓在大同、呼和浩特之间有一座小镇,名为凉城。凉城东北有一海拔 1100 米左右的湖,该湖被海拔 1800~2000 米左右的山脉包围,有一大缺口和几个小缺口。该湖有大约 12 千米宽,20 千米长,水位变化面积也可能变化,或许这就是我们苦苦找寻的不周山。

# 二十一、禹迹探险考察

世界各地都有洪水泛滥几乎毁灭人类的远古记忆。对比之下，面对曾经的洪水肆虐，唯独中国盛传大禹治水的故事。但是，令人遗憾的是，中国的相当一批学者，在近一个世纪的时间里，却在千方百计试图否定大禹治水的真实性，他们所谓的学术严谨实际上是一种不负责任的托辞。

而最新发现的一件2900年前的西周青铜器铭文明确记有大禹治水事迹，充分表明先秦典籍《山海经》、《尚书》、《诗经》等书的相关记载，以及至今仍然广泛流传于民间的神话传说故事基本属实。大禹治水的神话传说不再是编造的文学故事，而是信史，或者更准确地说具有相当高的信史价值。

在这种情况下，寻找大禹治水的遗迹，寻找中国的金字塔，寻找不周山，寻找昆仑古城，复原再现那个时期的文明信息，应该提到我们今天的议事日程上，因为这是我们义不容辞的责任。为此，有必要建立一门禹学，成立禹功联谊会，实施禹迹探险考察。

## （一）出发！寻找大禹治水的遗迹

在我国的黄河流域、淮河流域和长江流域都流传着大禹治水的故事，在安徽和浙江都流传着帝禹召集天下诸侯共商治水大计的故事。那么，我们今天该如何寻找大禹治水的遗迹，又该到哪里去寻找大禹治水的遗迹呢？

首先，需要研究判断远古洪水发生的时期。根据历史传说，我国远古的洪水，主要发生在伏羲、女娲时期，炎帝少女女娃时期，以及尧、舜、鲧、禹时期。这里的问题之一是，上述洪水，是先后发生在三个不同时期，还是发生在同一段时期？问题之二是，它们发生在什么时间，历时多久，程度多大，范围多广？

显然，解决上述问题，又涉及到研究判断远古洪水产生的原因。根据历史传说，洪水泛滥的原因主要有三个：

（1）天下大雨。《淮南子·齐俗训》："禹之时，天下大雨，禹令人民聚土积薪，择丘陵而处之。"从今天的角度来看，当系大气环流改变导致的降雨量剧增，并超过了原有河道水系的承载量，从而造成河道两岸地区的洪水泛滥。

（2）水逆行。《孟子·滕文公下》："当尧之时，水逆行，泛滥于中国，蛇龙居之，民无定所，下者为巢，上者为营窟。"我国地势西高东低，黄河、淮河、长江均自西向东流入海。因此，所谓"水逆行"即河水倒流，笔者在二十多年前已经指出这是海侵现象，即海平面上升，导致海岸线向西侵进。据有关研究，发生在一万年前冰川结束后的海侵是世界范围的，在我国这次海侵在7400年前达到最高点，海岸线西侵至今日的太行山脚。女娲补天治水的故事、精卫填海的故事、愚公移山的故事（把山石运到渤海之滨）、共工撞倒不周山引起天地大破坏的故事，以及沧海桑田的成语，都涉及到上述自然环境的变迁。

（3）人祸。肇事者为共工族，《路史》："共工氏，太昊之世国侯也，及太昊之末，乃恣睢而跋扈以乱天下，自谓水德为水纪，其称乱也，盖在冀土，故传有济冀州，而冀州平之说，是女娲代平共工之乱明矣。"《淮南子·天文训》记有共工与颛顼争帝，撞倒不周山，引起天倾西北、地陷东南，并造成洪水泛滥。《淮南子·本经训》明确记有："舜之时，共工振滔洪水，以薄空桑，龙门未开，吕梁未发，江淮通流，四海溟涬，民皆上丘陵，赴树木。"《山海经》记有共工之臣相柳制造洪水泛滥被禹杀死。笔者认为上述记载,记录的是洪水泛滥造成的人类生存环境变化,引发了民族迁徙及其冲突战争。

肇事者为蚩尤族。《山海经·大荒北经》:"有人衣青衣,名曰黄帝女魃。蚩尤作兵伐黄帝,黄帝乃令应龙攻之冀州之野。应龙畜水,蚩尤请风伯、雨师,纵大风雨。黄帝乃下天女曰魃,雨止,遂杀蚩尤。魃不得复上,所居不雨。叔均言之帝,后置之赤水之北。叔均乃为田祖。魃时亡之,所欲逐之者,令曰:'神北行!'先除水道,决通沟渎。"

笔者认为所谓共工振滔洪水、蚩尤请风伯雨师纵大风雨的故事,记录的都是洪水泛滥造成人类生存环境变化,并引发了受灾地区居民的大迁徙,这种迁徙又触发了民族冲突和战争。

根据上述记载可知,洪水泛滥先后历时长达数千年之久(包括持续性洪水泛滥,例如海侵;以及突发性洪水泛滥,例如大雨、海啸、冰雪消融引起的山洪爆发),其中大禹治水的历史事件,则发生在远古洪水泛滥的后期,其主要工程是疏浚河道、排泄积水,以恢复或拓展可耕种、可利用、可居住土地的面积。有鉴于此,我们今天如欲寻找大禹治水的遗迹,最有希望的地区是在黄河中游一带,而最有希望的地点则是某些特殊地形地貌的黄河河道。

1981年,《中国古代史论丛》第三辑发表笔者的论文《我国远古传说与自然环境变迁》,在这篇论文里,笔者认为黄河三门峡的鬼门河道即大禹治水时开凿的,茫茫禹迹有可能在三门峡地区找到。主要依据:一是,鬼门岛上发现有仰韶时期和龙山时期的文化堆积,如果鬼门在那个时期就是河道的话,将非常不适宜人类在鬼门岛上生活;二是,鬼门河道的出现,有利于黄河在三门峡的河道取直并提高黄河在这里的流通量;三是,鬼门的河床比神门、人门要浅十几米,表明鬼门形成的时间最晚;四是,当地流传有丰富的大禹治水故事;五是,提高三门峡的宣泄量,有助于排除黄河河套地区以及渭水下游和汾水下游地区的积水,而上述地区乃是古代我国北方最富饶的农耕区。

事实上,20世纪50年代末修建的三门峡水库,由于抬高了水位,曾经造成西安地区的渭水水位抬升并导致沿岸地区农田的大面积盐碱化,以致不得不降低水库蓄水位。更可惜的是,三门峡水库的修建,严重破坏了鬼门、神门、人门原来的地形地貌,为我们今天进一步考察大禹在三门峡地区治水遗迹的工作,增加了许多困难(同时被淹没的还有著名的三门峡漕运遗迹,它与大禹治水遗迹都具有世界文化遗产价值)。

汶川旅游景点介绍:据古史记载,传说中的治水英雄、中国第一个奴隶制国家夏王朝的缔造者大禹就出生于今岷江上游流域的羌族地区。《史记》载"禹生西羌"、《吴越春秋》言"禹家于西羌,地名石纽"。《华阳国志》"石纽,古汶山郡也,崇伯得有莘氏女,治水行天下,而生禹于石纽之刳儿坪,长于西羌,西夷之人也"。民国《汶川县志》"县(治绵池)南十里飞少关岭上里许。地平衍,名刳儿坪,有羌民办数家……相传为圣母生禹处。"石纽,即石纽山,在今汶川县绵池镇高店村、玉垒山一带,因山石多呈纽状而得名。刳儿坪在其半山腰上,其周围尚存禹穴、洗儿池、禹王庙、圣启祠等遗迹及历代文人骚客题写的大量墨迹。此外,眠江上游两岩还有涂禹山、禹碑岭、大禹坪、卧龙沟、黄龙寺、禹王宫等地名或建筑,羌族民间也流传着许多大禹的传说故事,北川县亦有禹出生地的传说、遗迹。

## (二)出发!寻找中国的金字塔

大禹治水的遗迹,除了某些河道、河床的人工改变(包括河流两岸山形的变化)之外,我们还可以寻找其他的线索,例如当年施工者的居住地、工具、遗骨等,此外我们还可以寻找与治水有关的其他大型工程遗迹,其中包括金字塔式建筑物,例如《山海经》记载的众帝之台和积石山。

(1)众帝之台

《海外北经》:"共工之臣曰相柳氏,九首,以食于九山。相柳之所抵,厥为泽谿。禹杀相柳,其血腥,不可以树五谷种。禹厥之,三仞三沮,乃以为众帝之台。在昆仑之北,柔利之东。相柳者,九首人面,蛇身而青。不敢北射,畏共工之台。台在其东。台四方,隅有一蛇,虎色,首冲南方。"

《大荒北经》:"共工之臣名曰相繇,九首蛇身,自环,食于九土,其所歍所尼,即为源泽,不辛乃苦,百兽莫能处。禹湮洪水,杀相繇,其血腥臭,不可生谷,其地多水,不可居也。禹湮之,三仞三沮,乃以为池,群帝因是以为台,在昆仑之北。"

《海内北经》:"帝尧台、帝喾台、帝丹朱台、帝舜台,各二台,台四方,在昆仑东北。"

根据上述记载,大禹治水时,曾经建造有多座四方台型金字塔建筑物,它们被命名为帝尧台、帝喾台、帝丹朱台、帝舜台,以及共工台。所谓"各二台"可能指它们有两层结构,属于阶梯型金字塔,与埃及早期的金字塔和美洲金字塔相似。

此外,《大荒北经》也记有共工台:"有系昆之山者,有共工之台,射者不敢北乡。"《大荒西经》则记有轩辕台:"有轩辕之台,射者不敢西向射,畏轩辕之台。"它们建造的时间,可能早于大禹治水时建造的众帝之台。

上述先夏时期的帝王金字塔,其地理位置在昆仑之北(轩辕台可能在昆仑丘之上)。根据笔者考证,《山海经》所记载的昆仑丘,在今日黄河河套以南的鄂尔多斯高原。据此,禹与共工之臣相柳的战场,以及建造众帝之台的场所,大约在今日内蒙古阴山山脉以南的黄河河套平原上(古为湖泽湿地)。

(2)积石山

在古史传说里,大禹治水的一项重大工程是建造积石山,《山海经》的《海外北经》称:"禹所积石之山,在其(博父国)东,河水所入。"《大荒北经》称:"大荒之中,有山名曰先槛大逢之山,河济所入,海北注焉。其西有山,名曰禹所积石。"《海内西经》称:"河水出东北隅,以行其北,西南又入渤海,又出海外,即西而北,入禹所导积石山。"

所谓积石山,当是一种石头坝,用以拦截水流,或调节水位。这是我国先民的伟大发明,其最成功的典范就是今天仍然在发挥作用的都江堰水利工程。如果大禹治水时曾经在黄河上修建过石头坝,那么最可能的地方是在黄河的中上游,而且可能会在多处修建规模不等的石头坝水利工程。由于石头坝即使坍塌后,仍然会保存有遗物和遗迹,因此我们今天有希望找到帝禹时代的积石山。

(3)其他远古大型建筑物

古代地中海周边地区有著名的七大建筑物(包括塑像),它们被欧洲人称为世界七大奇迹(实际上欧洲人所谓的世界,在很长的时间都仅仅是指地中海及其周边地区,因为他们对太平洋的知识来得太迟太少)。其实,中国古代也有许多大型建筑物,其中不少建筑物的规模都堪称世界奇迹,本文仅介绍《山海经》记载的先夏时期的都城、圣坛、天文台、帝王陵。

《海内西经》:"海内昆仑之虚,在西北,帝之下都。昆仑之虚,方八百里,高万仞。上有木禾，长五寻，大五围。面有九井，以玉为槛。面有九门，门有开明兽守之，百神之所在。在八隅之岩，赤水之际，非仁羿莫能上冈之岩。"

《五藏山经》西次三经记有昆仑丘为帝之下都，但是没有记述黄帝都城的建筑规模和形式。对比之下，此处《海内西经》则称"帝之下都"建筑在高高的昆仑丘上，那里有玉栏杆的井和九座城门，开明兽站立在城门东。《汉唐地理书钞》辑《河图括地象》云："昆仑之城，西有五城十二楼，河水出焉，四维多玉。"《水经注·河水》引《十洲记》亦云："昆仑山有三角，其一角正东，名曰昆仑宫。其处有积金，为天镛城，面方千里，城上安金台五所，玉楼十二。"《神异经·中荒经》曰："昆仑之山，有铜柱焉。其高入天，所谓天柱也；围三千里，周圆如削。"此天柱当即木禾之夸张。《古小说钩沉》辑《玄中记》曰："昆仑西北有山，周回三万里，巨蛇绕之，得三周。蛇为长九万里。蛇居此山，饮食沧海。"其山可能即桌子山，而巨蛇或即烛龙之想象。

关于黄帝都城的描述，以《淮南子·地形训》最详尽。大意是，禹治服洪水后，对昆仑墟进行大规模发掘，其中有增城九重，计有四百四十门，打开北门，不周风就能吹进城；城内有倾宫、旋室、县圃、凉风、樊桐、疏圃、丹水等景观，凉风山在昆仑丘之上，悬圃在凉风山之上，再向上就能成为天神，与太帝一同居住在天上。

《穆天子传》卷二记有："吉日辛酉，天子升于昆仑之丘，以观黄帝之宫，而丰口隆之葬，以昭后世。"周穆王祭祀昆仑丘后，又派人守护黄帝之宫，登春（春）山并"铭迹于悬圃之上"。据此可知，当时（2900 年前）尚有黄帝都城遗址，今日我们仍然有希望还能够找到它。

《海内经》："有九丘，以水络之，名曰：陶唐之丘、有叔得之丘、孟盈之丘、昆吾之丘、黑白之丘、赤望之丘、参卫之丘、武夫之丘、神民之丘。有木，青叶紫茎，玄华黄实，名曰建木，百仞无枝，有九欘，下有九枸，其实如麻，其叶如芒，大暤爰过，黄帝所为。"其中以人名为丘名的地方，可能与昆仑丘一样都有大型人造建筑物。

《山海经》记有若干处圣坛、圣殿，其中最著名的是帝俊台和大人之堂。《大荒东经》："有五采之鸟，相乡弃沙。惟帝俊下友。帝下两坛，采鸟是司。"显然，帝俊台就是一处圣坛，根据笔者的研究，这里的歌舞活动与"玄鸟降商"的生殖崇拜及其婚姻习俗有关。《大荒东经》："有波谷山者，有大人之国。有大人之市，名曰大人之堂。有一大人踆其上，张其两耳。"所谓大人之堂应是一处圣殿，里面供奉着一尊"大人"神像。

特别值得注意的是，《山海经》记有众多天文学家及其天文巫术活动场所。例如著名的十二座日月出入山，其中《大荒东经》记有六座日月所出之山，它们依次是（自东南向东北）大言山、合虚山、明星山、鞠陵于天山、猗天苏门山、壑明俊疾山。与之对应的是，《大荒西经》记述有六座日月所人之山，它们依次是（自西北向西南）丰沮玉门山、龙山、日月山、鏖鏊钜山、常阳山、大荒山。此外，《大荒西经》还记述有一座日月所出入之山，即方山，山上有柜格之松（最早的圭表），它们共同构成了蔚为壮观的天文观测台阵。

与此同时，《山海经》还记有许多先夏时期的帝王陵墓及其丰富的随葬品，其中以帝颛顼暨九嫔之墓的规模最为壮观。《海外北经》："务隅之山，帝颛顼葬于阳，九嫔葬于阴。一曰爰有熊、罴、文虎、离朱、鸱久、视肉。"《大荒北经》："东北海之外，大荒之中，河水之间，附禺之山，帝颛顼与九嫔葬焉。爰有鸱久、文贝、离俞、鸾鸟、皇鸟、大物、小物。有青鸟、琅鸟、玄鸟、黄鸟、虎、豹、熊、罴、黄蛇、视肉、璇瑰、瑶碧，皆出卫于山。丘方圆三百里，丘南帝俊竹林在焉，大可为舟。竹南有赤泽水，名曰封渊。有三桑无枝。丘西有沈渊，颛顼所浴。"

《大荒南经》："有阿山者。南海之中，有氾天之山，赤水穷焉。赤水之东，有苍梧之野，舜与叔均之所葬也。爰有文贝、离俞、鸱久、鹰、贾、委维、熊、罴、象、虎、豹、狼、视肉。""帝尧、帝喾、帝舜葬于岳山。爰有文贝、离俞、鸱久、鹰、延维、视肉、熊、罴、虎、豹：朱木，赤枝，青华，玄实。有申山者。"

《海内经》："南方苍梧之丘，苍梧之渊，其中有九嶷山，舜之所葬，在长沙零陵界中。""北海之内，有蛇山者，蛇水出焉，东入于海。有五采之鸟，飞蔽一乡，名曰翳鸟。又有不距之山，巧倕葬其西。"

此外，《五藏山经》在记述26条山脉的祭祀风俗时，往往要指出在某某山祭祀山神（当有祭坛），某某山有祖先或神灵的冢墓，例如，西次一经的华山，中次一经的历儿山，中次五经的升山，中次七经的苦山、少室山、太室山，中次八经的骄山，中次九经的文（岷）山、勾欄山、风雨山、騩山，中次十经的堵山，中次十一经的堵山、玉山，中次十二经的夫夫山、即公山、尧山、阳帝山，均有陵墓。

（4）内蒙古发现金字塔

据报导，中国考古专家2001年中在内蒙古自治区敖汉旗四家子镇，发现了一座距今五千多年前的金字塔。大陆考古学家考证发现这是迄今所发现的保存最完整的"红山文化"时期的金字塔。这个金字塔位于四家子镇北约一公里处的山梁上，远看是一个梯形的小山包。近看是三层石砌的塔型建筑,最底层长约三十多米,宽约十五米,向上逐渐变小。报导说,在金字塔顶部发现了七座墓葬和一座祭坛遗址,整个遗址里散落着许多内壁刻有"米"字符号的陶器碎片,可能与古人对星相的理解有关。在一个墓葬里出土了一支骨笛和一个石环,另一个墓葬里出土了一尊与人体等大的石雕女神像。更令人惊奇的是在其中一个墓葬的墓壁上发现了一具石祖(石雕的男性生殖器),其下方还有一尊小石雕女神像。

## (三)出发!寻找"不周山",印证《帝禹山河图》

众所周知,《山海经》一书是由帝禹时代的《五藏山经》、夏代的《海外四经》、商代的《大荒四经》、周代的《海内五经》四部分文献资料合辑而成的,其中《五藏山经》的性质相当于帝禹时代的国土资源考察白皮书。

《五藏山经》记述有东南西北中五个区域 26 条山脉的自然环境及其物产,以及当地人们的祭祀活动。共计有 447 座有名称有方位有距离的山,及其相关的水系 258 处、地望 348 处、矿物 673 处、植物 525 处、动物 473 处(其中许多神奇的动物都是由人装扮的),人文活动场景 95 处。上述内容已被绘在一幅 42 平方米的巨画《帝禹山河图》中。

《五藏山经》的记载真实可靠吗?《帝禹山河图》的绘制准确吗?这需要实地考察,这种考察包括宏观考察和微观考察两个部分。

所谓微观考察,即对《五藏山经》的每一座山都进行实地考察验证,看看那里是否有相应的矿产、植物、动物和人类文明活动或其遗迹;不言而喻,这需要投入相当的资金和人力、物力,目前还难以全面展开。

所谓宏观考察,即对《五藏山经》的大方位与《帝禹山河图》的地理方位进行考察验证,可以选择若干具有标志性的山峰进行方位对照,例如不周山。

《西山经·西次三经》:"又西北三百七十里,曰不周之山。北望诸㱟之山,临彼岳崇之山,东望㳠泽,河水所潜也,其原浑浑泡泡。爰有嘉果,其实如桃,其叶如枣,黄华而赤柎,食之不劳。"《大荒西经》:"西北海之外,大荒之隅,有山而不合,名曰不周负子,有两黄兽守之。有水曰寒暑之水。水西有湿山,水东有幕山。有禹攻共工国山。"

根据上述记载,不周山是一座有缺口的环形山,位于西北方(从中原看去),那里是当时人们所认为的黄河发源地,在《西山经》里与昆仑丘相邻,《帝禹山河图》将其绘制在今日黄河河套一带。由于不周山是一种极为特殊和醒目的地形地貌,这种地貌通常只能是由火山爆发或陨石撞击而形成(共工撞倒不周山的传说,表明它可能是一座巨型陨石坑),对此现代科学技术手段很容易鉴别,因此我们非常有希望找到它。

### (四)行动!成立禹功联谊会、山海经联谊会

(1)建立禹学、山海经学

在我国的历史传说中,大禹的事迹非常丰富,包括治理洪水,划定九州,确定贡赋,实施人类历史上最早的规模最大的国土资源考察,等等。因此,有必要建立一门专门的学问来研究禹的事迹及其对人类社会发展的影响,这门学问的名称建议采用"禹学"。

与此同时,鉴于《山海经》是人类历史上最古老的一部自然地理和人文地理书,其记录的远古信息堪称是一座文明金字塔(应当为其申报世界非物质文化遗产)。因此,同样有必要建立一门专门的学问来研究解读《山海经》的

信息,这门学问的名称建议采用"山海经学"。

从历史学和人类文明史的角度来说,禹学、山海经学属于先夏史的范畴,同时也是先夏史研究的基础。这是因为,帝禹时代是一个承前启后的历史阶段,其前是三皇五帝、伏羲女娲传说时期,其后是夏商周历史时期;因此,只有把帝禹时期(根据传说时代的时间压缩律,它可能是一段不短的时期)的事情搞清楚,才有可能进一步把帝禹时期以前的事情搞清楚。

(2)成立禹功联谊会、山海经联谊会

目前,海内外许多学者和广大的普通民众,都在关注着大禹治水的事迹,关注着《山海经》的记载,因为它们是中华文明的重要组成部分。在这种情况下,为了团结国内外的学者、爱好者,共同开展禹学、山海经学的研究和推广普及,以及相应文化旅游产业的开发,有必要成立海内外禹功联谊会、海内外山海经联谊会。

我国许多县市,都流传着大禹治水和大禹活动的故事,这些地方的政府文化部门应当成为禹功联谊会的团体成员。

(3)开发禹迹旅游资源、山海经文化资源

大禹治水的遗迹遍布我国黄河上下、大江南北,其中许多地方既有山清水秀的自然风光,又有深厚的文化内涵,也就是说这些遗迹具有旅游资源价值。因此,如果能够精心组织和开发,有希望形成禹迹旅游新线路。

与此同时,根据《山海经》记载的丰富远古文明信息,也可以开发出山海经旅游热线,以及相关的山海经文化产业。

在此之前,我们的当务之急是组织实施禹迹暨山海经探险考察活动。目前,已有一些学者、爱好者和探险家与笔者联络,正在筹备实地考察事宜,以及相应的学术讨论会和策划会。由于这是一项前所未有的创举，也是我们这一代人的历史使命，因此有必要广泛地征求各界人士的意见和建议，同时欢迎更多的有识之士参加，共襄盛举。

**特别提示：**

　　本书在编写过程中，参阅和使用了一些报刊、著述和图片。由于联系上的困难，和部分作品的作者（或译者）未能取得联系，对此谨致深深的歉意。敬请原作者（或译者）见到本书后，及时与本书编者联系，以便我们按照国家有关规定支付稿酬并赠送样书。

　　联系电话：010－80776121　　联系人：马老师